21 世纪旅游专业系列规划教材编委会名单

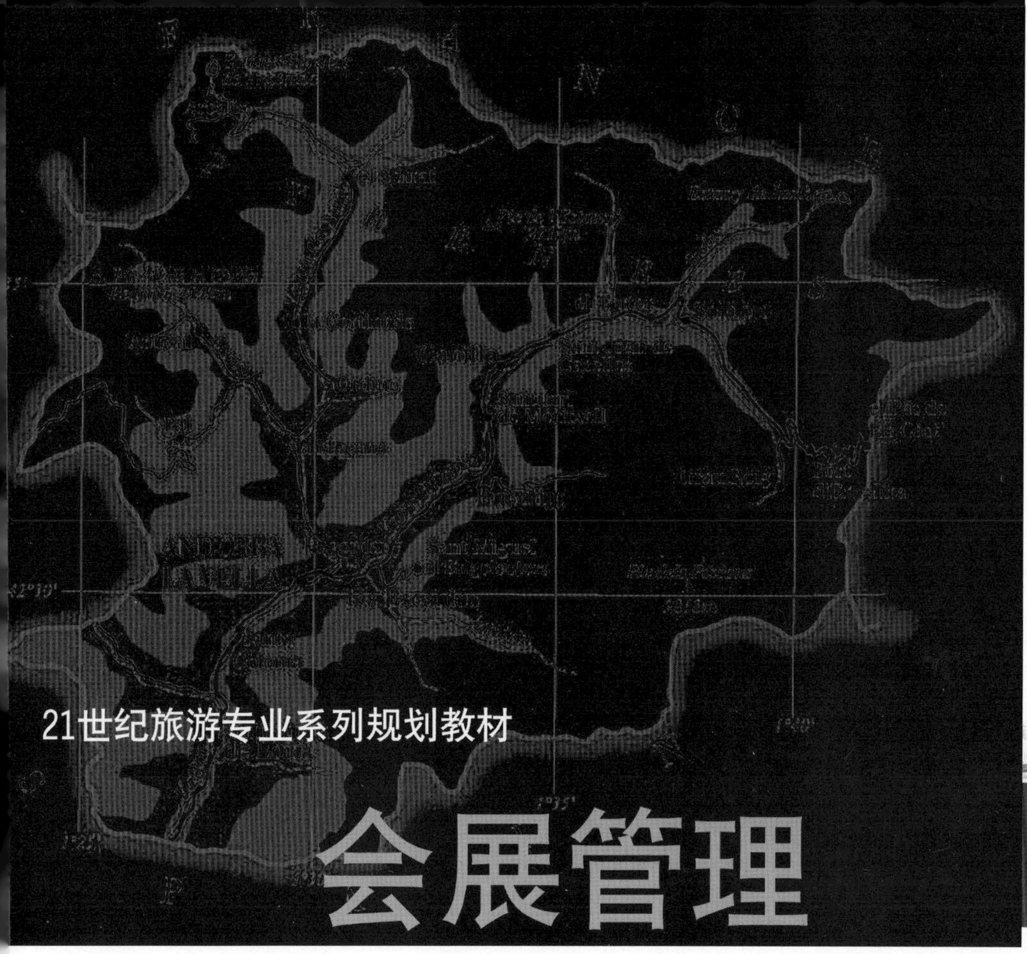

21世纪旅游专业系列规划教材

会展管理

——原理、案例

黄 向 李正欢 主编

Exhibition and Conference Management: Principles, Cases

暨南大学出版社
JINAN UNIVERSITY PRESS
中国·广州

《会展管理——原理、案例》编委会名单

主　编：黄　向　李正欢

编　委：（按姓氏笔画排列）

邓安娜　李燕妮　罗美娟　周慧颖

总 序

"21世纪旅游专业系列规划教材"正在暨南大学管理学院旅游管理系广大教师的共同努力下逐步推出。这是作为国家特色专业、广东省名牌专业以及省级重点学科建设的重要成果之一，也是暨南大学旅游管理专业开办二十多年来，由本科、硕士到博士点发展历程及专业积淀的展示。

旅游活动是当今世界参与人数最多、规模最大的社会活动之一，旅游业也是世界最大的产业之一。自20世纪70年代末以来，中国旅游业快速增长，在20多年的时间里，我国实现了从旅游资源大国向世界旅游大国的历史性跨越，今后还将由世界旅游大国向世界旅游强国迈进。在旅游业快速增长的同时，我国旅游教育和旅游科研蓬勃开展。截至2007年年底，全国共有高、中等旅游院校1 641所，其中高等院校770所。在校生达70多万人，其中旅游高等院校近40万人。中国旅游教育方兴未艾，为旅游业输送着大批专业人才。

旅游教育的发展壮大需要教材建设的支持。我国旅游教育界在过去的20年间出版了多套专业教材，为旅游学科发展奠定了基础，为旅游教育作出了贡献。但随着旅游业的快速发展，旅游科研不断有新的突破，旅游教材必须吸收、反映这些成果，把最新的知识奉献给读者。面对旅游学科日新月异的大好局面，特别是最近几年形势的重大变化，我们处在高校旅游专业教学与科研第一线的教师既感到兴奋，同时也有要不断更新教学内容，补充新知识的压力。鉴于教材建设紧跟形势发展，反映旅游最新实践动态和最新研究成果的需要，我们组织了一批长期从事旅游专业相关课程教学和科研的教师编写了这套"21世纪旅游专业系列规划教材"。

这套教材选题广泛，涵盖了旅游管理专业的各门课程，并且紧密结合国际、国内旅游活动、旅游业和旅游科研发展的实际，从较高的理论起点阐述了现代旅游管理和经营的一般规律，总结学科、行业、产业的经验教训，以最新的实际材料和旅游研究成果展现旅游学科体系的理论知识和实践技巧。在编写风格上，我们参阅和借鉴了国内外旅游学科及其他学科教材的经验，力图使本套教材呈现出理论全面、知识丰富、结构合理、形式活泼、内容科学及文字生动的特色。这套教材既可供高校旅游管理专业教学使用，亦可作为高等职业教育、自学考试以及旅游行业中、高级管理人员的培训教材。

旅游学是一门发展中的学科，丰富的理论内涵和综合的知识结构，飞速发展的社会实践，均需要进行不断深入研究和精心归纳。我们希望通过这套教材的出版，能与同仁共同推进与提高旅游教材的编写水平，为中国旅游教育贡献绵薄之力。

21世纪旅游专业系列规划教材编委会

2008年10月

前 言

随着全球经济的迅猛发展，国际会展业经历着前所未有的变革，世界会展业在内容和形式上都发生了很大变化，表现为会展理念全球化、会展规模大型化、会展内容专业化、会展运作国际化、会展形式高科技化等。会展业以其庞大的产业规模和巨大的经济贡献成为促进地区经济增长的重要力量。

随着国际会展业的迅猛发展，中国会展业同样进入飞速发展的时期，并有着广阔的发展空间和巨大的增长潜力。我国从北京到上海、到广州的各大中城市都正在积极推进或有意向加入会展业，力争使其成为新的经济增长点，由此也产生了对会展专业人才需求的急剧增长。据上海世博会官方组织的一项调查显示：到2010年，上海世博会对会展人才的需求将达10万人，形成会展运作人才（策划、高级运营管理等）、会展辅助人才（广告、法律咨询、物流、宣传、销售等）、会展支援人才（工程技术、贸易、金融投资等）这样一个由内向外的圈层结构。实际上，面对会展业这一巨大的就业市场，相应人才缺乏的矛盾已显现出来。例如：管理层领导多为行政配备或从相关行业借调过来；会展设计人员也是从其他专业如广告、装潢等专业转向而来；展会项目的招展营销人员虽有一定的外语水准，但很少具有经管知识背景；工程、制作、施工人员更是来自各行各业，对会展业知之甚少。而会展业的本质是一个开放的行业，它天生受到全球化、信息化的影响。中国经济的持续高速增长以及中国所提供的巨大市场，必然吸引境外会展公司开拓中国会展市场，越来越多的国际知名会展公司和会展项目将迅速进入中国，北京、上海、宁波、广州、东莞、深圳、成都等地都已经活跃着一批来自香港、美国、德国、英国、澳大利亚等国家和地区的知名会展公司。经济全球化一方面引致国内会展业内的竞争日趋激烈；另一方面造成会展专业人才供需矛盾日益凸显。

因此，如何培养出会用理论与实践“两条腿”走路的专门管理会展人才是我国会展教育中的重要任务。本书作者立足于我国会展业发展的现实需要，吸收国内外会展管理的先进理念和实践经验，撰写了这本理论性和实践性兼备的专业教材。本书共十章，每一章均配有学习目的、学习要点、思考与练习和拓展阅读，便于读者系统地学习和掌握各章内容。在内容上，本教材力求理论阐述与实务相结合，并选择具体的案例进行阐述和分析，既考虑到我国会展业发展的现实需要，又考虑到未来会展业的发展动态；既系统总结了国内外会展理论研究成果，又兼顾实务操作的需要。各章编写者如下：第一章由周慧颖编写，第二、三、六、七、九和十章由李正欢编写，第四章由李燕妮编写，第五章由罗美娟编写，第八章由邓安娜编写。全书最后由黄向统稿并修改。

本书既可作为高等院校会展专业教材用书，又可作为会展从业人员的工作参考书。由于编者时间和水平有限，书中的不当甚至错误之处，恳请各位专家和读者批评指正。

编 者

2009年2月

目　录

总　序　/1
前　言　/1

第一章　会展概述　/1
第一节　会展活动的起源与发展历程　/1
第二节　会展业发展的现状及趋势　/5
第三节　会展业发展的基本要素及功能　/13
第四节　会展活动的分类　/16
拓展阅读：德国第一大会议城市——柏林　/22

第二章　会展业的运行机制与管理模式　/25
第一节　会展业的市场参与主体　/25
第二节　会展业的市场运行机制　/33
第三节　会展业的管理模式　/34
拓展阅读：科博会，十一年历史铸就辉煌　/40

第三章　会展组织管理　/48
第一节　会展组织设计　/48
第二节　会展企业的组织结构　/55
第三节　大型国际会展的组织机构　/58
拓展阅读：上海世界博览会组织委员会与执行委员会组织机构　/61

第四章　会展资源管理　/63
第一节　会展人力资源管理　/63
第二节　会展财力资源管理　/69
第三节　会展物力资源管理　/71
第四节　会展业的信息资源管理　/76
拓展阅读：苏州会展资源整合，打造会展 CBD　/81

第五章　会展业的危机管理　/84
第一节　会展危机的特点与类型　/84
拓展阅读：城市安全与会展　/88

第二节　会展危机的演化规律　/ 90
第三节　会展危机管理的原则　/ 92
第四节　会展危机管理的宏观架构与战略设计　/ 93
拓展阅读：厦门乔丹订货会上的食物中毒　/ 96

第六章　会展项目管理概论　/ 99
第一节　会展项目的相关概念、类型及其特征　/ 99
第二节　会展项目管理过程　/ 103
第三节　会展项目利益相关者管理　/ 104
拓展阅读：中国杭州西湖博览会项目管理实施办法（暂行）　/ 108

第七章　会展项目启动　/ 114
第一节　会展项目调研与构思　/ 114
第二节　会展项目的立项策划　/ 116
第三节　会展项目的可行性研究　/ 119
第四节　会展项目的立项与报批　/ 123
拓展阅读：2007 年青岛汽车产品博览会项目立项可行性研究报告　/ 133

第八章　会展项目的现场管理　/ 138
第一节　展览现场管理　/ 138
第二节　会议现场管理　/ 151
拓展阅读：第四届中国—东盟博览会展览现场管理办法　/ 160

第九章　会展项目控制　/ 162
第一节　会展项目控制概述　/ 162
第二节　会展项目控制的主要内容　/ 163
第三节　会展项目跟踪与信息系统　/ 169
第四节　会展项目控制系统的设计　/ 175
拓展阅读：美国 Alticor 公司会议项目控制　/ 177

第十章　会展项目收尾与评估　/ 183
第一节　会展项目收尾阶段的主要工作　/ 183
第二节　会展项目评估　/ 185
第三节　展览会项目的评估　/ 187
第四节　会议项目评估　/ 196
拓展阅读：德国展览会的评估与认证　/ 201

参考文献　/ 204

第一章　会展概述

【学习目的】

通过本章的学习，了解会展活动的起源及其发展历程、国内外会展的发展现状及趋势，以及会展业发展的基本要素、功能与分类。

【学习要点】

1. 会展活动的起源及其发展历程；
2. 主要会展业发达国家的会展发展现状以及我国的会展现状；
3. 会展业的发展趋势；
4. 会展业发展的基本要素与功能；
5. 会展业的分类。

【关键词】

会展活动　发展历程　发展现状　基本要素

第一节　会展活动的起源与发展历程

一、会展活动的起源

会展活动历史悠久，其产生和发展具有深刻的社会经济背景，并始终伴随着人类社会经济的发展而发展。会展活动的形成是人类社会发展到一定阶段的产物。原始社会末期，社会生产力的发展带来了剩余产品和社会分工，为人类集体性的物质文化交流提供了可能。人类早期的原始集市活动、宗教祭祀活动、国家政治会盟以及进贡与分封活动等都是会展活动的萌芽。从历史角度看，欧洲的集市是现代展览会的前身。早在中世纪时期，欧洲一些城市就定期或不定期地在人口集中、商业较为发达的市区举行贸易集市，不少著名的集市后来都发展成了现代闻名的欧洲大型综合性博览会。16 世纪的“地理大发现”使各大洲的经济和文化交流迅速密切起来，伴随着欧洲国家的殖民扩张和全球性贸易活动的发展，欧洲早期的会展活动也扩展到世界的其他地方。而现代会展经济的雏形起源于工业产品的展销。17 ~ 19 世纪发生在西欧的科技革命扩大了世界的生产规模和市场规模，为会展业开辟了广阔的发展空间。

二、会展活动的发展历程

(一) 世界会展活动的发展历程

1. 萌芽时期的古代集市

欧美的展览界普遍认为集市是展览会的雏形，现代会展业源于古代集市，因为集市具备了展览会的一些基本特征，如设有固定地点、定期举办等。最初集市的主要功能是初级产品的现场交易，主要是为了满足生产活动和生活需要而进行物质交换，规模一般比较小，并具有浓厚的农业社会特征，处于展览的初级阶段。后来，随着集市规模的扩大，交易商品种类的增多，集市期间人文气息的增强，规模较大的、定期举行的集市便逐渐转变为现代意义的展览会。

欧洲集市源于希腊，最初是交换、买卖奴隶的场所，一般都是一年一次或两年一次。到了古奥林匹克时期，希腊出现了常规的集市，与奥林匹克运动会同时举行。古罗马时期，出现了每周举行一次的集市，称为“周市”，如鱼市、米市、油市等。到了中世纪时期，贸易集市开始盛行于一些人口稠密、商业发达的欧洲城市。11 世纪后，欧洲集市进入全盛时期，此时的欧洲集市规模较大，举办时间较长，功能齐全。12 ~ 13 世纪时，法国北部的香槟集市是最著名的国际性集市。它由香槟伯爵在其领地上建立，实际上是一系列集市的总称，共有 50 多个市场。当时的香槟集市已经有了一定的组织方式和严格的预订时间，是早期会展活动较为完善的形式。14 世纪左右，德国、法国等国家出现了许多由官府管理、颇具规模的集市，其中一些还有货币兑换、交易仲裁等功能。到了 17 世纪，欧洲的一些集市开始向专业化方向发展，侧重突出某方面的功能。工业革命后，随着城市商业和运输业的发展，大部分商人开始集中精力固定在一个地方经营，集市的作用逐渐变小，一些集市为了适应工业发展的需要而转变了经营方式，纷纷采用提供样品和图样的方式进行贸易。这样，集市便渐渐地演变为现代贸易展览会。

2. 发展时期的近代展览活动

1640 年开始的英国工业革命以及后来的比利时、法国、美国、德国发生的产业革命，推动了世界科学技术的迅猛发展，也大大推动了世界会展业的发展，引起了会展业的一系列变革。1667 年，第一个艺术展览会在法国举行，这是一个不以商品交换为目的、纯展示性质的展览会。这种新的展览形式对以后的展览会发展产生了深远的影响。在 18 世纪末，欧洲出现了许多具有很强展示性和宣传性，并有严密组织体系的工业展览会，如 1789 年瑞士日内瓦工业展、1790 年德国汉堡工业展、1791 年匈牙利布拉格工业展。1798 年，法国举办了世界上第一个由政府组织的工业产品大众展（Exposition Publique des Produits de Industrie）。该展览会具有很强的政治色彩，是一种宣传鼓舞性质的展览会。到 1849 年为止，法国陆续举办了 11 届国家工业展览会，许多国家相继效仿。但由于当时保护主义盛行，这些工业展基本上没有外国参展商，未能发展成国际性展览会。

1851 年，英国在伦敦举办了“万国工业大展览会”（the Great Exhibition of the Industries of all Nations）。该展览会在伦敦海德公园的水晶宫举行，为期 161 天，展览面积达 10 万平方米，参展商达 17 000 家，其中 50% 为英国的参展商，另外 50% 来自世界其他 40 个国家，参展人数达 630 万人次。这是世界上第一个真正具有国际规模的展览会，其目的是通过展览活动促进国家间的交流与合作，实现全球资源和市场的共享。该博览会取得了巨大成功，产生了深远的社会经济影响，并奠定了日后各届世界博览会的基本模式，因此西方展览界将其看作第一个世界博览会。

1895 年，莱比锡举办了第一届国际样品博览会。这届博览会不仅规模空前，吸引了来自世界各地的大批展览者和观众，更重要的是对展览方式和宣传手段等方面进行了改革和创新，如按国别和专业划分展台，以便贸易谈判与成交。这种方式引起了展览界的重视，欧洲各地的展览会纷纷效仿。此外，展览方式从货货交易转向看样订货，使得展览业走上规范化和市场化的轨道，会展业从此进入了全新的发展阶段。

另一方面，19 世纪末至 20 世纪初，资本主义各国经济的发展带动了商务会议的发展，有关政治、宗教、科技、文化等各个领域的会议日益增多。1896 年，美国底特律成立了世界上第一个会议局，雇用专职销售人员对外销售本地的会议设施与服务。此后，其他城市也相继成立自己的会议局。1914 年，美国成立了国际会议局协会（IACB），其宗旨是便于各个会议局之间相互交流信息，提高会议业的招徕和服务水平。

第一次世界大战期间，各资本主义国家忙于战争，各种会展活动暂时被冷落。战后，一些国家为促进经济复苏大力举办展览会。1924 年，欧洲已有 214 个贸易展览会。1928 年 11 月，来自 31 个国家的政府代表在巴黎签订了《国际展览公约》，该公约规定了世界博览会的类型、举办周期、主办者和参展者的权利与义务等。1931 年，正式成立了国际展览局（BIE），这个政府间的国际展览组织负责协调和管理世界博览会，并决定世博会的举办国。

3. 成熟时期的现代会展业

第二次世界大战结束后，一批因战争而停办的展览会和博览会重新开办，为世界经济复苏注入了勃勃生机。当时世界著名的米兰博览会、莱比锡博览会、巴黎博览会被誉为连接各国贸易的三大桥梁。尤其值得一提的是，莱比锡博览会在冷战期间为促进东西方贸易联系起到了重要作用。世界各国在战后都致力于经济建设和科技教育事业的发展，社会分工越来越细，产品更新速度明显加快，综合性贸易展览会已难以全面、深入地反映各行业的发展水平和市场状况。在这种背景下，现代展览会开始向专业化方向转变。20 世纪 60 年代，专业性展览会已成为展览业的主导形式。20 世纪 70 年代后，随着国际分工体系日益深化，经济全球化日益明显，会展活动在全世界范围内蓬勃发展起来，会展业也逐渐发展为国际性、全球化产业。进入 20 世纪 90 年代后，以信息技术为核心的新一轮科技革命，以及电子技术、通信技术、基因重组技术、新型材料技术、海洋工程技术和空间工程技术等的开发和广泛应用，加速了经济全球化的进程，生产规模进一步扩大，生产方式向国际分工转变和深化，导致展览会的数量、频率、参展商及观众数量大幅增长，推动了世界会展业朝着信息化和高科技化方向发展。

（二）我国会展活动的发展历程

1. 古代时期

集市作为早期展览会的雏形，在我国有着悠久的历史，大约形成于公元前 11 世纪的商周时期，并在唐宋以后得到了蓬勃发展。集市在我国不同的时期和地区，有多种形式和名称，如集、市、庙会等。其中，“市”指人们交换产品的场所，到西周时发展成为官府控制的市场。在宋朝，其地域、时间限制都被打破，官府控制的市逐渐消失，“市”进入了一个新的发展阶段，商业色彩也越来越浓。在中国，“集”大约形成于公元前 11 世纪，它是随着社会分工和经济交流的扩大而发展起来的。与“市”相比，“集”的地点比较固定，举行时间具有明显的周期性，参加者主要是农民和手工业者，且彼此之间的交易活动实质上是生产者之间的产品流通，这些特点都构成了展览活动的雏形。“庙会”是我国古代一种城乡并存的定期集市。庙会历史悠久，在唐朝已流行，宋朝继之，明、清盛行。最初，在宗教节日，因有许多人聚集在寺庙及祭祖场所求神拜佛，一些小生产者、商贩便借机兜售香火、贡品等，后来，逐渐百货云集，成为比一般集市规模更大、货物更多的大型集市。比起乡村的集，庙会的内容更加丰富，除了传统的产品交换外，还有宗教礼仪和文化娱乐活动。

2. 近代时期

近代中国的社会经济明显落后于西方，表现在展览业上就是集市作为主导展览形式一直持续到19世纪末。1840年，西方炮舰打开了中国大门，国人开始与外部世界接触。当时，参加世界博览会是我国早期参与国际性活动的重要形式，也是近代中国会展活动的发端。1851年，中国商人徐荣村和一些在中国经商的外国人，以私人身份参加了在伦敦举行的首届世界博览会。1876年，中国政府第一次以国家的名义参加了费城世界博览会。此后，我国官方和民间商人又以组团参展、寄物参展、派员参观等形式，先后参加了法国巴黎（1878，1900）、美国新奥尔良（1885）、日本大阪（1903）等20余次世博会。

在参加世博会的过程中，人们认识到了会展活动对促进社会经济发展的重要作用，近代会展活动在国内逐渐发展起来，主要包括20世纪初举办的几次展览会和博览会，以及抗战时期的展览会。1935年11月至1936年3月，中国艺术国际展览会在伦敦举行，这是中国第一次出国办展。本次展览会共展出物品3 000余件，观众多达42万人次，在英国甚至整个欧洲引起了巨大轰动。近代中国还举办了武汉劝业会（1909年）、南洋劝业会（1910年）、西湖博览会（1929年）等几次具有一定规模的博览会，其目的都是为了促进工商业的发展。此外，抗战时期，国共两党分别举办了许多展览会，较有影响的有迁川工厂出品展览会（1942年）、四川省物产竞赛展览会（1943年）、重庆工矿产品展览会（1944年）等。

这一时期的会展活动，对我国经济、社会和科技进步，加强国际交流，开阔眼界等都起到了促进作用，但由于当时我国国力衰弱、社会动荡、战争不断，因此会展活动的发展无法跟上世界步伐，会展活动对整个社会经济的影响也非常有限。

3. 现代时期

新中国成立后，我国会展活动进入了全新的发展时期。从1949年到20世纪70年代末，我国也举办了一批展览会，如全国农业成就展览会、上海工业展览会、广州中国出口商品交易会等等，但这一时期的会展业受计划经济体制的影响，基本上是政府垄断行业，带有浓厚的行政色彩，整个会展业呈现出举办主体单一，具有较强的指令性，各类会展活动都以政治目的为主的特征。

十一届三中全会以后，随着经济体制改革的不断深入和对外开放的不断扩大，我国会展业开始与现代国际会展业接轨，展览的贸易性、专业性大大加强。1978年，新中国举办了第一个国际性博览会——“十二国农业机械展览会”。1982年，我国参加了美国田纳西州诺克斯维尔市举行的“能源”专业世博会，这是我国时隔56年重返世博会舞台。此后，我国连续参加了历届世博会。然而此时我国会展业仍具有较浓的行政色彩，政府作为会展的管理和审批部门以及会展场馆的投资主体，对会展行业行为有着极大的影响力。

20 世纪 90 年代以来，我国会展活动的数量和质量都取得了突飞猛进的发展，一系列国际知名的会展在我国成功举办。我国先后举办了亚运会、世界妇女大会、万国邮联大会、世界园艺博览会、99 全球财富论坛、国际商会年会、APEC 会议、博鳌亚洲论坛等众多大型国际性会展。2001 年和 2002 年我国相继获得了 2008 年奥运会和 2010 年世博会的举办权，这是我国会展发展史上具有里程碑意义的事件。近十几年来，我国各种区域性和独具城市特色的博览会、交易会和贸易洽谈会此起彼伏，蓬勃发展。总之，这一阶段我国的会展业获得了飞跃式发展，取得了显著的成就，会展业作为新兴经济产业的地位已经确立，会展经济在我国出现欣欣向荣的局面，表现出巨大的发展潜力。

第二节 会展业发展的现状及趋势

会展业作为一种经济存在形式，其存在和活动的方式在不断地进行调整和变化。在过去的几十年间，会展业在全球迅速扩展，在世界经济和旅游业发展中的地位日趋明显，因而会展业获得了诸如“触摸世界的窗口”、“城市的面包和奶酪”、“旅游业皇冠上的宝石”等众多美称，并正被越来越多的国家所重视和开发。为此，如今的会展业正以无与伦比的功能、不可替代的作用及崭新的形象，迅速成长为第三产业中一个举足轻重的行业。

一、会展业发展的现状

（一）世界会展业发展的现状

从整体上看，国际会展业当前的发展水平与发展格局同世界经济发展的总体状况是基本一致的。大多数发达国家拥有发展会展经济的良好基础，办展经验丰富，品牌会展众多，会展业竞争力强。在发展中国家，会展业在宏观管理体制和微观运作机制上都显得相对落后，产业缺乏国际竞争力。总体而言，欧美发达国家仍然是会展业最发达的地区，它们既是最主要的会展目的地，也是最主要的会展客源地，在当今世界会展业中处于主导地位。

1. 世界会展业发展的基本格局

欧洲被认为是世界会展业的发源地，经过数世纪的积累和发展，欧洲会展业整体实力强，规模大。欧洲的一些国家，如德国、意大利、英国、法国等都是世界级的展览强国，世界上 25 个举办大型展览最多的国家中，欧洲国家占 70% 以上，目前国际上公认的 300 多个最知名、展出面积在 3 万平方米以上的专业展览会，有 2/3 在欧洲举办。世界上最大的展览场馆也绝大多数集中在欧洲。欧洲举办的展览会在展出规模、参展商数量、国外参展商比例、观众参观人数、专业观众比例和质量、贸易效果及相关服务等方面，均居世界领先的地位。就会议市场而言，欧洲在国际会议市场上占统治地位，法国、英国、德国一直是位居世界前列的主要会议举办国。此外，欧洲的奖励旅游发展迅速，英国、德国、意大利和法国成为欧洲推行奖励旅游的最主要国家。同时，欧洲还是最大的国际奖励旅游接待地区，是美国奖励旅游最主要的海外目的地。

北美是世界会展业的后起之秀，虽然起步较晚，但发展较快。尤其在20世纪最后10年里，由于美国经济保持了快速增长，对外贸易迅猛扩大，极大地促进了会展业的壮大和发展。2000年在美国和加拿大举办的展览会就达13 185个。虽然北美展览会的贸易性不及欧洲，但这一地区强劲的经济实力和巨大的市场容量，仍吸引着世界各国的参展商前来参展，而且北美展览业在发展过程中还形成了独特的办展模式和风格。值得一提的是，20世纪60年代兴起于美国的奖励旅游，已经发展为会展市场的重要组成部分。目前，美国的奖励旅游市场约占整个世界奖励旅游市场总量的2/3，是世界上奖励旅游市场最发达、最成熟的国家。此外，美国在国际会议市场上占有重要地位，特别是进入20世纪90年代后，美国一直是世界上最大的国际会议举办国，无论是举办会议数量还是会议收入均为世界第一。

亚洲会展业的规模仅次于欧美，比拉美和非洲水平要高。日本、新加坡、阿联酋和中国的香港地区或凭借经济发展的巨大潜力和广阔的市场，或凭借发达的基础设施、较高的服务业水平、较高的国际开放度以及较为有利的地理区位优势，已成为亚洲的会展大国和地区。如今，亚洲已成为世界第二大国际会议举办地，涌现出一批新兴会议强国（地区），如自1988年以来，新加坡始终名列全球举办国际会议城市前10位，而且排名一直稳步上升；我国香港1992年后进入全球15个主要会议举办城市的名单中。总之，亚洲会展业发展充满活力，增长速度快、辐射面广、门类多样齐全，已成为最具潜力的会展目的地和客源地。

大洋洲会展业发展水平仅次于欧美，但规模小于亚洲。该地区会展业主要集中于澳大利亚，每年约举办300个大型展览会，参展商超过5万家，观众达600万人次，整体发展势头良好。尤其是澳大利亚获得奥运会举办权后，其在国际会议市场上的排名迅速攀升。举办2000年奥运会当年，澳大利亚的国际会议增长比率高达80%。

近年来，中美洲和南美洲的会展经济也逐步发展起来。据统计，整个拉美会展业的经济总量为20亿美元，其中，巴西位居第一，每年办展约500个；阿根廷紧随其后，每年举办约300个展览会；排在第三位的是墨西哥，每年举办的展览会近300个。除这三个国家外，其他拉美国家的会展业规模很小，很多国家尚处于起步阶段。

整个非洲大陆的会展业发展情况基本上与拉美相似，主要集中在经济发达的南非和埃及。除南非和埃及外，整个西部非洲和东部非洲的会展业规模都很小，一个国家一年基本上只举办一个到两个展览会，而且这些展览会的举办还受到气候条件的限制。

纵观会展业在全球的发展情况不难看出，一个国家的综合经济实力和经济总体规模及发展水平决定了该国会展业的实力和发展水平。发达国家凭借其在科技、交通、通信和服务业水平等方面的优势，在世界会展业发展过程中处于主导地位，占有绝对优势。

2. 世界主要会展大国概况

目前，世界各主要会展大国的概况如表1－1所示。

表 1－1 世界主要会展大国概况一览表

国家名称	会展业发展概况
德国	德国享有“世界展览王国”的称号。现有 23 个大型展览中心，展馆总面积约 250 万平方米，其中超过 10 万平方米的有 9 个。世界最大的 5 个展览中心有 3 个在德国，分别是汉诺威展览中心、法兰克福展览中心和科隆展览中心。每年举办近 140 个顶级贸易展览会，约占世界权威专业贸易展的 2/3，净展出面积 690 万平方米，参展商 17 万家，参观客近千万。德国著名的国际会展城市有汉诺威、科隆、法兰克福、柏林、慕尼黑、杜塞尔多夫、莱比锡等。德国展览机构在全世界的办事机构达 386 个，已形成全球化的展览营销网络
法国	法国展馆总面积约 160 万平方米，分布于 80 个城市，其中巴黎拥有 2 个超过 10 万平方米的展馆。法国每年举办 1 500 多个展览会，其中国际性和全国性展会约为 175 个，专业展 120 个左右，每年会展收入高达 1 500 亿法郎。法国也是重要的国际会议接待国，巴黎一直是全球举办国际会议最多的城市之一
英国	近年来英国会展业进入了高速发展阶段，其国际会议市场占有率已跃居世界第二。与欧洲其他国家相比，英国举办的展会规模不大，多以中小项目为主，会展场馆规模也不大，却培育了诸如励展集团、蒙哥马利集团等世界知名的跨国展览公司，这些公司在英国曾举办了许多大规模的著名展览会
意大利	意大利每年办展达 700 多个，全国共有 40 多个展场，主要展览中心城市米兰拥有展场面积达 40 万平方米，其中米兰国际展览中心是世界第三大展馆
美国	美国在国际会议市场中居于领先地位，2001 年举办国际会议达 185 个，是世界举办国际会议最多的国家。美国展览业产值约占美国国民经济总量的 1%。据美国展览业研究中心估计，每年展览活动对美国经济的贡献约为 1 250 亿美元
新加坡	新加坡每年举办的大型会展活动达 3 200 多个，其国际会展规模、次数居亚洲首位。新加坡在世界会展业中的地位得到有关国际会展组织的承认，被国际展览管理协会（IAEM）评为世界第五大会展城市
日本	日本以雄厚的经济实力、良好的基础设施、快捷的交通条件、周到的服务和独特的民族文化，赢得了众多国际会议、展览和大型节事活动的举办权。2001 年，日本举办了 391 个国际性贸易展览会，主要展览城市为东京和大阪；举办国际会议达 138 个，已跃居第四大国际会议举办国

（二）我国会展业发展的现状

1. 会展数量持续增长，覆盖范围广泛

近年来，我国会展业的发展速度惊人，各类会展数量年增长高达 20%～30%。目前我国展览会覆盖范围广泛，不仅涉及机械、电子、冶金、矿产、石化、轻工、纺织、农林等几乎所有的生产性行业，而且还涉及商业、运输、通信、旅游等大部分服务性行业。

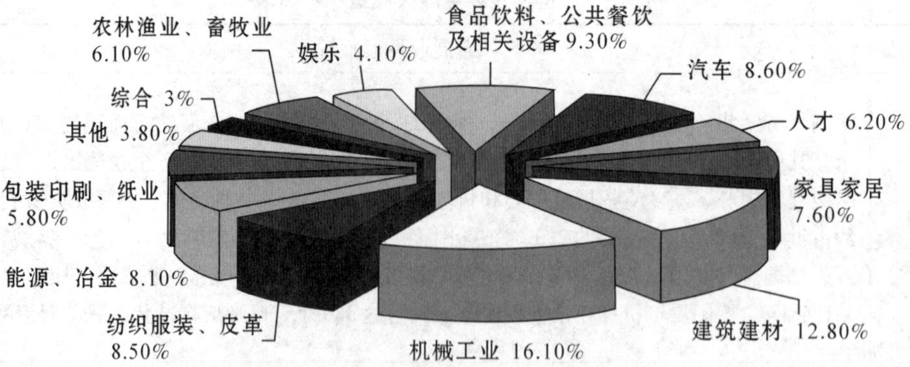

图 1－1　2007 年全国各行业展会分布①

图 1－1 显示，在 2007 年全国各行业展会分布中，机械、建筑行业展会举办较活跃，食品、纺织、能源、汽车、家具、农业等相对次之。

2. 会展活动质量显著提高

在数量急剧增长的同时，我国会展活动的质量和档次也有显著提高。目前，在我国举办的展览会中，超过一半是国际性展会，并有一批专业展壮大起来，逐步形成全球知名的展览会。截至 2005 年底，我国内地（不含港澳台地区）得到 UFI 认证的展览会数量已达 30 个，如表 1－2 所示。

表 1－2　我国通过 UFI 认证的展览会

会展名称	认证时间	举办城市
中国国际印刷技术展（China Print）	1988 年	北京
中国国际机床展（CIMT）	1993 年	北京
多国仪器仪表展（Miconex）	1994 年	北京、上海
中国国际冶金展（Metal & Metallurgy China）	1995 年	北京
中国国际模具和设备展览会（Die & Mould China）	1996 年	上海
中国制冷展（China Refrigeration）	2000 年	北京、上海
国际工程机械展（BICES）	2000 年	北京
中国国际纺织机械展（CITME）	2002 年	北京
大连国际服装博览会（DIGF）	2002 年	大连
深圳国际机械模具展（SIMM）	2002 年	深圳
国际林业展（WoodMac China）	2003 年	上海
国际包装展（ProPak China）	2003 年	上海
国际家具展（FurniTek China）	2003 年	上海

① 2007 年全国各行业展会分布．中国会展，2008（1）

（续上表）

会展名称	认证时间	举办城市
国际食品展（FHC Food & Hospitality）	2003 年	上海
国际酒店展（Hotel China）	2003 年	上海
中国国际服装服饰博览会（CHIC）	2004 年	北京
中国国际医疗仪器设备展（China Med）	2004 年	北京
上海汽车展（Auto Shanghai）	2004 年	上海
中国（深圳）国际钟表珠宝礼品展（CWJF）	2004 年	深圳
高交会信息技术与产品展（ComNet）	2004 年	深圳
中国国际石油石化技术装备展览会（CIPPE）	2005 年	北京
中国国际医药展览会（CHINA－PHA RM）	2005 年	北京、上海
中国国际安全生产及职业健康展览会（COS＋H）	2005 年	北京
中国国际流体机械展（PSC）	2005 年	单年上海、双年其他
深圳国际玩具及礼品展览会（Shenzhen International Toys & Fifts Fair）	2005 年	深圳
东莞国际鞋展·鞋机展（China Shoes & Shoetec）	2005 年	东莞
国际名家具展（International Famous Furnituer Fair）	2005 年	东莞
中国国际投资贸易洽谈会（CIFIT）	2005 年	厦门
中国锦汉礼品、家具用品及装饰品交易会（Jinhan Fair for Gifts，Household & Fabrics）	2005 年	广州
中国锦汉纺织服装及面料展览会（Jinhan Fair for Textiles，Garments & Fabrics）	2005 年	广州

（资料来源：张红．会展概论．高等教育出版社，2006）

近年来，在会展场馆建设方面，我国各大中城市兴起了建设会展场馆的热潮。我国已有一些场馆具有较高的现代化水平，配套设施齐全完备。比如广州国际会展中心是目前亚洲最大、世界第二大的会展中心，总建筑面积达 39 万平方米，拥有 3 层共 16 个标准展厅，10 200 个国际标准展位。北京的中国国际展览中心不仅有报告厅、会议室、技术座谈间、中西餐厅、停车场、海关监管仓库等，还有海关、运输、施工、广告、旅游、饭店、物品租赁和商务中心等服务场所。但我国目前的会展场馆硬件设施仍然不能满足我国会展经济的发展，为此我国各大中城市正在规划兴建新的大型现代化展馆。据统计，我国 2004 年新增可供展览面积约 40 万平方米，包括深圳、南宁、济南、天津等新建会展中心的落成和大连、沈阳、昆明等会展中心的扩建；2005 年新增可供展览面积约 30 万平方米，包括成都、郑州、重庆、哈尔滨等新建会展中心的落成和宁波、温州等会展中心的扩建。预计到“十一五”末期，我国展览场馆数将达到 260 个，总建筑面积达 1 500 万平方米，可供展览面积达 500 万平方米。

3. 会展区域经济发展不平衡

会展业与区域经济发展程度密切相关，近年来，广东、北京、上海、浙江、江苏、福建、山东、辽宁等经济发达的沿海省市会展业发展突飞猛进，并形成了华东、华北、华南、东北四大会展经济产业带与中西部会展中心城市相互协调、各具特色、多层次的互动式会展经济发展格局，具体如图 1－2 所示。

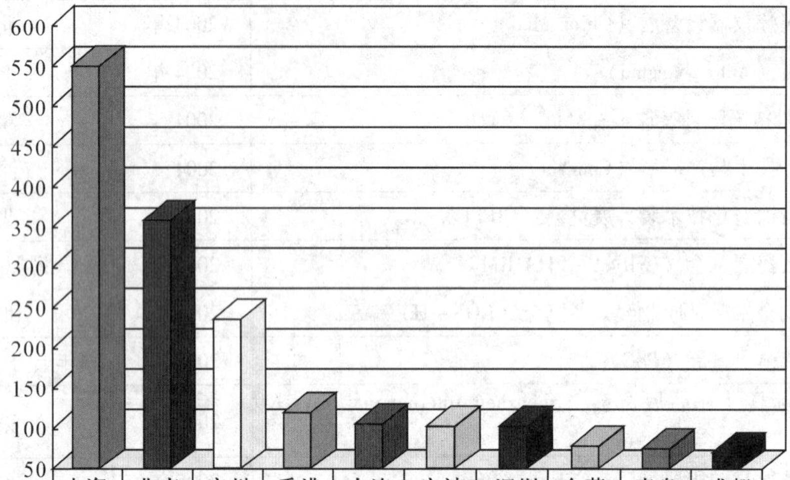

	上海	北京	广州	香港	大连	宁波	深圳	东莞	青岛	成都
数量	549	359	236	119	106	103	102	79	75	71

图 1－2　2007 年全国十大城市展会数量排行①

从 2007 年统计的全国十大城市展会数量上看，上海、北京、广州位居三甲，香港、大连、宁波、深圳等城市位居其后。以上十大城市大体能代表中国展览的整体水平，其展会数量总和已占全国展会的 1/2。

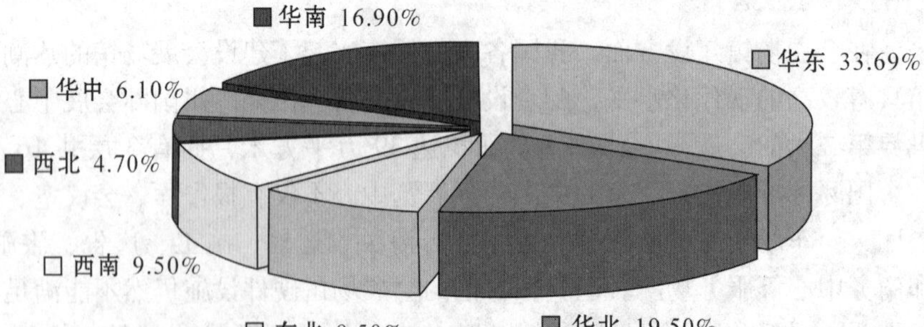

图 1－3　2007 年全国各地区展会分布图②

从图 1－3 中显示的全国地区展会分布来看，华东、华北、华南是举办展会的主要地

① 2007 年全国十大城市展会数量排行．中国分展，2008（1）

② 2007 年全国各地区展会分布图．中国会展，2008（1）

区，东北、西南相对次之，而华中、西北展会相对较少。

表 1－3　2007 年全国展览会数量排行①

排名	展览馆	展览会数量
第一名	上海新国际博览中心	221
第二名	中国国际展览中心	193
第三名	上海光大会展中心	159
第四名	中国出口商品交易会展览馆	120
第五名	香港会议展览中心	94
第六名	北京展览馆	74
第七名	上海世贸商城	74
第八名	中国国际贸易中心	63
第九名	上海展览中心	60
第十名	全国农业展览馆	53

从表中可以看出，会展场馆利用状况也充分反映了我国会展业发展的区域不平衡。目前，我国中西部地区的大部分展馆利用率普遍低于 30%，甚至不足 10%。可见，我国虽然会展业发展迅速，但不同地区的发展水平差异很大。那些会展市场容量依然很小的地区，在建设会展场馆时，务必结合会展经济区域，根据各地实际情况合理规划，以免造成建成后的闲置和浪费。

二、会展业发展的趋势

随着经济全球化趋势的加快和网络技术的更新，世界会展业在内容和形式上都发生了很大变化，而且还将伴随国际会展市场竞争的加剧，呈现出新的发展趋势。

（一）会展理念全球化

国际会展业近几年呈现平稳发展的趋势，全球会展业的直接经济效益已达 2 800 亿美元，会展业成了一个在全球国民经济中占有相当比重的新兴产业。跟随全球经济一体化的发展脚步，会展经济理念得到越来越多的认同，会展业被越来越多的国家重视，尤其是发展中国家。虽然地区经济发展的不平衡对会展业有一定的影响，但是，由于会展经济是一种前瞻性经济，所以它更加反映了经济发展的未来趋势。在这一背景下，一些亚洲和非洲国家的展览业在国际展览业中的地位变得越来越重要，甚至将成为国际会展业今后几年继续保持高速发展的关键性因素，而像德国、美国、新加坡等会展业发达国家将继续努力保持其国内现有的发展速度，并进入发展中国家的会展市场争取更多的市场份额，继续扩大其在国际会展业中的影响。

① 2007 年全国展会数量排行．中国会展，2008（1）

（二）会展规模大型化

随着会展经济的迅速发展，各举办机构不再局限于吸引本国、本地区的参与者，也不再满足于国内甚至地区范围内的影响力，而是力争提高国际参与程度，因而导致了会展规模不断扩大和对会展服务要求的不断提高。会展规模的大型化主要表现在两个方面：

一是会展场馆数量增加，规模扩大，便捷化程度和现代化水平更加提高，小型化场馆将逐渐消失。目前，国外新建的展览中心占地面积一般都超过了 100 万平方米，展览面积超过 20 万平方米。但德、美、意、英、法等国为保持其在会展业中的霸主地位，并提高政治声望，目前都在争相大兴土木，以便在会展业作持久较量。例如，著名的米兰国际展览中心有 65 万平方米的 38 个展馆，是世界三大展场之一，为在竞争中立于不败之地，米兰国际展览公司又进行了大修，投资 2 600 亿里拉兴建的 20 万平方米新馆，有 10.4 万和 3 万平方米的屋顶和地面停车场，欲使其展场占地面积超过 140 万平方米，展场面积达到 100 万平方米。

二是单个展览会的规模逐步向巨型发展。20 世纪中期，在同一行业往往有许多国际性展会并存，但经过几十年市场的优胜劣汰，众多规模偏小的国际展览会逐渐退出竞争舞台，剩下的几乎都是知名度高、规模大的展览会，且每个发达国家都有自己的品牌展。为推进本国展览的国际化，许多国家纷纷成立专门机构开展宣传促销，如法国的“国际专业展促进会”、新加坡的“会议展览局”等。

（三）会展内容专业化

在国际上，专业性展览已成为会展业发展的主流，代表着会展经济的发展趋势。与一般展览会相比，专业展览会具有针对性强、参展观众质量高、参展效果好等特点，因此近几年来综合性展览会举办数量不断减少，许多综合性的展览会都不同程度地转为专业性展览会。原来一些综合性的展览已经被细分为若干个专业展，如汉诺威工业博览会就是由若干个专业展（如机器人展、自动化立体仓库展、铸件展、低压电器展、灯具展、仪器仪表展、液压器动元件展等）组成的综合展览。

（四）会展运作国际化、集团化

随着经济全球化进程的加速发展，会展业的国际化运作已经成为越来越多会展企业的选择。会展企业的兼并和合作是一种典型的国际化运作，通过兼并合作，可以利用国际和国内两种资源，开拓国际和国内两个市场，以获得资源的最佳配置。目前，世界上许多著名的大型会展公司及会展组织者，都采取了战略联盟和并购的方式来扩大规模，提高竞争力，以抢占市场份额，形成会展企业集团化的趋势，如世界上两家著名的展览公司“瑞德”（Reed）和“克劳斯”（E. J. Krise）合作联姻，共同开发了通信计算机展览市场。会展集团在展会策划、招展布展、整体促销、成本管理、人才开发等各方面都拥有明显的优势，因而越来越多的企业从竞争走向合作，组成战略集团，实现优势互补，以提高整体竞争力。

（五）会展管理信息化

信息技术、网络技术的快速发展也为全球会展经济的发展增添了新的风采。各国不仅在兴建会展场馆时大量应用了现代新的信息技术、网络技术，而且还将这些最新技术运用到会展营销、会展登记注册、会展组织、会展服务和会展宣传中去。例如，许多会展活动都建立了能提供会展场所、会展活动本身以及娱乐、休闲、交通等相关活动详细信息的网站和网页。会展活动主办者对通过互联网与营销目标直接建立联系，利用电子邮件直接邀请专业人士参加会展活动已习以为常。同时，互联网还能使会展活动参加者在网上注册登记，网上调查也成了会展活动主办者开展调查、了解情况、进行评估的有力工具。此外，网上展览和视频会议作为实物展览和现场会议的必要补充部分，在德国和美国等发达国家已呈现出旺盛的发展势头。总之，信息和网络技术的使用使会展企业和客户之间、会展企业之间、会展客户之间联系的方式不断创新，联系的内容和范围不断扩大，联系的便捷化程度不断增强，也使会展活动的工作水平和经济效益不断提高。

第三节　会展业发展的基本要素及功能

一、会展业发展的基本要素

会展业作为现代经济发展中的一个新兴产业，它的发展动力不仅来自外部环境要素，而且来自系统自身，如图 1 -4 所示。

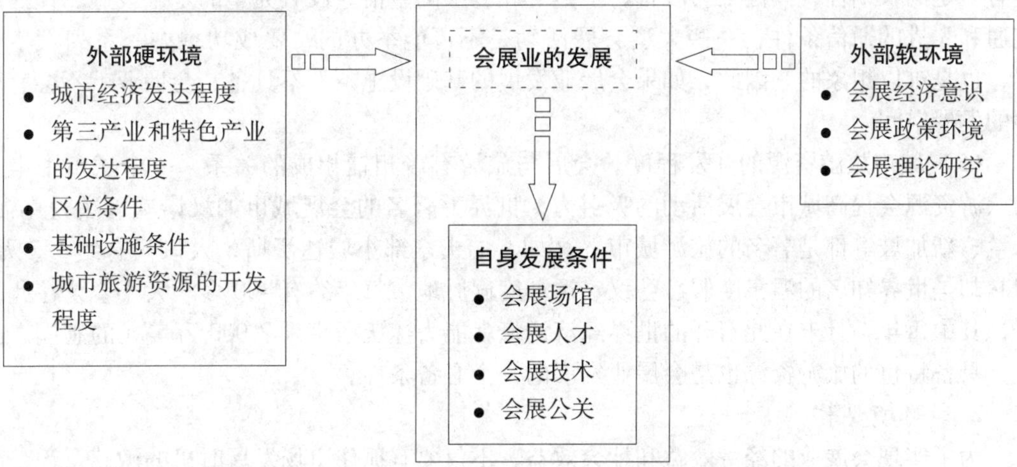

图 1 -4　会展业发展动力体系

（一）外部环境要素

会展业发展的外部环境要素可以分为硬环境要素和软环境要素两类。

1. 硬环境要素

（1）城市经济发达程度。会展业作为经济发展的“晴雨表”，与城市经济发展有着紧密的关系。纵观世界会展业发达的国家，如德国、法国、美国等都是经济实力雄厚的国家。而会展业率先在我国北京、上海、广州、深圳等经济较发达的城市崛起也充分表明，会展业与城市经济发展水平具有强烈的正相关关系，经济的快速增长、经济总量的扩大必然会对会展产生强大的需求，促进会展业的快速发展。另一方面，会展业成本较高，无论举办何种会展活动都需要一定的经济实力和资金投入，这也是为什么会展业发展较好的地区都是位于经济相对较发达区域内的原因之一，因而，城市的经济条件可以看作会展业发展的“源”动力条件。

（2）第三产业和特色产业的发达程度。会展业是一门系统工程，与交通、通信、住宿、餐饮、旅游、商业等有较强的关联性，需要这些行业提供完善的服务，满足参展客商多样化的需求。因此，会展业需要有其他多种相关产业作为其发展的辅助支撑。另外，纵观国际会展业发达的城市，会展业很大程度上都是依托城市产业发展起来的，如德国汉诺威的工业博览会、法国巴黎的时装展等。由此可见，培育出有特色的展览项目必须要有特色的城市产业。

（3）区位条件。区位指事物所处的区域或地点。区位具有一定的尺度性，因为会展业的发展主要是在城市，所以这里所指的区位尺度指的是城市尺度，城市区位也就是指城市的地理位置。大凡成功举办会展的城市，区位都很突出，如成功举办2000年世博会的德国中等城市汉诺威，是北德重要的经济文化中心，处于巴黎到莫斯科、北欧到意大利的十字路口，又濒临中德运河，是个水陆交通便利的枢纽，这样的区位为汉诺威会展业的发展提供了得天独厚的先天条件。

（4）基础设施条件。会展业对基础设施有极大的依赖性。这些基础设施不但应该是配套的，而且其中一些投资巨大的公共设施，如博物馆、体育馆、科技馆等，它们的建设具有一定的长期性，其健全与改善，不是一朝一夕的事情。没有完整的基础设施、便捷的交通和先进的通信条件，一些大型会展活动是不可能举办的，要成功举办一系列大型会议，也是难以想象的。因此，如果会展业发展的基础设施条件不具备，会展业就不会有太大的发展空间。

（5）城市旅游资源的开发程度。会展与旅游有着相辅相成的关系；一个城市中丰富的旅游资源会提高城市会展活动的吸引力，世界上著名的会展城市如汉诺威、法兰克福、米兰、新加坡等都是著名的旅游城市。又如，瑞士东部小城达沃斯，人口只有约1.3万，但它却是世界知名的温泉度假、会议、运动度假胜地。每年约有400多个大小会议在此召开，其中每年1月末在此召开的世界经济论坛就能为达沃斯带来7 000万美元的利润。因此，具备特色的旅游资源也是会展业发展的一个必备条件。

2. 软环境要素

为了实现会展业的经济效益和社会效益，不仅要有抓住市场发展时机的敏感意识，而且应该从自身条件出发，以务实态度发展会展业。由于会展业牵涉许多经济活动部门，尤其是在基础建设方面有待政府政策的协调与扶持，在国际市场开拓与会展招揽方面需要政府的大力配合，所以发展会展业必须有适当的、合理的导向性、倾向性政策。同时，会展业又是一个国际化的产业，这就要求举办地的文化具有一定的开放性、稳定性，有一定的包容力、甄别力、创新力，才能保证会展业有序地发展。关于会展业的一些基本理论，如会展业、会展经济、会展旅游等一系列概念，会展体制、会展模式、会展业发展的一般规律等问题，不但要求会展组织者及参与者对此有清晰的认识，也要求一般的民众对会展业有最起码的认知。唯有如此才能营造出良好的会展环境氛围，使会展理念融入当地生活，真正保证会展业的持续发展。

会展业发展的软环境条件是会展业发展的引导因素。这种引导因素在会展业的初期发展阶段有举足轻重的作用，尤其是在会展市场行为不完善的情况下，引导因素在某种程度上决定了会展业发展的定位和方向，从而也在一定程度上决定了该地区会展业未来的命运。高效、竞争的市场环境，导向性的政策环境，包容、稳定的文化环境，浓厚的学术环境，相对发达的理论环境以及良好的生态环境是会展业成长不可或缺的土壤。

（二）自身条件要素

会展业发展的自身条件是会展业发展的内部制约因素。会展业的发展最终要通过自身内部条件来实现，这种条件的好坏是会展业发展的直接决定因素。无论会展业发展的区位条件与软环境条件多么优越，没有一流的会展场馆、优秀的专业会展人员、先进的会展技术和有效的会展公关，就不可能形成会展品牌，不可能形成强有力的会展竞争力。

1. 会展场馆条件

会展场馆是发展会展业的重要物质依托。会展场馆的建设不是单单追求规模的宏大、功能的多样、配套设施的完善，还要注重场馆的生态化、人本化，具备场馆的绿色经营理念。

2. 会展人才条件

会展业人才可分为两个层次，一是专业会议组织者（PCO）和目的地管理公司（DMC），一是其他相关的人力资源。会展业在某种程度上是中介产业，从会展的筹备到会展的结束，组织者始终起着统筹作用，控制着会展活动的方方面面，可以说组织者是会展活动展开的灵魂人物，没有高素质的组织者队伍，就没有成功的会展业。

3. 会展技术条件

会展业不同于一般的产业，它有很高的技术含量。尤其是在信息化时代，实现会展管理的现代化、会展设备的智能化、会展活动组织的网络化已经成了必然的发展趋势。同时会展网络营销、网上虚拟会展、网上在线展览会都对会展技术的发展提出了现实要求。

4. 会展公关条件

世界上大部分会展活动，尤其是大型的会展活动，与国际上专业的会议或展览协会都有着密切的联系，能够承办这些会展活动的企业很多是协会的成员，或是与该协会有着密切的联系。因此，与国际相关会议、展览协会建立关系，展开积极、有效的公关活动是会展业长足发展所必需的。

二、会展业的功能

所谓会展业的功能，即指会展业依据自身成长机制，在实现自我发展的过程中，对会展举办地社会进步、经济发展与环境改善的综合贡献。会展经济是一种客观存在，是商务交流、城市建设和第三产业共同发展的产物。从城市发展的角度来分析，会展经济主要具有以下五种功能。

1. 整合功能

由于会展活动涉及交通、餐饮、住宿、旅游、通信、保险、广告等众多行业，因而一次成功的会展活动能有效整合举办地的各类相关资源，如会展场馆、旅游景点、城市基础设施甚至城市形象。在很大程度上，会展活动对城市资源的有机整合能有效提高一个城市的综合竞争力。

2. 纽带功能

大规模的会展活动尤其是国际性会议或博览会能为众多参展商提供理想的交易平台，并有助于加强会展举办地与国内外的经济、技术交流与合作，推动城市间的人员互访和文化交流。另外，通过积极参展，企业可以了解有关产品技术的最新动态，学习和借鉴发达国家的先进技术和管理经验。

3. 展示功能

通过举办大型会议或展览会，举办地可以向全国甚至世界各地的与会者、参展商、经营人员和游客宣传本地的经济建设成就与科技发展水平，充分展示城市的现代风貌，并通过向参展商和观展人员提供优质服务，有效提高城市的美誉度。

4. 连带功能

会展业的连带功能指的是除其本身所带来的高额收入外，会展活动还将推动旅游业、展览业、商务、运输业、电信业、广告业等产业的发展，并能创造大量的就业机会，从而使会展举办地的综合竞争力得到全面提升。

第四节　会展活动的分类

目前，会展业在不同的国家和地区有着不同的称呼。美国人习惯用“convention industry”来指会展业，而在欧洲，人们却喜欢用“meeting industry”来指会展业。在国际上，会展业通常被称为“MICE industry”，由会议（meeting，主要是指公司会议）、奖励旅游（incentive tour）、大型会议（conference）（主要是指协会/团体组织会议）和展览会（exhibition or exposition）这四个英语词中的第一个字母结合所组成。随着会展业的不断发展，MICE 中的 E 又包含了新的含义：节事活动（event）。美国内华达大学饭店管理学院旅游和会展管理系在网页上介绍它的课程设置时就说：“会展业包括展示会、会议和节事活动。”不管外文的用词如何变更，会展业（MICE industry）的内涵远远大于仅从中文字面上对它所作的解释，它不仅包括会议和展览，而且还包括奖励旅游和节事活动。

由于会展业的各个组成部分——会议、展览、奖励旅游和节事活动在它们的发展过程中具有强烈的交融性和关联性，因而常常是你中有我，我中有你。会中办展和展中有会，奖励旅游和会议结合，以及节事活动中举办会议和展会，这都已经是习以为常、司空见惯的事了。这也是人们把它们都归在会展业的原因之一。

一、会议

依据不同的划分标准，会议可以分为多种不同的类型。

（一）按照会议举办主体划分

1. 公司会议

公司会议的规模不一，小到几个人，大到上千人。公司管理者强调的是信息传递，而公司内部信息传递的最基本方式之一便是会议，因此公司类会议的数量极其庞大。有关机构在作会议数量统计时，很难准确统计公司类会议的数量，因为很多公司并不愿意对外宣传内部会议。公司会议通常以管理、协调、技术等为主题，具体可分为销售会议、经销商会议、技术会议、管理者会议及股东会议等。

2. 协会会议

协会会议在会议市场中同样处于相当重要的位置。协会因人数和性质而互不相同，它们的规模从小型地区性组织、省市级协会到全国性协会乃至国际性协会。各种协会大致可以划分为行业协会、专业和科学协会、教育协会和技术协会等类型。其中，行业协会被认为是会议业中最值得争取的市场之一，因为协会的成员多为业内成功的管理人员。

3. 其他组织会议

其他组织会议中最为典型的是政府机构举办的政治性会议。在省市一级，中小规模的政府机构会议的召开十分频繁，从而形成了可观的市场。在西方许多国家，工会同样是重要的会议举办者。

（二）按照会议的性质和内容划分

1. 年会（convention）

年会是就某一特定主题展开讨论的聚会，议题涉及政治、经贸、教育、科技等领域。年会通常包括一次全体会议和几次小组会议。多数年会是周期性的，最常见的周期是一年一次。

2. 专业会议（conference）

专业会议的议题通常是具体问题，可以召开分组小会，也可以只召开大会。就与会者人数而言，专业会议的规模可小可大。

3. 代表会议（congress）

这个词最常在欧洲和国际性活动中使用。它通常指在本质上同 conference 这样的会议相同的事件和活动。只有在美国，这个词被用来指立法机构。代表大会的出席人数差别很大。

4. 论坛（forum）

论坛的特点是有反复深入的讨论，一般由小组组长或演讲者来主持。它可以有许多听众参与，并可由专门小组成员与听众就问题的各方面发表意见和看法。

5. 座谈会、专题讨论会（symposium）

座谈会或专题讨论会除了更加正式以外，与 forum 那样的论坛会议是一样的。不管是个人还是专门小组参加，方法都是进行一种陈述讲演，有一些预定好的听众参加，但是一般来讲要少一些论坛会议（forum）所拥有的那种平等交换意见的气氛和特征。

6. 讲座（lecture）

讲座要更正式、更有组织一些，经常由一位专家进行个别讲演，讲座后也许有、也许没有来自观众的提问。讲座的规模大小不一。

7. 研讨会、专家讨论会、讨论会（seminar）

研讨会的形式通常有许多种，出席者有许多平等交换意见、分享知识和经验的机会，研讨会通常是在主持人的主持下进行。这种形式明显是在相对范围内进行，当这样的会议规模变大时，它一般就变成了论坛。

8. 专题讨论会（workshop）

专题讨论会仅指处理专门问题或分配特殊任务的一般性的小组会议。不管 workshop 这个词是否被采用，培训部负责人经常是采用 workshop 这种形式来进行技术培训的，它是以面对面商讨和参与性强为特征的。

9. 静修会议（retreat）

静修会议，简单地讲就是为了摆脱干扰而举行的小型会议。这种会议一般在偏远地区召开，其目的通常是为了制订详细计划，或为了增进友谊和了解，抑或是纯粹为了“清静”。

10. 奖励会议（incentive meetings）

公司为了对员工、分销商或客户的出色工作表现进行表彰奖励而举行的活动。

（三）按照会议规模划分

根据会议的规模即参加会议的人数多少，可将会议分为：

1. 小型会议

出席人数少则几人，多则几十人，但不超过 100 人。

2. 中型会议

出席人数在 100 ~ 1 000 人之间。

3. 大型会议

人数在 1 000 ~ 1 0000 人之间。

4. 特大型会议

人数在 10 000 人以上，例如节日聚会、庆祝大会等。

（四）按照会议时间划分

按照会议举办时间的不同，可将会议分为定期性会议和不定期性会议，还可以按会议举办次数分为多次性会议和一次性会议。

1. 定期性会议

定期会议又称为例会，到预定时间若无特殊情况，就必须按期召开。

2. 不定期会议

不定期会议视具体情况灵活掌握，必要时随时召开。

3. 多次性会议

多次性会议是指需要召开两次以上的会议。

4. 一次性会议

一次性会议指只需要召开一次的会议。

二、展览

按照不同的划分标准，展览也可以分为多种类型。

（一）按照展览性质划分

1. 贸易性展览

贸易性质的展览是针对行业开放的展览，是为产业即制造业、商业等行业举办的展览，展览的主要目的是交流信息、洽谈贸易。贸易展览只向某些特定行业的公司开放，而不面向公众，主要集中在批发业务上。所以参展商主要是中间商或批发商，参观者必须在登记时证明自己的准入资格。这种性质的展览一般是每年或每半年举行一次，每次展览持续 3 ~ 4 天，有时可达 7 ~ 10 天。展览的广告主要由协会成员邮寄目录及行业通告的方式进行，这种目标明确的广告直接瞄准合格的买家。

2. 消费性展览

消费性质的展览是为公众举办的展览，参观者支付入场费用，参展商直接向公众出售产品。展览基本上都展出消费品，目的是直接销售。公司在展览的同时推出新产品，并努力提高公共关系，这已经成为一种趋势。消费性展览通过电台、电视、报纸等传统的主流媒体进行促销和宣传，有时也直接送信函。

（二）按照展览内容划分

1. 综合性展览

综合性展览又称为横向展览，是指包括全行业或数个行业的展览会，强调所有产品来自同一行业，比如五金展览中，陈列的钉、锤、园艺工具、电器、篱笆、割草机等。

2. 专业性展览

专业性展览指展示某一行业甚至某一项产品的展览会，如金属器具展销可能只提供钉子和锤子，但会展出各种类型的钉子和锤子及与其相关的产品。专业展览会的突出特征之一是常常同时举办讨论会、报告会，用来介绍新产品、新技术等。

（三）按照展览时间划分

1. 定期展览

定期展览的举办时间可以是一年四次、一年两次、一年一次、两年一次等。

2. 不定期展览

不定期展览则视需要和条件举办，又分为长期和短期。长期展可以是三个月、半年，甚至常设，短期展一般不超过一个月。

在发达国家，专业展览会一般是三天。在英国，一年一次的展览会占展览会总数的3/4。另外，展览日期受财务预算、订货及节假日的影响，有旺季、淡季。根据英国展览业协会的调查，3~6月及9~10月是举办展览会的旺季，12月至来年1月及7~8是为举办展览会的淡季。

（四）按照展览形式划分

1. 传统展览

传统展览是人们将展品在一定时间、空间条件下通过直观展示来传递和交流信息的大众性社会活动。它的基本形式是：主办者为了达到一定的目的，提出一定的主题，按照主题要求选择相应的展品，在展览馆里或其他场所，运用各种艺术手段，在一定的材料和设备上展示出来，以进行宣传、教育、交流、交易。传统展览具有以下特点：真实性与广泛性；直观性与艺术性；综合性与现代性；群众性与开放性；集中性与时效性。

2. 虚拟展览

虚拟展览是人们将参展单位的各种信息以多媒体电子文件的形式存放在国际互联网的某个服务器里，供各国客商从世界的各个角落查阅。它的基本形式是：主办单位为达到一定的目的，围绕一定的主题进行总体策划组织，通过网上宣传、发布、招展、招商，收到反馈信息后将参展单位的各种资料汇总、制作、编排、布展、上网、展示，同时提供导览、检索、用户登记、资料下载、可视会议等让世界各地的供需方通过互联网从全球的任何一个地方查阅这些资料，从中选择自己所需要的各种信息或可合作的项目，并与提供产品或项目的单位取得联系，进行协商谈判，直至项目的促成。虚拟展览的特点是：辐射面广、参展费用低、展出期长、信息容量大、传播速度快等。

三、奖励旅游

奖励旅游这个概念源于美国，是1906年美国的全国现金出纳机公司（National Cash

Register Company）为鼓励全体员工提高工作效率而举行的一次免费到公司俄亥俄州代顿总部的旅游，它开创了奖励旅游的先河。随后逐渐发展到美国的一些地方乃至其他北美国家，进而逐渐在欧洲一些国家也广泛开展起来。虽然这个概念已经进入亚洲，但这只是近些年的事，至今远不如北美国家那么普及。

根据国际奖励旅游协会的定义："奖励旅游是一种现代化的管理工具，目的在于协助企业达到特定的企业目标，并对达到该目标的参与人员给予一个非同寻常的旅游假期作为奖励；同时也是大公司安排的以旅游为诱因、以开发市场作为最终目的的客户邀请团。"目前，国外有专业的奖励旅游机构，不仅包括具有政府职能的奖励旅游局，而且还包括企业性质的专业机构。在国际上，从事奖励旅游业务的机构基本分为全方位服务奖励公司（Full-service Incentive Company）、完成型奖励旅游公司（Fulfillment Type of Incentive Company）和奖励旅游部（Incentive Travel Department）三类。奖励旅游按不同的划分方式可以有多种类型。

（一）按目的划分

1. 慰劳型

作为一种纯粹的奖励，慰劳型奖励旅游的目的主要是慰劳和感谢对公司业绩成长有功的人员，缓解其紧张的工作压力，旅游活动安排以高档次的休闲、娱乐等消遣性活动项目为主。

2. 团队建设型

团队建设型奖励旅游的目的主要是为了促进企业员工之间、企业与供应商、经销商、客户等之间的感情交流，增强团队氛围和协作能力，提高员工和相关利益人员对企业的认同感和忠诚度，旅游过程中注重安排参与性强的集体活动项目。

3. 商务型

商务型奖励旅游的目的与实现企业特定的业务和管理目标紧密联系，如推介新产品、增加产品销售量、支持经销商促销、改善服务质量、增强士气、提高员工工作效率等，这类奖励旅游活动几乎与企业业务融为一体，公司会议、展销会、业务考察等项目在旅游过程中占据主导地位。

4. 培训型

培训型奖励旅游的目的主要是为了对员工、经销商、客户等进行培训，最常见的是销售培训。旅游活动与培训结合，"寓教于乐"，可以更好地实现培训的功效。

（二）按活动模式划分

1. 传统型

传统型奖励旅游是指从20世纪60年代奖励旅游发展之初至20世纪90年代中期企业惯用的奖励旅游模式。这类奖励旅游有一整套程式化和有组织的活动项目，如在旅游中安排颁奖典礼、主题晚宴或晚会，赠送赋予象征意义的礼物，企业首脑出面作陪，请名人参加奖励旅游团的某项活动等，通过豪华、高档和大规模来体现奖励旅游参加者的身价，或通过制造惊喜，使参加者产生终生难忘的美好回忆。传统型奖励旅游以美国为代表，至今仍受到美国奖励旅游者及公司管理人员的喜爱。由于美国是世界上奖励旅游市场最大的国家，因而传统型奖励旅游占有较大的市场份额。

2. 参与型

参与型奖励旅游是奖励旅游市场的发展趋势，尤其在欧洲市场上反应特别强烈。越来越多的奖励旅游者要求在他们的旅游日程中加入一些参与性的活动，而不再仅仅满足于一个“有特色的 party”。例如参加旅游地当地的传统节日，欣赏当地的民族文化，品尝风味餐，安排参与性强和富于竞争性、趣味性的体育、娱乐项目，甚至要求加入一些冒险性活动，如徒步、登山、划艇、漂流和乘热气球旅游等。参与性奖励旅游使奖励旅游者通过与社会和自然界的接触，感受人与社会、人与自然的和谐，有助于唤起旅游者的责任感。

四、节事活动

“节事”一词最早来自英文的“event”，有事件、活动、节庆等多方面的含义。在西方事件及事件旅游（event & event tourism）的研究中，常常把节日（festival）和特殊事件（special event）作为一个整体进行探讨，中文将其译为“节日和特殊事件”，简称“节事”。节事包含的内容非常广泛，根据不同的划分标准可以分为不同类型。目前对我国节事活动的类型划分，尚无统一标准，不同学者采用不同的分类方法进行了分类。赵睿（2001）依据主题性质将节事活动分为商业类、文化类、体育类、政治类、科教类等；石玉凤、单博诚（2001）按照文化特征将节事活动分为政治类节事活动、传统民俗节事活动、传统的地方民族节事文化活动、地方特色节事文化活动以及专业性节事活动；蔡晓梅（2003）将城市的节事活动分为传统节庆型、商务型、博览型和体育型。鉴于资料的可获得性和我国节事活动的发展现状，本书根据节事的性质对其进行如下分类：

（一）文化型节事活动

这一类型的节事活动丰富多样，可以进一步细分。

1. 传统节日型节事活动

传统节日是我国节事活动的一个重要组成部分。中国的传统节日以潜移默化、寓教于乐的形式展示着中华民族的精神世界，表达人们对美好理想、智慧与伦理道德的追求与向往，在今天仍具有重要的社会意义和精神意义。中国的春节、元宵节、清明节、端午节、中秋节等都是现代人经常庆祝的重要传统节日。

2. 地方特色型节事活动

在这类节事活动中，可以是与当地特殊文化物质载体相结合，如中国国际淄博聊斋文化节、杭州国际运河节、安阳殷商文化节、福建湄洲妈祖文化节等；也可以是以某一地区特有的商品和物产为依托，如中国青岛啤酒节、重庆国际茶文化节、景德镇陶瓷节等；还可以是以地方独具魅力的自然景观为依托，如中国哈尔滨国际冰雪节、张家界国际森林节、吉林雾凇冰雪节、北京香山红叶节、桂林山水旅游节等。

3. 民俗风情型节事活动

这类节事是以本民族独特的民族风情为主题，涉及书法、民歌、风筝、杂技等内容的节庆活动，如南宁国际民歌节、海南三亚国际婚庆节、山东潍坊国际风筝节、中国吴桥杂技节、傣族泼水节等。

4. 宗教文化型节事活动

这类节事活动是基于宗教对游客独特的吸引力而创办的，各类庙会、开光节、寺庙奠基节均属此类，如五台山国际旅游节、九华山庙会、中国黄梅佛教文化节、伊斯兰教的开斋节等。

（二）经济型节事活动

1. 体育赛事型节事活动

体育赛事是节事活动的一个重要组成部分，体育赛事的相关部门共同组成的体育产业已经成为许多国家日益重要的经济部门。随着参加体育活动和观看大型体育比赛人数的增加、体育国际化发展水平的提高、国际比赛数量的增加，体育的经济作用获得了空前发展，体育对社会的发展作用也体现出了自身的特点。

奥运会是全球最大、最具有社会价值和经济价值的节庆。它不仅有奥林匹克精神指引世人前进，而且带动了一个城市、一个地区甚至一个国家的繁荣。世界杯是另一个具有巨大经济价值的体育盛会，它以无法抵挡的魅力吸引着全世界的足球爱好者。与奥运会、世界杯并称世界三大赛事的F1（一级方程式赛车）赛事2004年9月也登陆上海，这一国际大赛对中国产生了重大的影响，带来了巨大的效益。此外，北京举办的国际马拉松、中国香港赛马会、美国NBA篮球联赛等，都会给举办地带来丰厚的经济收入。

2. 文化娱乐型节事活动

大型娱乐文化活动也是城市热衷举办的事件之一，这类活动同样给举办城市带来巨大的经济效益。例如，影视界的盛典奥斯卡颁奖晚会，业内估计，仅奥斯卡的衍生收入就可能高达10亿美元。专家表示，其实奥斯卡最大受益者是举办地洛杉矶，其旅游业、餐饮业、房地产业都大有收获。据统计，奥斯卡颁奖活动能给洛杉矶带来6 100万美元的直接收入，而且此活动还能提升洛杉矶的城市形象，带动当地的旅游人气指数。在我国，金鹰文化节、全国青年歌手大奖赛、上海亚洲音乐节、香港电影金像奖颁奖典礼等都属于这类活动。

（三）综合性节事活动

综合性节事活动一般持续时间较长，规模较大，投入较多，取得的经济效益也较好，在我国许多大城市都有此类活动，例如杭州的西湖博览会、辽宁生态旅游节等。

【本章小结】

本章主要介绍了会展活动的起源及其发展历程；介绍了主要会展业发达国家的会展发展现状以及我国的会展现状；并结合现代会展业的发展特点阐述了会展业的发展趋势；介绍了会展业的基本要素及其功能，最后对会展业进行了多角度分类。

【思考与练习】

1. 简述会展活动的起源和发展历程。
2. 简述世界会展业的发展格局。
3. 结合会展业的发展现状，论述会展业的发展趋势。

【拓展阅读】

德国第一大会议城市——柏林

德国首都柏林在会议行业走在德国的最前列，根据国际会议协会（ICCA）2007年公布的最新国际会议举办数量全球城市排名中，柏林位于维也纳、巴黎、新加坡和巴塞罗纳之后，名列第五。

1. 柏林2006至2007年度会议行业基本情况

2007年上半年，在柏林举办的各类会议数量达到49 300个，参会人数为380万，与2006年上半年相比，增长了6%。2006年全年会议行业销售额达13.19亿欧元，2005年为12.27亿欧元。2006年平均每名参会人员每天在柏林的消费额达177欧元。2007年上半年，在柏林159家星级酒店举办的各类会议4 100个，相比2006年增长6 %，与会人数达220万，相比2006年增长8%。柏林的6个大型会议中心在2007年上半年举办了1 300个大型会议，与2006年基本持平，与会总人数为51万人，与2006年同期相比，减少了2%，每个大型会议平均参会人数近400人。2006年全年，柏林会议行业总共提供了26 100个全职就业岗位。

2. 柏林国际会议中心（ICC Berlin）

柏林国际会议中心是欧洲最大、最现代化的专业会议中心，2006年全年举办796场各类会议，参会人数为22.6万人，其中11.1万人（41%）来自柏林以外，这些参会人员拉动柏林消费额增长达8.6亿欧元。直到2014年，已经有250个大型会议在柏林国际会议中心预订了场地，与会人数预计超过100万，其中20%的会议参会人数超过5 000人。

该会议中心整体建筑长320米，宽80米，高40米，建筑面积25 600平方米。目前是柏林的标志性建筑之一，至今仍是世界很多会议中心的设计范本。整个会议中心有80个大小不等的多功能会议室，座位数量从20~9 100个不等，会议中心拥有最现代化的会议视听设备，可以满足各类会议的需求。该会议中心还有5 500平方米的展览场地，可以满足展览伴随型会议的需求。遍布整个会议中心的ATM网络可以使与会者随时登录国际互联网。该会议中心旁边即是16万平方米的柏林展览中心，在展览中心旁拥有如此大规模的会议中心，这在世界范围内都很少见，这使得柏林国际会议中心可以灵活地承办更多的展览伴随型会议。

举办场地（个）	举办会议数量（场）	参会人数（万人）	平均参会人数
大型会议中心（6）	1 300（2.6%）	51（13.4%）	392
会议型酒店（159）	41 100（83.4%）	220（57.9%）	54
其他会议场所（120）	6 900（14%）	109（28.7%）	158
总额	49 300	380	77

3. 柏林会议业营销机构——柏林会议推广促进署

柏林于2001年7月成立了旨在全球范围内推广柏林会议产业的营销机构——柏林会议推广促进署（Berlin Convention Office），其整体功能和德国会议推广局类似，即为准备在柏林举办会议的各类组织和机构提供切实有效的联络和支持服务，同时在全球范围内对柏林的会议产业进行推广和宣传。该机构建立了英德双语的官方网站（www. berlin - convention - office. de），该网站提供一切有关柏林会议、大型活动、奖励旅游等方面的实用信息和数据，并随时发布柏林会议产业的新闻和行业报告。

（资料来源：会议网：http：//www. meetingschina. com/dispNews. aspx？ id = 3166）

第二章　会展业的运行机制与管理模式

【学习目的】

通过本章的学习，了解会展业的市场参与主体、市场运行机制和管理模式。

【学习要点】

1. 会展业的市场参与主体；
2. 会展业的市场运行机制；
3. 会展业的管理模式。

【关键词】

运行机制　管理模式

第一节　会展业的市场参与主体

会展业的参与主体通常包括会展组织者、展览公司/专业会议组织机构（PCO）、目的地管理公司（DMC）、参展商/参会者、观众、其他行业中介组织、政府等。

一、会展组织者

会展组织者是展会的发起者（sponsor），是整个展览的执行者以及展后事务的处理者，在会展中居于主导地位。在实际的运作过程中，会展组织者又分为主办者和承办者，二者在法律地位与职责上有明显的区别。

（一）主办者

国外会展的主办者主要包括政府部门、各类行业协会、会展公司及一些规模较大的企业。美国一些大公司如微软、通用、波音都有自己专门办会的机构，而德国的会展往往交由展览公司来操办。我国由于会展发展历史较短，暂无制定会展主办者资格认定的法规或标准，因此对于会展主办者的资格认定，散见于一些部委规章、地方性法规，或者是部委的某些函件中。

从我国会展的实际运作来看，主办者主要有各级政府部门、各级贸易促进机构、各类行业协会、商会以及部分规模较大的公司、企业。

1. 政府部门

各级政府部门代表国家和地方利益，因此在组织会展时主要考虑的因素是国家和地方的经济发展规划、贸易和产业政策等。因此，一方面政府主导型展会多是国家或城市标志性会展项目，另一方面政府主导型展会也在很大程度上主导着一个国家或城市会展产业发展的方向。如世界博览会是全球最高级别的国际展览会，是各国全方位展示本国社会、经济、文化成就和发展前景的极佳机会。举办世界博览会，能给举办国或城市创造巨大的经济效益和社会效益，提升举办国或城市的知名度。因此，世界博览会的申办和主办通常都由各国政府部门和申办城市的政府部门担任主办者的角色。

2. 各类行业协会、商会

行业协会作为非营利性社团组织，其主要职能是根据国家法律和协会内部规约，制约和协调会员个体行为，为企业提供信息、研究、培训等方面的服务，充分发挥政府和企业之间的桥梁作用，以促进产业的整体健康发展。行业协会、商会是产业或行业利益的代言人，因此由行业协会或商会主办的会展主要考虑产业或行业的相关政策与发展。目前，在全球有较大影响的国际性会议组织主要有国际会议协会（ICCA）、会议中心国际协会（IACC）、专业会议管理协会（PCMA）、目的地管理者协会（ADME）、奖励旅游管理学会（SITE）和国际会议观光局协会（IACVB）等。其中，ICCA 的规模和影响最大，该协会拥有 650 多个会员，分布在 80 多个国家，这些会员来自多个行业，构成了庞大的会议资源网络。国外的会议公司、奖励旅游公司和各个城市的会议观光局，包括一些旅游院校，都十分注重与 ICCA 等国际组织保持紧密的联系，并积极争取他们的支持，因为如果能得到这些组织的认可和推介，势必会增强单位及会议的权威性。

我国行业协会主办会展主要具有以下几方面的特点和优势：

（1）行业协会掌握较为全面的行业信息和发展动态。举办的会展项目具有针对性，能较好地满足行业、参展商和观众的需要。

（2）行业协会拥有众多的会员单位，与国内外同行具有广泛的联系，拥有庞大的网络系统和较大的影响力。

（3）行业协会在举办会展项目的同时，往往还要举办一些对行业发展有针对性的学术交流活动和新产品、新技术推介活动，以及行业的重要会议等，对于行业的发展具有较大的推动作用。

（4）行业协会容易得到政府部门和国际行业组织的支持和帮助，以及行业中企业的信赖。

（5）行业协会也是企业与政府进行沟通的最主要渠道。因此，即使是国外的知名展会要占据中国市场，通常也需要与我国相关行业协会合作，以保证会展的规模和水平。

在成熟的市场经济中，政府管理会展企业的职能更多地是通过非政府的会展行业管理协会来实现的。通过建立行业自律组织以及相应的协调服务体系，制定、执行行业服务规范。近年来，我国越来越重视发挥行业协会、商会等中介组织在会展行业中的协调自律功能。

3. 企业

企业主办的会展项目主要是为了发布新产品、增加销售额以及提升公司形象等。在举办会展项目的企业所有制类型中，又分为国有企业、民营企业和外资企业。

（1）国有企业。主要是外经贸系统和贸促会系统的企业，这些企业目前已经或正在改制，主要是经营涉外展览或来华展览、出国展览等业务。

（2）民营企业。除了出国展览和涉外经贸展览，中国展览业的市场准入条件是很低的，因此，现在有许多民营企业介入展览业，或主营或兼营，但从总体数量来看，目前由民营企业主办的品牌展位仍少之又少。

（3）外资企业。境外展览公司通过与国内有关单位结为合作伙伴，已在国内展览业占有重要位置，这些公司往往作为海外招展的总组织者去招徕海外厂商来华办展，并负责确定运输、施工、旅游等展览的主要承包商。

（二）承办者

我国会展通常可分为主办者直接操办和承办者受委托代办。从我国会展实践来看，会展的承办者一般为企业法人或各级贸促会，承办者主要负责展会运作过程中的具体事务，一般分为独立承办和合作承办等方式。由表2－1，即可看出我国部分展会主办者与承办者的区别。

表2－1　我国部分展会主办者与承办者一览表

展会名称	主办者	承办者
2008第11届中国北京国际科技产业博览会	科技部、外经贸部、教育部、信息产业部、中国贸促会、国家知识产权局	北京市贸促会
2007第103届中国进出口商品交易会（广交会）	中华人民共和国商务部、广东省人民政府	中国对外贸易中心（集团）
2007第十二届中国国际医药（工业）展览会暨中国国际医药工业论坛	中国医药国际交流中心、杜塞尔多夫展览（中国）有限公司	杜塞尔多夫展览（中国）有限公司
2007第二届中国（大连）国际服装纺织品博览会	中华人民共和国商务部、中国纺织工业协会、大连市人民政府	大连市对外贸易经济合作局、大连国际服装展览有限公司
2008年第十届北京国际玩具及幼教用品展览会	中国国际贸易中心股份有限公司	中国国际贸易中心股份有限公司展览部、北京南北展览有限公司
2008中国（杭州）国际工业博览会概况	杭州市经济委员会	杭州中仕展览服务有限公司、上海申仕会展服务有限公司

在会展实践中，很多项目对承办者的选择都采取招标的形式。

会展项目中，主办者与承办者的法律地位上具有明显的区别。如《北京市大型社会活动安全管理条例》第五条规定："大型社会活动的安全工作实行谁举办、谁负责的原则。大型社会活动的主办方是安全工作的第一责任人；承办方、协办方和场所提供方按照职责分工，共同落实安全责任。"

在职责方面，主办者与承办者也有明显的区别。我们以第2届中国西部旅游产业博览会为例，来阐述二者在职责上的区别，如表2－2所示。

表 2-2　第 2 届中国西部旅游产业博览会（简称旅博会）主办方与承办方的职责

主办方的职责	主办方为承办单位出具授权书及项目运作所需的资料文本；提供政策、宣传、广告内容依据，并负责工作协调与指导；负责项目业务运作的督促检查
承办方的职责	承办方必须向组委会提交有效的单位营业执照、法定代表人身份证复印件等资信材料，签订承办协议并交纳承办费用后，项目承办的资格才正式成立；承办方必须按组委会的要求完成项目承办工作，不得以旅博会组委会的名义进行与此无关的活动

二、展览公司/专业会议组织机构

展览公司/专业会议组织机构相当于展览与会议的中介组织。

（一）展览公司

展览公司是主要以展览为主的专业化操作机构。展览公司开展的工作包括：

（1）代理招展。

（2）开展网络招展代理工作。

（3）组团。

（4）联合办展。

（5）独立办展。

（二）专业会议组织机构

专业会议组织机构（Professional Conference Organizer，简称 PCO）相当于会议的中介机构。在世界上很多国家，会议主办机构可以雇用 PCO 来协助会议的组织工作。PCO 的职能有：研究和推荐会议地点；帮助策划会议程序，包括社会活动项目；为与会者预订住宿；策划与会议同时举办的展览和展示会；编制预算和处理会议的全部财务问题。PCO 一般要向客户组织收取管理费用，管理费一般按照每个与会代表的登记费用（要保证会议代表达到最低数量）或管理该活动所需要的预计人员费用（所需人员数 × 天数 × 每天费用数）来收取。PCO 还可能向会议地点的管委会付费（通常将会议收取费用的 8% ~ 10% 付给管委会），此外还会收取住宿费的订金和其他服务费用。

三、目的地管理公司

目的地管理公司（Destination Management Company，简称 DMC）最初主要经营奖励类旅游业务，后来迅速扩展至会展市场。在会展活动过程中承担后勤管理职能的公司，然后逐渐发展到可以为客户提供在目的地所需的一切服务，如策划组织安排国内外会议、展览、奖励旅游及其延伸的观光旅游，策划组织安排国内外专业学术论坛、峰会、培训等活动。目的地管理公司属于地方性服务机构，它基于对所在地区的深入了解，为会议和展会提供咨询服务以及会展活动的组织和管理服务，帮助解决那些在外人看来非常棘手的问题。

当某个公司想在某个特殊举办地组织一次奖励活动（或会议）时，就可能雇用某个 DMC 提供服务，如寻找地点、预订客房、帮助安排交通工具以及计划旅游路线和社会活动项目（例如，特殊兴趣的参观、主题公园、不常见到的活动），甚至提供奖励给获奖人的奖品。DMC 需要在客户的预算内精打细算，对活动项目作出安排。他们要有创意和创新精神，并提供某种经历，使客户能够观光、游览一般观光客和度假者无法到达的国家或地区。

在美国，DMC非常常见，他们起初仅为会展业提供特定地点的地面往返交通服务（公共汽车、客车和轿车服务）。现在很多DMC已经把业务范围拓宽到包括预订娱乐活动、预订会址、报到注册、策划社交活动等任何可以想象得到的服务领域。DMC一般收取一定的专业服务费用，而不是像PCO那样抽取与会者的注册费和会址的佣金。可以看到，PCO与DMC的工作之间有着明显的重叠。目前，DMC常常必须具有PCO的某些专门知识。

2004年6月28日，我国第一家注册的目的地管理公司——京闽东线目的地管理公司在厦门正式成立。

四、参展商/与会者

（一）参展商

参展商是受展览组织者邀请，通过订立参展协议书于特定时间在展出场所展示产品或者服务的主体。从参展商角度来看，参展应视为企业的一种营销活动。企业在展会中不仅可以展示新技术、新产品，更可以借此树立品牌形象，提高企业和产品的知名度。同时，除了展览活动本身以外，展会期间举办的各种会议、论坛、表演以及招待会等活动都是展会吸引企业的附加因素，展会以其独特的专业性和针对性成为国内外企业面对客户、展示自身的重要手段。

对于参展商而言，从制定目标准备参展开始到参展结束的一系列工作计划安排，都必须经过精心的筹备。参展商的时间安排表是概括展会中所有步骤和细节的蓝图，通过时间表来明确各个阶段的责任，并对参展过程中的每一步骤都做好记录和安排，以确保所有步骤和细节都得以顺利开展。表2－3即列出了参展商展会筹备的时间计划安排。

表2－3　参展商展会筹备时间表

时间	参展筹备工作
展会前10～12个月	▶ 研究并选择展会 ▶ 开始计划和制定目标 ▶ 确定目标观众 ▶ 制定预算 ▶ 预订展位场地 ▶ 预订酒店和航空公司 ▶ 设计展位主题
展会前6～10个月	▶ 对当前的展览进行评估 ▶ 学习展会规则条例（在构建展位之前） ▶ 设计展位布局 ▶ 选择展位工作人员 ▶ 筹划宣传和促销 ▶ 订购标志 ▶ 安排接待事业

（续上表）

时间	参展筹备工作
展会前3~6个月	▶ 确定需要展出的产品 ▶ 安排运输 ▶ 最后确定展品并学会怎样装配 ▶ 订购需要的设施设备（视听设备、花卉、计算机、家具等） ▶ 学习参展商指南，订购一些展览服务设施，节约开支（如地毯、电力设备、管道设备、展位保洁、电话机、安全设施等） ▶ 制定并编辑目标顾客的邮件名单 ▶ 设计展前邮件和展位资料 ▶ 登记所有展位工作人员
展会前2~3个月	▶ 印刷展前邮件 ▶ 设计媒体资料袋 ▶ 送交新闻稿 ▶ 订购奖品和赠品 ▶ 设计检索卡 ▶ 启动展前营销和直接邮寄 ▶ 培训展位工作人员 ▶ 确认旅行预订，为工作人员和招待活动预订餐厅 ▶ 指派人员监督安装和拆卸
展会前1个月	▶ 核实展会服务设施 ▶ 装配好展品并进行最后一次调整或调试 ▶ 核查产品样品和资料 ▶ 继续进行展前促销 ▶ 最后确定展会工作人员时间表 ▶ 运输展品和资料（如展品和图示、产品、宣传资料、赠品等） ▶ 进行展位演习（熟悉怎样使用各种设备）
展会前3星期	▶ 寄出最后一批展前促销材料 ▶ 提醒媒体
展会前1星期	▶ 安排好所有需要带到展会的东西（工具箱、所有合同文本、展会管理部门和其他服务商的联系方式、展会上的应急工具箱） ▶ 最后确定后续方案 ▶ 和工作人员一起演练各自的角色 ▶ 确认所有的运输事项
布展日	▶ 了解自己进入展厅的时间 ▶ 召开工作人员简会，重温参展目标以及各种销售和接待技巧 ▶ 监督展会的布置

（续上表）

时间	参展筹备工作
展中	▶ 每日举行团体例会使工作人员熟悉情况，了解进程 ▶ 保持展位干净整洁 ▶ 为下一年的展览预订场地
展后	▶ 监督展位的拆卸和撤出 ▶ 召开团体会议，评估参展效果 ▶ 分配潜在顾客名单，开始后续跟踪工作，越快越好 ▶ 寄出特制的后续跟踪资料袋 ▶ 给工作人员发感谢信 ▶ 开始计划下一年的展会

（资料来源：［美］JeAnna Abbott，Agnes DeFranco，王向宁．会展管理．清华大学出版社，2004.8）

（二）与会者

与会者是指受会议组织者邀请，前来参加会议的正式成员。具体地说，与会者应具有必要性、重要性、合法性三个特征。

必要性是指与会者必须是与会议直接有关的人员，即必须符合会议确定的范围。与会者应该是有权了解会情、提出意见、表示态度、作出决定的人，或是能提供信息、深化讨论、直接有助于会议达到预期效果的人。

重要性是指与会者虽与会议没有必然的、直接的关系，但却有利于会议的进展或扩大效果的人员。

合法性是指在有些重要的会议中，与会者必须具有合法的身份和法定的资格。人民代表大会的与会者必须是依法选举产生的各级人民代表；党的代表大会首先必须是党员，其次必须是各级党组织全体党员选举产生的代表；公司董事会或股东大会的与会者必须是按照公司组织法和公司章程正式确定的董事或股东等。

五、观众

展会观众是会展经济中的一个重要构成部分。展会观众的数量与质量决定参展商的投资是否可以得到回报。

观众是指在展览会展出期间进入展出现场参观或与参展企业进行信息交流、洽谈业务的人员。对展会观众的界定在各国的实践有所区别。德国被誉为展会王国，在展会的各个方面都已有一套相当成熟的做法。就观众的定义及会展统计问题，德国会展统计数据自愿控制组织（FKM）将购票入场或是在观众登记处登记了姓名和联系地址的人都称为观众，而记者、展商、馆内服务人员和没有登记的嘉宾不算在观众之列。此界定方式在欧洲普遍通用。而美国对展会观众的定义是最为严格的，参展公司的工作人员和其他的团体被称为“展会参与者”，只有有兴趣和展商建立商业关系的人才能算作观众。

按照展会观众的身份及参观目的，一般将其分为专业观众和一般观众。

一般观众是指所从事的职业暂时与展览会题材没有联系而又有兴趣入场参观的人员。

专业观众是提前注册入场观展，与参展商进行洽谈的自然人、企业以及其他相关的市场主体。对于一个展会而言，专业观众参展的比例是参展商衡量会展服务质量的首要参数，它直接影响参展商的参展效益和以后再次参展的可能性。

国内外有一些专业展，为了保证展出质量，组织者会对观众进行严格的控制，符合条件方可参观展览。如德国的国际博览会不向一般观众开放，仅对专业观众开放。这些专业观众包括贸易人员、采购商、生产厂家、行业工程技术人员、设计师等。这样做对展会上贸易洽谈、签约成交、结交客户、开拓市场非常有利。

此外，专业目标观众中决策者的比例也是至关重要的。目标观众中如果缺少决策者，那么所进行的洽谈多数将是意向性的，难以作出最后决策，这同样也会影响参展效果。

对于一名参展的观众，同样需要作出一定的计划和筹备，以确保自己的观展能够得到较好的效果。

表2-4　展会观众计划表

1. 制订日程计划	▶ 清楚自己观展的目的，要确立一个明确的目标 ▶ 是否参加展览会期间举办的研讨会（如果有的话） ▶ 是否打算见供应商 ▶ 是否打算在展会期间进行一些交易
2. 充分利用展会主办机构提供的便利	▶ 仔细阅读展览会通讯录，确定打算拜访公司的名单 ▶ 根据预先计划拜访公司的展位号码来排列参展顺序
3. 充分利用展会提供的优惠价格	▶ 不要忽视展览会上的特价和优惠
4. 了解自己所在的公司和老板	▶ 了解自己所在公司的规模 ▶ 了解自己公司的产品，清楚自己需要订购的数量以及公司面临的问题 ▶ 清楚自己在展会中的角色，比如你是决策人还是给老板提供参考意见的人
5. 了解展览会的举办地点和有关线路	▶ 预先清楚时间、地点以做好计划安排 ▶ 提前了解天气状况 ▶ 提前了解展会对着装的要求
6. 与参展商保持互动与交流	▶ 你将以什么方式和参展商对话 ▶ 在产品、定价、运输和特殊要求等方面的询问 ▶ 要让参展商了解你在展览会中的角色 ▶ 参展商的产品和服务对你或者公司有什么好处，有什么竞争优势 ▶ 你是否打算在展位成交 ▶ 你打算如何脱身离开展位

（资料来源：［美］JeAnna Abbott，Agnes DeFranco，王向宁．会展管理．清华大学出版社，2004.8）

第二节　会展业的市场运行机制

运行机制是指一定机体内各构成要素之间的内在联系以及该机体运行的动因、规则和方式。会展业的运行机制则是指会展业构成要素之间的内在联系以及会展运行的动因、规则和方式。由于会议与展览的运行机制存在一定的差异性，所以将分别对二者的运行机制予以阐述。

一、展览业的市场运行机制

在展览业中，各参与主体的关系结构如图 2－1 所示：

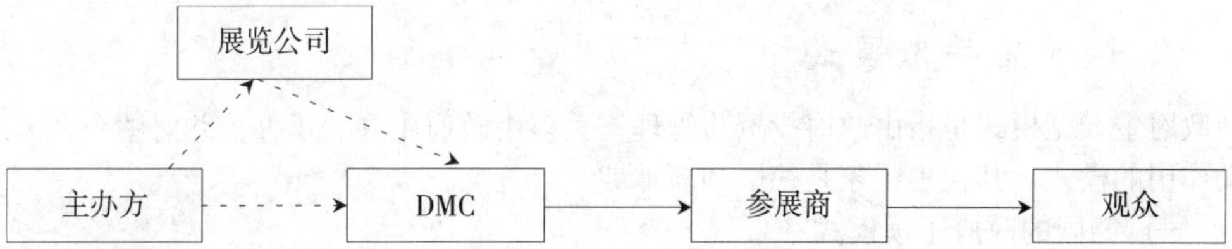

图 2－1　展览业市场参与主体关系图

从图 2－1 可以看出，展览业市场运行机制主要有以下几种形式：

（1）展览主办者—参展商—观众。

（2）展览主办者—DMC—参展商—观众。

（3）展览主办者—展览公司—DMC—参展商—观众。

二、会议的市场运行机制

会议市场通常包括四个部分，即会议组织者、专业会议组织机构（Professional Conference Organizer，简称 PCO）和目的地管理公司（Destination Management Company，简称 DMC）、与会者。

在会议市场中，各参与主体的关系结构如图 2－2 所示：

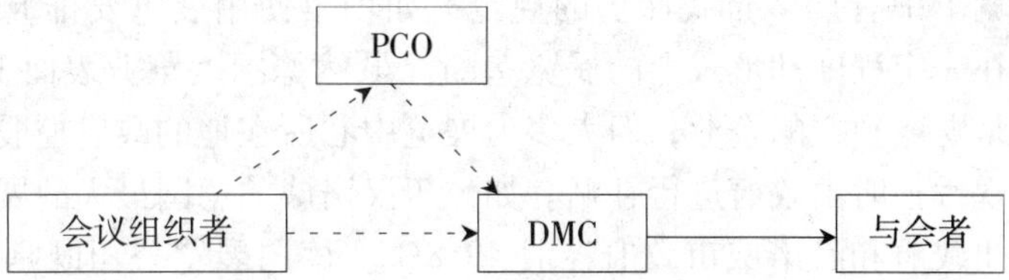

图 2－2　会议的市场参与主体关系图

从图 2－2 可以看出，会议市场运行机制有以下几种：

（1）会议组织者—与会者。

（2）会议组织者—DMC—与会者。

（3）会议组织者—PCO—DMC—与会者。

第三节　会展业的管理模式

会展业的管理模式和作用的制约关系及其功能，从总体上看，会展发达国家和地区的会展大多属于市场行为，主要依靠市场机制的调节，但由于不同地区、不同国家会展行业起步时间先后有别，经济实力、经济总体规模和经济管理模式不同，不同国家、地区会展行业发展及其管理模式也存在一些差别。根据政府、行业协会、企业调节力量力度大小，可以将会展业管理模式分为政府主导型（如德国和新加坡）、市场主导型（如法国、瑞士和英国）、协会主导型（如加拿大和澳大利亚）和政府市场结合型（如美国）四大模式。

一、政府主导型模式

政府主导型模式是指由政府投资与管理，大多由政府主办、承办，并对整个会展业起推动作用的模式。其代表国家是德国和新加坡。

（一）德国的政府干预模式

德国是世界上著名的展览大国与展览强国。德国会展业之所以能在全球展览业日益激烈的竞争中傲立群雄，得益于以下两个方面：

1. 政府直接投资

作为国家经济和国际贸易发展战略中的一个重要环节，德国展览业首先受到德国各级政府的高度重视。在德国，汉诺威、法兰克福、科隆、慕尼黑、杜塞尔多等城市，都将展览业作为支柱产业加以发展，并出台了一系列鼓励措施和优惠措施，以吸引会展组织者和参展商。

德国联邦经济科技部每年都会对出国展览直接提供财政支持，通过特定的组织或机构，组织德国企业赴国外参加展览会。另外，联邦食品、农业与林业部队若干专业展览会也会提供出国参展的经费支持。

德国各地的场馆绝大多数都是由国家独立投资或与办展商合作兴建后交由办展商的展览公司管理，实行独立核算，自负盈亏。展览公司拥有和管理场馆的同时，通过办展的盈利来弥补场馆投资的亏损。为了保证展览公司的场馆投资利益，政府允许场馆投资和管理公司在办展业务竞争中有许多自我保护的规定，如场馆使用展览安排上优先和保护原则等。这实际上是在一定程度和形式上的展览垄断。虽然德国展览业表面上是市场化操作，各展览公司都已是财务独立的企业，但大多为展览中心所在地的政府控股，企业仍然是公有企业，企业出现亏损时由政府进行补贴。如位于汉诺威的德国最大的展览公司——德国展览公司由下萨州政府和汉诺威市政府控股49.8%。德国展览公司既是展览中心的管理者，又是许多大型博览会的举办者和实施者。如德国展览公司既是汉诺威展览中心的拥有者，又是CeBIT和汉诺威工业博览会等大型展览会的举办者。由于德国各级政府将展览业作为一项重要的产业给予高度重视，对展馆及其配套设施和交通建设均予以大力支持，德国绝大部分展览中心都拥有先进的设施，为举办高水准的专业博览会创造了良好的条件。

2. 政府授权，行业协会管理

德国政府授权德国展览业最高协会 AUMA 对每年的国内外博览会进行组织和协调。AUMA 成立于 1907 年，总部设在科隆，是代表德国政府进行宏观调控的唯一会展管理机构，对德国展览业实行统一、权威性的管理，是德国唯一的中央级的展览管理机构，有着最高的权威性。它的职责包括：制定全国性的展览管理法律条例和相关政策；支配使用政府的展览预算；代表政府出席国际展览界的各种活动以及规划、投资和管理展览基础设施（如展馆、酒店、交通、旅游等）。德国政府管理展览行业的职能和展览行业协会紧密结合在一起，相互合作，相辅相成，使展览业得到了有效的管理。

另外，任何一种因素为主导的会展经济发展模式，并不排斥其他力量的推动，如以"政府推动型"发展模式为代表的德国和新加坡，也非常重视协会的力量；而在以市场推动为主的法国、瑞士和香港地区，尽管政府干预较少，但政府也在会展经济发展过程中给予必要的支持。

（二）新加坡的政府扶持模式

新加坡把展览作为国民经济的支柱产业，各部门、各行业全力扶持，通力合作，建立了一个政府扶持模式。

新加坡政府对举办会展没有任何管理法规，举办展会也不需要任何审批手续。政府的主要作用是完善城市基础设施和会展设施建设，改善整体环境，并负责城市的推广营销。为扶持和推动新加坡旅游和会展业的发展，1974 年政府设立有旅游局的展览会议署。它不是一个管理部门，其主要任务是负责向外介绍推广新加坡旅游和举办国际会展的优越条件，宣传在新加坡举办的各种会展，吸引海外客商到新加坡办展参展，并免费协助、配合会展公司开展相关工作。它每年都有计划地到世界各地介绍新加坡旅游会展方面的情况，并且在世界各地举办新加坡会展经济方面的研讨会，增进各国对新加坡会展业的认识和了解。

新加坡政府还进行合理和完善的展馆建设。新加坡博览中心是由有政府背景的新加坡港务集团投资建立的，总面积达 6 万平方米，顶棚高，无柱子，适合举办各类展览，特别是大型机械展览。展览中心附近旁有地铁站，有三条高速公路相通，馆内有大型停车场，还有新加坡第二大的厨房（第一大的厨房在机场），可同时供上万不同档次的参展商和观展者商务用餐，加上全球卫星通信等设施，不仅保证了代表在新加坡的生活便利，而且还可以享受周到的个性化服务。新加坡展馆每年场地出租率达 45%，由政府下属机构经营管理。

新加坡政府制订了一整套扶持、服务、规范、协调和发展计划。其中比较有名的是"特准国际贸易展览会资格计划"（AIF），它对符合政府产业发展方向的展览会，或者对从质量、规模、参展人数、国际化程度等方面评估后认为符合标准的展览会，授予 AIF 资格证书，并给予最高达 2 万新币的政府资助款。为提高竞争力，新加坡减免参展商税收，并压低场馆租金，从周边的饭店、餐饮等服务设施收入中拿出 10% 来补贴场馆。

二、市场主导型模式

市场主导模式表现为政府不干预会展的经营管理，不对各种市场主体的资格和行为作任何限制。此模式的代表国家为法国、瑞士和英国。

（一）法国的市场主导模式

在法国，展览行业协会是代表展览产业利益的非营利机构。除了监督、协调和管理展览市场，协会往往在展览的产业营销方面发挥着重要作用。

法国会展的主办机构实行专业化管理。随着展会之间竞争的激烈化，越来越多的行业协会把自己的展览会卖给了专业展览公司或者和专业展览公司合资组织股份公司，行业协会只保留一定的股份，把展会全部或部分交给展览公司经营。但是法国的展览公司不拥有场馆，而场地公司不主办展会，也不参与展览经营。因此，法国的行业协会、展览公司、场馆都各司其职，这样一方面促进展览公司之间的公平竞争，另一方面也有利于场馆公司专心做好自己的场馆服务工作。

此外，法国的主要展览公司共同组织了一个叫做法国国际专业展促进会（Promosalons）的机构，专门从事促进国外专业人士来法国参观和交流的工作。Promosalons 自成立以来，在全球范围内推广法国专业展会。其理事会由巴黎工商会、法国外贸中心、法国专业展联合会、法国雇主协会、巴黎市政府、法国外贸部以及展览中心和专业展览公司的代表组成。其经费来源由两部分组成：一部分是由诸如巴黎工商会和展览场地公司等主要理事单位提供的年度补贴，占促进会经费的少部分；另一部分是由参观促进会的展览公司按所需促进的展会数目及促进宣传工作量而定的促销经费，占促进会经费的大部分。促进会成立至今已有 20 多年，囊括了法国主要的展览公司。法国任何一家展览公司均可申请加入促进会，但促进会对于同一个专题的展会只接纳一个展会加入，而且优先接纳质量最好的展会。

（二）英国的市场主导模式

英国的市场主导模式首先表现为政府对会展市场准入政策的宽松。英国的展览市场准入政策十分宽松，任何商业机构和贸易组织不需要经过特殊的审批程序便可以进行展览业务，展览公司的商业注册也和普通商业公司一样，没有额外的要求。在英国，举办展览完全是商业行为，各展览公司举办展览的内容只要合法均可自行确定，无须审批。关于有可能出现的重复办展问题，英国的展览行业主要遵循的是优胜劣汰的自然淘汰法则。由于英国的场地和人工费用很高，经营展览是具有较高商业风险的行业，经济效益不好的展览会将很快放弃，而在选择新的展览项目时展览公司则十分谨慎，一般都要经过周密的市场调研后才作出决定。

其次，英国的行业协会制定了明确的展览服务行为规范。英国的各类展览服务单位，包括展览组织、展馆场地和配套服务公司均有统一的行为规范，这些行为规范由各自的协会组织制定，对会员起指导和约束作用。例如英国展览服务商协会规定，任何会员施工单位不能因为和客户发生纠纷而中途停止服务，从而影响用户正常展出。而展览组织者协会则规定会员单位发布的展览会统计数字、展览会介绍必须真实、准确，不能夸大贸易效果、误导参展公司和观众。由于英国政府对展览行业不直接进行管理，因此行业协会发挥了重要的质量维护职能，而明确的行为规范有利于企业自律和用户监督。

再次，英国的会展行业表现出高度开放、会展企业之间完全竞争的特点。英国的展览行业高度开放，鼓励国际竞争，而且对本国企业基本没有保护政策。各类展览公司为加强竞争力纷纷通过兼并和收购手段来保持企业发展，而对于效益不好的下属公司和分支业务则尽快出售，以免影响整体实力。目前英国展览业的一个显著特点是公司规模变大，但业务范围却越来越专一，以便充分实现专项业务的规模效益并降低管理成本。

三、协会主导型模式

协会主导型模式是指政府和其他组织不参与会展的具体运作，政府管理会展的职能更多地通过非政府的行业管理协会来实现。加拿大的会展管理模式属于此类型。

加拿大联邦、省、市三级政府中均没有专门的展览业管理部门，政府部门也不直接参与展会的运作。展览业没有专门的法律法规及管理规定，展览业的行为准则多是通过行业自律的方式确定。因此，协会在加拿大会展业中起着主导作用。

在加拿大，各类展会均是商业化运作。展览会的成功与否，取决于整个行业和相关企业对其是否认可和展览公司自己的运作。加拿大协会组织众多，权威性强，除了一些综合性的商会外，不论大小行业，几乎每个行业都有自己的协会。展览会一般由商、协会主办或者与这些商会、行业协会保持密切的合作关系。因此，一般情况下每个展览会的举办都会得到行业协会的支持，都能邀请到该行业协会的绝大多数企业参展。

加拿大全国性的展览业协会有加拿大展览管理协会（CAEM—Canadian Association of Exposition Management）、加拿大会展协会（C. A. F. E—Canadian Association of Fairs and Exhibitions）。

2006 年，加拿大国际贸易部推出“出口市场开发计划”，斥资 470 万加元资助 64 家全国性行业协会参加海外贸易展览会，开拓国际市场。得到资助的协会来自具有出口优势和出口潜力较大的行业，包括航空航天、农业技术与设备、文化产业、汽车、生物行业、建筑建材、消费品、环保业、林产品、保健品、信息通信行业、金属采矿业、海洋技术、塑料、服务业等。

加拿大政府部门虽然不参与展会的具体运作，但是大部分重要的展览场馆都是公有的，所有权属于加拿大国有公司或者当地市政厅。这样，加拿大展览场地的所有者和展览会的组织者往往是分离的。展览馆出租展览场地和设施，没有自己的展览项目，而展览会组织者一般没有自己的展览馆，办展时需要从展览场地的所有者那里租用展览馆和设施。

四、政府市场结合型模式

政府市场结合型模式是指政府参与和市场运作同时进行，美国和香港的会展管理模式均属此类型。

（一）美国的政府市场结合型模式

以美国展览中心管理模式为例，美国大部分展览中心都是公有的。全国面积超过 2500 平方米的展览中心中，大约 64%（大约 243 个）的展览中心属于地方政府所有。美国地方政府重视公有展览中心的管理。在长期的产业发展过程中，形成了三种各有特点的公有展览中心管理模式。

1. 政府管理模式

尽管许多公有展览中心是损失大户，地方政府作为所有者的直接管理，仍然可以获得某些关键利益。首先，展览中心的经营可以更好地体现政府发展区域经济和特定产业的意图。其次，控制展览场地市场可以作为展览市场宏观调控的手段。

因此，政府直接管理是美国一种重要的公有展览中心管理模式。通常的办法是在地方政府成立大会和参观者事务局（Convention & Visitors Bureau，CVB），负责管理公有展览中心。在此模式里，展览会组织者预订展览场地需要到 CVB 事先登记，而不是去展览中心。

在政府管理模式下，尽管某些服务也外包给专有承包商，但 CVB 一般都有管理队伍，包括市场营销、销售和公共关系人员。在很长的时期里，政府管理的市政展览中心通过提高停车价格和提供更多的专有服务等方式，都能够增加收入和盈利。

对市政展览中心来说，盈利能力往往基于下列关键因素：经营实体的政治结构（一般认为，私人或权威机构/委员会的管理优于市政当局）；来自城市的对特定展览中心和整个观光事业的营销支持；最重要的是，展览中心经营和 CVB 管理的质量。

作为政府管理模式的一个例子，佐治亚州设立了佐治亚世界会议中心管理局，以开发和经营佐治亚世界会议中心、佐治亚“圆顶房”、百年奥林匹克公园和相关设施，以促进和方便那些给佐治亚州和亚特兰大市创造经济利益的展览会。

佐治亚世界会议中心管理局是州长任命的 15 人董事会，它必须挣得自己经营支出所需的资金，但是如果有短缺也能额外得到州里的资助。管理局从展览大厅和会议室的租金及其提供的服务中获得收入。佐治亚世界会议中心通常是可以做到盈亏平衡的。

政府管理模式虽然有利于政府获得某些重要的利益，但是也会造成展览中心经营绩效低下、市场机制扭曲等问题，不利于展览产业的长远发展。从美国的情况来看，拉斯维加斯和芝加哥等最重要的展览城市都已不实行这种模式。

2. 委员会管理模式

美国某些地区在公有展览中心的管理中实行委员会管理模式，即由地方议会或政府成立一个单独的非谋利管理委员会经营公有展览中心，对议会或政府负责。例如依照内华达州的一部法律，成立了半官方的拉斯维加斯大会和参观者事务管理委员会。

委员会管理往往是比政府管理更有效的模式。由于经营自主和收入独立，由一个管理委员会管理的展览中心，可以更少地受政府采购和城市服务需求的限制。

管理麦考米克展览馆和“海军码头”的芝加哥“都市码头—展览机构”（MPEA），就是成功应用委员会管理模式的一个例子。MPEA 是伊利诺斯州议会创立的一家市政公司，其董事会是由伊利诺斯州州长和芝加哥市市长任命的。MPEA 管理麦考米克展览馆联合体，在芝加哥地区促销和运作展览会和商品交易会。按照法律规定，麦考米克展览馆需要创造足够的收入以支付其运营成本。为此，作为管理委员会的 MPEA 实行半企业化的运作。麦考米克展览馆提供电信、电气、有线电视、输水管道、餐饮和停车等若干种专有服务。展览会组织者必须雇用 MPEA 在这些服务领域指定的卖主。MPEA 基本上不负众望。每年有 400 多万展览会参观者和公众参观者来到麦考米克，有 50 个主要的展览会和数百个小的展览会在麦考米克展览馆举办。按照《贸易展览周刊》的统计，这些展览会里大约有 33 个居全美贸易展览会前 200 强之列。

委员会管理模式的弊端就在于可能滋生政治影响、官僚主义等问题。历史上著名的旅游胜地“海军码头”也归 MPEA 拥有和管理，而这家权威机构也因为对“海军码头”实施娱乐、商业和文化的重新利用和经营而广受指责。此外，从企业治理的角度来看，委员会管理模式下存在着激励不足的问题。很多时候政府还是要充当“救火队长”，补贴公有展览中心经营的损失，如芝加哥市政府每年都把旅馆房间税收的2.5%转移给麦考米克展览馆。

3. 私人管理模式

私人管理模式是指将公有展览中心的管理业务外包给私人展览管理公司。当前展览产业一致认为，这是一个积极而难以逆转的趋势。私人管理公司越来越多地从市政府那里赢得公有展览中心的经营权和管理权。

美国北部两家主要的展览中心管理公司，Spectacor管理集团和环球光谱集团，因为不断提升该产业的服务水平和标准而广受信赖。更多的市政府都在考虑把其展览中心管理业务外包给这样的私人管理公司。

私人管理模式具有许多公认的优势，包括：①政企分开，经营自主；②诸如奖金之类的效率激励措施，建立在盈利能力大小、毛收入和成本节省情况的基础上；③集中注意力于客户服务上，有利于克服官僚主义；④人力资源得到深度开发；⑤衡量业绩的标准客观；⑥盈利能力较强，经营有赔偿的能力；⑦管理培训专业化，管理有职业倾向性；⑧雇请工人有灵活性，有利于裁减冗员；⑨对政府来说，财政风险相对较小，这一点至关重要，政府毕竟也不能做赔本生意。

在美国，私人管理公司一般都收取一种基本酬金，外加一种可变激励酬金，它与基准数据联系在一起，诸如毛收入、盈利能力、成本节省情况、参观水平和展览会数量等。根据《设施管理者》杂志的报道，1986年的美国税收法案，对经营通过免税债券筹措资金的公有展览中心的展览公司，设置了收取酬金上的限制。展览中心管理契约在各展览中心之间可以有很大的差异。为适合每个市政客户的独特需要，大部分协议都是客户化的。按照具有代表性的私人管理公司的情况看，带激励的酬金平均起来大约相当于毛收入的5%。

当然，对地方政府而言，将公有展览中心交给私人公司管理也有一定风险，有可能失去对其谋利动机的控制。由于不能排除异地办展的内在冲动，且所办展览会不适应当地产业发展规划，私人管理公司利润最大化的经营可能不符合城市发展的整体利益。

（二）香港的政府市场结合型模式

香港会展业的发展离不开香港政府的高度重视。一方面，香港政府会展管理部门香港贸易发展局致力于为香港公司（特别是中小企业）在全球缔造新的市场机会，协助他们把握商机，并为推广香港具备优良商贸环境的国际形象作出了很多贡献。另一方面，香港政府对会展行业的支持很大。政府在场馆建设方面进行大量投资，政府不仅无偿提供香港会议展览中心的土地，还出资48亿港元建设场馆，并不要求投入资金的利润回报。场馆的经营收入上缴的利润，由香港贸易发展局留作会议展览中心基金，作为今后会展场馆维修和开拓展览市场用途。另外，政府还按一定比例将每年进出口报关费收入拨给香港贸易发展局作为其进行运营和对外推广宣传、招商招展等活动的经费。

香港会展业成功的另一因素是实行市场化的商业运作。“积极不干预”是香港政府对市场的一贯原则，政府除了出地和投资兴建香港会议展览中心，不再干预和参与会展的经营运作，展馆委托私营机构完全按照商业化操作经营。对办展企业和展会的举办从不实行审批管理，除了规定展馆经营企业（会议展览中心管理公司）不能办展也不能承担展位搭建装饰工程外，其他单位均可办展，按行业规范进行市场竞争。展会是否被接纳举行，完全由展馆经营者根据展会的性质优先次序与办展公司按市场规则商定，一视同仁、平等对待，实行公平竞争，即使是展馆产权所有者的贸易发展局办展也不例外。在香港举办展览手续十分简单，不但无须报批，而且税务、展品出入境手续非常快捷。

【本章小结】

本章主要介绍了会展业中展览与会议的市场参与主体，并对会展业的市场运行机制进行了阐述。最后结合各国的会展业发展，阐述了会展业的四种管理模式。

【思考与练习】

1. 会展业的市场参与主体有哪些？
2. 会议的市场机制与展览的市场机制是怎样的？
3. 会展业的管理模式分为几种？法国、英国采取的分别是什么模式？

【拓展阅读】

科博会，十一年历史铸就辉煌

中国北京国际科技产业博览会（简称科博会）自1998年举办第一届以来，迄今已经举办了11届。11年来，科博会成为国内外高新技术企业及相关业界展示最新科技成果、传播前沿思想理念、发布产业政策信息、链接区域合作和国际合作的标志性品牌活动。科博会见证了中国经济和科技的快速健康发展；紧紧把握中国经济和高新技术产业发展的时代脉搏，促进高新技术产业化、商品化、国际化，赋予了科博会独特的精神内涵和科技品位。经过多年打造，科博会融高新技术展览、思想论坛交锋、经贸项目洽谈和专项活动交流为一体，综合性和专业性相得益彰，形成了新型科技会展的独特模式。

一、科博会的历史变迁

科博会是经国务院批准，每年定期举办的国家级高新技术产业国际交流与合作的盛会。11年来，其名称经历了几次“历史变迁”。

科博会的历史变迁

年份	名称	主办单位	承办方
1998年	北京高新技术产业国际周	科技部 北京市政府	北京市贸促会
1999年	中国北京高新技术产业国际周	科技部 外经贸部 北京市人民政府	北京市贸促会

（续上表）

年份	名称	主办单位	承办方
2000 年	中国北京高新技术产业国际周	科技部 外经贸部 教育部 信息产业部 北京市人民政府	北京市贸促会
2001 年	中国北京高新技术产业国际周暨中国北京国际科技产业博览会	科技部 外经贸部 教育部 信息产业部 中国贸促会 知识产权局 北京市人民政府	北京市贸促会
2002 年	中国北京国际科技产业博览会（中国北京高新技术产业国际周）	科技部 外经贸部 教育部 信息产业部 中国贸促会 知识产权局 北京市人民政府	北京市贸促会
2003 年至今	中国北京国际科技产业博览会（简称科博会）	科技部 外经贸部 教育部 信息产业部 中国贸促会 知识产权局 北京市人民政府	北京市贸促会

二、科博会的发展历程

科博会在 11 年的发展进程中，以其庞大的会展规模、丰富的内容、广泛的国际参与和所取得的丰硕成果，吸引着社会各界人士。就像图表里所看到的，从第一届到第十一届，在这 11 年时间里，它自身的规模和展品的科技含量，都在以几何数增长。到今天科博会上能让人们叹为观止的已不光是展品，展馆的设计和它自身的规模都会让人们吃惊。

1. 1998：第一届国际周——亮起高新技术产业大旗

1997 年北京市提出发展“首都经济”战略构想，突破了原有北京经济的地域概念，是从北京所处首都地位出发，面向全国、服务全国的经济，其核心是发展高新技术产业。而开办国际周也是为响应国家发展“首都经济”的战略构想而开办的。

1998年5月11～15日，第一届中国北京高新技术产业国际周在北京举行。这届国际周，来自国内外包括政府、科研机构、企业和高校在内的309家单位，参展的484个展位，集中展示了中国高新技术产业发展的重点领域——光机电一体化、电子信息、新材料和新能源、生物医药工程、环境保护产业的新技术和产品。展览面积达1万平方米，其中外国及在华外资企业41家，73个展位。

这届国际周通过此次活动，充分展示了正在擎起知识经济大旗向新世纪迈进的中国高新技术产业的整体形象和市场潜力；大力度宣传了中国以高新技术产业为先导的发展战略和政策；多领域、多层面介绍了世界高技术产业发展的成功经验和趋势。

2. 1999：第二届国际周——国际高新技术企业扎堆国际周

1999年是新中国成立50周年，同年的第二届国际周也以丰富的内容、跨世纪的主题、众多的商机吸引了众多国内、国际参与者。这届国际周的展览会总面积为1.2万平方米，设展位495个，其中外商展位93个。

在这届国际周上，知名高科技跨国企业，德国拜尔、首钢莫托曼等一大批中外合资合作企业和国内经济技术开发区、高等院校、科研院所共350余家单位参展，集中展示了其在电子信息、现代通信技术、生物医药、光机电一体化、环境保护、新材料和新能源、现代工程和先进制造技术、现代农业等领域的先进技术和产品。

从论坛方面讲，产业政策部长论坛、高新技术产业论坛、国际组织论坛、风险投资与金融论坛、中小企业科技创新论坛，也是这届国际周的一大亮点。

这届国际周在坚持去年首届展览、经贸洽谈、专题报告演讲三大板块的基础上，还增加了新的亮点，如推出产业政策部长论坛、科技成果拍卖、科技旅游等。

3. 2000：第三届国际周——外资银行抢滩国际周

外资银行首次在第三届国际周上举办了中国重点项目融资研讨洽谈会，同时，还推出高科技风险投资项目对接洽谈会、国际投资项目洽谈会、各省市政府代表团经贸洽谈会等9个专场经贸洽谈会，吸引了来自数十个国家和全国各地的政府、经贸代表团，高新技术企业2 000余家。

这届国际周紧紧围绕高新技术产业化、商品化、国际化这一对中国乃至世界经济一体化产生重大影响的共同主题，使其各项活动形成了内在的系统性和合理性，成为集技术、人才、金融、信息、法律服务为一体的综合性国际交流舞台。

这届国际周在展览会上，参展的国内外高新技术企业350余家。展出内容涉及电子信息和现代通信技术、生物医药、光机电一体化、环境保护、新材料和新能源、现代工程和先进制造技术、现代农业等我国发展高新技术的重点领域。

第三届国际周还增设了20场大型国际、国内交流活动，中外来宾20余万人次直接参加了国际周的各项活动。

4. 2001：第四届国际周——“奥运”首次被收编

2001年是新世纪伊始之年，中国实施“十五”计划的开局之年，也是北京申办奥运的决胜之年。“国际周”也为北京申办奥运提供了极好的宣传、造势舞台。

本届“国际周”活动在宣传上力求做到与申奥相互呼应；在组织筹备上，特设了“科技奥运”专题展区，集中展示体育科技的成果，重点包括体育器械和高科技的场馆设施。北京奥申委在科技奥运展区订下了200平方米的展位。当时还有众多从事体育产业的企业前来展示自己的高科技体育产品。

在其他方面，国际周在展馆内专门设立了“九五”国家科技攻关计划成果、中关村科技成果、在京高校科研院所技术成果以及个人科技发明4个成果交易展区，前来洽商的中外客商络绎不绝。其中首次开辟的“个人科技成果展区”，为高科技个人发明成果提供了商品化的空间，85个参展的医药、电子、新材料等个人高科技成果签订意向协议5.8亿元人民币。

5. 2002：第五届科博会——奥运商机发布平台

2002年，中国北京高新技术产业国际周正式更名为中国北京国际科技产业博览会（简称科博会），同时是中国加入世贸组织和北京“申奥”成功的一年，这一年举办的国际科技博览会，得到了国内外社会各界更加积极的关注和参与。

作为北京“申奥”成功后的首次“科博会”，此次推出的“奥运及相关建设项目推介会”也为国内外企业参与北京奥运建设项目提供了最新的信息和商机。

2008奥组委及北京奥运会场馆建设协调委员会官员在会上对北京奥运行动计划、2008奥运会规划建设相关项目、奥运场馆建设实施方案、融资政策做了全面介绍，同时发布了部分相关建设项目，提出2008数字奥运前景报告。

这届科博会也由高科技的展示交流向现代服务业延伸，着力打造现代服务行业与高新技术产业双引擎。现代服务业已成为现代城市的支柱产业和新的增长点。

6. 2003：第六届科博会——科技创新奥运经济

第六届科博会是在党的十六大胜利召开后及积极筹办奥运会的背景下召开的国际科技交流与合作的大会。

针对国际科技和我国经济社会协调发展的实际需要，本届科博会确立了“科技创新奥运经济社会发展”的主题，全面展现了科技在2008年奥运会组织及建设中的应用。数字奥运展区展示了数字奥运的城市基础网络设施、基础平台、信息资源开发、关键数字技术研发等六大实施工程，推出了奥运场馆建设三维仿真系统、多语言智能信息服务网络系统等一批科技含量高的产品。科技奥运展区则全面推出了北京防沙治沙关键技术研究与示范工程、清洁能源示范工程、智能交通系统技术开发及应用项目研究等十大领域的科技前景。

第六届科博会经历了前所未有、特殊的筹备组织过程，为商家提供了宣传北京投资政策和重点投资项目的集中展示场所，该场所推出城市基础设施项目，面向全球招商。

7. 2004：第七届科博会——奥运商机接踵喷发

奥运项目招标曾是第六届科博会的焦点。随着前期主体工程建设的启动，蕴藏在奥运场馆项目本身及水、煤、热、气等配套设施中的商机在第七届科博会上接踵喷发。

第七届科博会特设的“奥运场馆重点项目推介会”上，一位建材商就表示，2006 年前，北京新建 15 个奥运场馆将大多为钢材料结构，包括改建场馆在内，奥运场馆建设对钢材的总需求约为 300 万吨，其间蕴含的商机可想而知。

在项目洽谈上，该届科博会全面突出了务实性，推出了一系列市场前景好、业内广泛关注的项目。具有百年历史的美国联合技术公司中国区总裁率其旗下的联合开利、奥的斯、集宝三大公司的中国区总裁参会，表示愿以其世界最先进空调、电梯设备和安保系统为北京奥运提供一流服务。

北京官方在推介会上也作出了表态，再次闪烁出奥运金矿的诱人光彩——北京奥运场馆建设将全部采用在市场上融资的方式进行。

8. 2005：第八届科博会——数字奥运展魅力

第八届科博会与奥运相关的各项活动再次成为第八届科博会的一大亮点。在介绍奥运知识产权保护、赞助计划、特许商品计划及企业如何参与奥运市场开发的同时，还向海内外发布了奥运场馆建设的 20 余项科技项目。

第八届科博会再次凸显了“搭平台、聚商机、论发展、促合作”的定位。在技术及装备展区，包括国际奥委会及北京 2008 年奥运会合作伙伴在内的中外企业竞相展示了为奥运服务的最新电子信息技术及产品；在科技奥运成果展区，经过精选的十多项拥有自主知识产权的奥运科技攻关成果，向观众集中展示了科技与奥运的魅力；与奥运经济相关的两场经贸项目推介活动“奥运市场开发推介会”和“科技奥运项目推介”，从第八届科博会现场效果来看，奥运话题再度升温，奥运商机吸引了国内外社会各界的高度关注。

在第八届科博会上，“全新经济模式、中国创造、平台效应、走出去、企业发展”这五个关键词也成为亮点。

9. 2006：第九届科博会——紧扣奥运主题

2006 年北京申奥成功五周年，距离奥运会开幕还有两年时间，同年的第九届科博会上，以奥运为主题的相关论坛与推荐会也成为科博会上“最好吃的一块大蛋糕”。

2006 年的科博会举办了两场与奥运相关的服务推荐活动，这两场活动中包括奥运会餐饮、检测、住宿和服装等诸多奥运会后勤保障准入条件及相关项目，这些项目为关注奥运经济的海内外工商界介绍了奥运市场开发和运动会服务计划，也让海内外工商界了解到北京奥运会的相关方案。奥运推荐项目的同时，有关奥运主题之一的“科技奥运展”也推出了奥运科技的最新攻关成果，其中包括数字技术在奥运会上的应用等。

本届科博会还围绕我国经济科技发展主题设计内容。其中，以“科技与文化创意产业”为主题的两个展区，整体展示了首都作为全国文化中心和科技创新城市的文化创意产业最新成果和发展前景。

三、科博会的成功经验

从科博会的发展历程可以看出，科博会的成功与以下几个因素有关：

1. 政府重视

科博会活动得到了党和国家领导的高度重视，在每届科博会中都有国家领导出席各类活动。胡锦涛、温家宝、贾庆林、黄菊、回良玉、刘淇、吴仪、曾培炎等党和国家领导人以及原中央领导李鹏、朱镕基、尉健行、李岚清等，还有全国人大、全国政协的百余位领导多次参观科博会的展览会，接见参加科博会的境外贵宾，在科博会的重要活动上发表演讲。

1998 年，时任中共中央政治局常委、国家副主席胡锦涛参观首届科博会展览会时说："这个展览办得好，北京市在这方面带了好头，为推动科技创新和科技成果向现实生产力转化起了带头作用。"

1999 年，时任中共中央政治局常委、国务院总理朱镕基亲切接见了参加第二届科博会的部分境外来宾；时任国务院副总理李岚清也参观了第二届科博会展览会。

2000 年，时任中共中央政治局常委、全国人大常委会委员长李鹏在参观第三届科博会时称赞："这个展览办得很好。实施科教兴国战略，增强综合国力，关键在于提高我国科学技术水平。希望通过这个展览会加快首都高新技术产业的发展，也为我国的科学技术发展以及科学知识普及工作起到促进作用。"时任中共中央政治局常委、国务院总理朱镕基在接见参加第三届科博会的境外来宾时说："很高兴国际周活动越来越广泛，参加的人越来越多，而且参加者的知名度越来越高。现在看来我们决定举办这个活动是完全正确的。中国政府决定今后每年 5 月在首都举办科博会。举办这样的活动一定会增进中国与世界各国的沟通与了解，扩大双方合作，全方位推动世界高新技术产业的发展。"

2001 年，时任中共中央政治局常委、书记处书记尉健行参观了第四届科博会展览会；时任中共中央政治局委员、国务院副总理李岚清出席开幕式暨主题报告会，并作了《全面实施科技发展战略，大力推进国际交流合作》的主题报告。

2002 年，时任中共中央政治局常委、国务院总理朱镕基出席第五届科博会开幕式暨主题报告会，并作了《大力推进新世纪的国际科技交流与合作》的主题报告。

2003 年，中共中央政治局常委、全国政协主席贾庆林在参观第六届科博会展览会时说："科博会为海内外各界提供了一个加强交流与合作的机会，各国、各地区人士借助这个平台可以更深入地了解中国高新技术的发展情况，促进多边和双边经济技术合作。"中共中央政治局常委、国务院副总理黄菊会见出席第六届科博会的境外来宾时说："北京作为中国的政治、文化和对外交往中心，是中国最大的科研基地和世界重要的科学技术信息集散地。中国加入世贸组织和北京申奥成功，为北京的发展带来了新的契机。举办科博会活动，将进一步推动北京的经济社会发展和科技进步。"国务委员陈至立出席本届科博会主题报告会并作了题为《大力发展高新科技，走新型工业化道路》的主题报告。中共中央政治局委员、国务院副总理吴仪出席了本届科博会闭幕式。

2004 年，中共中央政治局常委、国务院总理温家宝在中南海会见前来参加科博会的世界经济论坛主席克劳斯·施瓦布。

2005 年，中共中央政治局委员、国务院副总理回良玉出席第八届科博会主题报告会并作了题为《不断提高自主创新能力，为全面协调可持续发展提供强有力支撑》的主题报告。

2006 年，全国人大常委会副委员长何鲁丽、全国政协副主席张榕明、最高人民检察院检察长贾春旺、国务委员周永康等领导参观了科博会展览会，国务委员陈至立在本届科博会主题报告会中代表中国政府致辞。

2. 国际瞩目

截至 2007 年 12 月份，共有 598 个境外团组以及超过 21 000 人次境外来宾参加了十届科博会的展览会、专题论坛和洽谈及各专项活动。

出席历届科博会的诺贝尔奖获得者及世界知名科学家、经济学家有：1996 年诺贝尔化学奖获得者海瑞·克鲁图、2000 年诺贝尔生理及医学奖获得者保尔·格林伽德、2001 年诺贝尔经济学奖获得者麦克尔·思朋斯、1999 年诺贝尔经济学奖获得者罗伯特·蒙代尔、1994 年诺贝尔经济学奖获得者约翰·纳什、1996 年诺贝尔经济学奖获得者詹姆斯·莫理斯、2005 年诺贝尔经济学奖获得者罗伯特·奥曼、英国《金融时报》首席经济评论家马丁·沃尔夫、国际著名创意经济学家约翰·霍金斯、诺贝尔物理学奖评委会主席斯万伯格等。

外国前政要及政府高级官员有：阿根廷前总统梅内姆、日本前首相海部俊树、西班牙前首相冈萨雷斯、美国前副国务卿麦克·马可、德国前总理施密特、韩国前总理李寿成、泰国副总理德·汶隆、意大利前副总理德米凯利斯，以及百余位部长和大城市市长。

国际组织代表有：联合国工业发展组织总干事马格尼奥斯、国际科技园协会主席克劳斯·普莱特、国际科学园协会总干事路易斯·桑兹、世界贸易组织副总干事米格尔·门多萨、世界经济论坛主席克劳斯·施瓦布、国际金融协会主席约瑟夫·阿克曼、联合国副秘书长莫里斯·斯特朗、世界贸易组织副总干事基普科瑞尔·拉纳、世界能源理事会秘书长杰拉德·杜斯特、联合国副秘书长金学洙等。

全球“500 强”跨国公司的董事长、总裁和 CEO 近 400 人次出席了历届科博会的相关活动。在此期间，共举办了七届“北京市市长国际企业家顾问会议”。在每届会议上，20 余位全球“500 强”公司的董事长、总裁和 CEO 齐聚科博会，共同为北京的经济技术发展和城市建设建言献策，大大提高了科博会的整体层次和国际影响。

3. 全国参与

自 2000 年第三届科博会以来，每届均有 30 多个政府代表团全面参与科博会的各项活动。每届科博会上，各地代表团都精选当地产业和资源优势项目带到科博会进行洽谈，各地签订合资、合作项目数量及合同金额逐年增加。从第五届科博会开始，全国 31 个省、自治区、直辖市已连续五年齐聚科博会。

4. 热点突出

每一届科博会都有突出热点，这已经成为科博会的一大特色。

5. 媒体关注

自创办以来，科博会得到了电视、广播、报刊、杂志等境内广大新闻媒体的热情关注与支持。中央电视台主要新闻栏目“新闻联播”、“新闻30分”、“晚间新闻”、“中国新闻”、“经济信息联播”及“中国财经报道”、“东方时空”、“对话”、“科技博览”等专题节目对科博会进行了深入报道；并制作播出了科博会特别节目“网络与未来”、“模仿与创新”、“百名院士论坛”、“直通未来”等。北京电视台先后对科博会的展览会、论坛和科技成果拍卖会等进行了现场直播或录播，采编制作了大量的专题片和重要演讲嘉宾的访谈类节目。中央人民广播电台和北京人民广播电台连续多届在科博会展览现场设立直播室，从多视角、多层次报道科博会的各项活动。

网络报道方面，全国主要新闻网站新华网、人民网、央视国际网、中国网和千龙网等对科博会活动进行了全面报道。其中新华网、人民网连续几年对科博会主题报告会进行网上直播，并将科博会信息以英、法、日、西班牙等多种语言向国际社会发布。国内著名门户网站新浪、搜狐、网易、TOM等设置科博会专题，对一些论坛进行现场直播，并与科博会官方网站进行链接。仅第九届科博会期间互联网访问量就达到200万次以上。科博会官方网站的访问量已突破100万次。

平面媒体报道方面，对科博会的报刊报道连续几届达到2 000篇（幅）以上。新华社、中新社、人民日报、经济日报、光明日报、中国青年报、中国日报、科技日报、国际商报、中国经济导报、中华工商时报、金融时报、中国改革报、中国贸易报、香港大公报、文汇报等境内外200多家新闻媒体对科博会进行了即时和深度追踪报道。仅第九届科博会，参加采访报道的中央媒体占到58.3%，省市地方媒体16.3%，境外媒体13.7%，北京媒体11.7%。

（资料来源：根据北京国际科技产业博览会组委会官方网站资料编写）

第三章　会展组织管理

【学习目的】

通过本章的学习，掌握会展组织的设计和会展企业的组织结构，了解大型会展活动的组织机构。

【学习要点】

1. 了解组织的概念，掌握会展组织管理的含义；
2. 理解会展组织的设计内容、原则、程序和影响因素；
3. 了解国际大型展览活动的组织机构。

【关键词】

会展组织　组织设计　组织结构

组织是指一群人为了达到一个共同的目标，通过人为的分工和职能的分化，运用各种不同层次的权利和职责，充分利用这群人各种资源的团体。有效率的组织通常具备整体性、时限性和反应快速等特点。

会展组织管理就是运用组织管理的基本原理和方法来管理会展组织。会展组织是使会展企业现有各项资源，包括人、财、物等围绕企业的经营目标有效运行的前提条件。会展质量、效率、效益如何，都与组织管理工作密切相关。本章着重讲三个方面的内容，即会展组织设计、会展组织结构、大型国际会展活动的组织机构。

第一节　会展组织设计

一、组织设计概述

所谓组织结构是指组织的框架体系，是对完成组织目标的人员、工作、技术和信息所作的制度性安排。组织结构可以用复杂性、规范性和集权性三种特性来描述。合理的组织结构是组织效率的保证，而合理的组织结构来源于组织设计。所谓组织设计，就是指对构成组织的各个要素、各个部门进行总体的规划，以保证所构成的组织是一个有机整体，能够协调运作。

（一）组织设计的内容

组织设计主要包括两个方面：一是组织结构的设计；二是保证组织机构正常运行所需

的机制设计。组织设计是一个动态的工作过程，科学地进行组织设计，要根据组织设计的内在规律性有步骤地进行，才能取得良好效果。尽管组织结构日益复杂、类型演化越来越多，但任何一个组织结构都存在三个相互联系的问题：职权如何划分；部门如何确立；管理层次如何划分。由于组织内外环境的变化影响着这三个相互关联的问题，使得组织结构的形式始终围绕这三个问题发展变化。因此，要进行组织结构的设计，首先要正确处理三个问题：职权的划分、部门设计、层次设计。而组织结构设计的成果表现为组织结构图、职位说明书和组织手册。

（二）组织设计的特点

一个企业的组织设计有以下特点：第一，组织设计应当看成是一个过程；第二，组织设计是随机制宜和因地、因时、因人而异的；第三，设计建立的组织结构不是一成不变的，组织设计也不是一次性就能完成的事，相反，它是一种连续的或至少是周期性的活动。

二、组织设计的原则

一般情况下，会展企业的组织设计应遵循以下几个基本原则：

（一）经营目标导向原则

在组织职能运作过程中，每一项工作均应是为总目标服务的，即会展企业组织部门的划分应以企业经营目标为导向，对于任何妨碍目标实现的部门都应予以撤销、合并或改造。在总目标下有许多具体的目标或者任务需要完成。所以，组织设计中就要求“以任务建机构，以任务设职务，以任务配人员”。同时，考虑到具体工作实践中无法找到与职位要求完全相符合的人员，因而在遵循“因事设人”原则的前提下，根据员工的具体情况，适当地调整职务的位置，以利于充分发挥每一个员工的积极性。

（二）分工协作与约束适度原则

在社会化大生产中，适度的分工可以提高工作专业化程度，进而达到提高劳动生产率的目的。会展企业的组织分工有利于提高人员的工作技能、工作责任心，提高员工的服务质量与效率。但是，过细分工往往导致协作困难，协作搞不好，分工再合理也难以取得良好的整体效益。因而在具体职责权限划分中，要注意安排中间协调机构，做好中间人工作，以促进组织内部良好合作。

企业组织作为一个整体，它的各项业务的运转离不开各部门的分工与合作，这种分工引发的是彼此间的牵制与约束，适当的约束机制可以确保各部门按计划顺利完成目标任务。如下级对上级的适当制约机制可以使上级的错误及时得以制止，对领导人的约束机制可以避免其独断专行，对财务工作进行约束可以避免财务漏洞等。

（三）管理幅度与管理层级适度原则

管理幅度（或称管理宽度、管理跨距、控制界限）指平均每位管理人员所管理下属员工的数量配备。管理层级指最高管理者到最基层员工之间设了几层机构。

管理幅度与管理层级是对应的关系，管理幅度越大，管理层级就越少；管理幅度越小，管理层级就越多。

由于管理者精力有限，有效管理幅度要受到一定限制。管理幅度过小，造成越级指挥、多头指挥、越权指挥；管理幅度越宽，对管理人员素质要求越高，虽可降低管理中间层次，但管理幅度超过一定范围，势必导致管理人员负担过重，无法对下属人员施加必要的监督和有效的指导，从而影响工作效率。

对于会展企业而言，管理幅度的大小应该根据企业的性质、组织文化、管理人员素质、沟通渠道、所在地域的范围等因素来加以设定，并结合每个管理岗位的职责加以权衡，且需要在实践中根据具体情况不断进行调整。

（四）稳定性与动态适应原则

随着公司成长而逐步调整组织是必要的，但经常变化的组织、权责、程序变更将使员工信心动摇。因此会展企业的组织结构应保持一定的稳定性。

另一方面，会展企业所建立的组织结构越灵活，这样的结构就越能充分地实现其目的。这一原则更证明，组织结构的设计必须考虑到可能的环境因素的变化、对变化作出的各种战略以及技术准备等。稳定性与灵活性既是矛盾对立的，也是辩证统一的。原则上是应该在考虑稳定的基础上考虑其灵活性。这就要求我们在设计组织结构时，既要考虑当前的情况，又要考虑未来可能产生的各种变化。因此，会展企业的组织设计应该遵循动态适应原则，即要求会展企业组织在发展过程中，以动态的眼光看待环境变化和组织调整问题，当变化的外部环境要求组织进行适度调整甚至产生变革时，组织要有能力作出相应的响应。组织结构该调整的要调整，人员岗位要变动的应变动。而且反应速度要快，改变要及时，从而得以应对竞争日益加剧的外部环境。

三、组织设计的重点

会展企业的组织设计应该考虑以下重点：

组织的目标性：使组织内各部分于公司整体经营目标下能充分发挥能力而达成各自目标。

组织的成长性：考虑公司的业绩经营与持续成长。

组织的稳定性：随着公司成长而逐步调整组织是必要的，但经常性的组织、权责、程序变更将使员工信心动摇。

组织的简单性：组织的简单将有助于内部协调与人力分配。

组织的弹性：保持基本形态，又能配合各种环境条件的变化。

组织的均衡性：各部门业务量的均衡，将有助于内部的平衡与分工。

指挥的统一性：如果一人同时接受两位以上主管管理，将使其产生无所适从的感觉。

权责明确化：权责或职责不清将使工作发生重复或遗漏、推诿现象，易使员工产生挫折感。

作业制度化：明确的制度与标准作业可减少摸索时间。

四、组织设计的程序

设计原则的确定：根据企业的目标和特点，确定组织设计的方针、原则和主要参数。

职能分析和设计：确定管理职能及其结构，层层分解到各项管理业务和工作中，进行管理业务的总设计。

结构框架的设计：设计各个管理层次、部门、岗位及其责任、权力，具体表现为确定企业的组织系统图。

联系方式的设计：进行控制、信息交流、综合、协调等方式和制度的设计。

管理规范的设计：主要设计管理工作程序、管理工作标准和管理工作方法，作为管理人员的行为规范。

人员培训和配备：根据结构设计，定质、定量地配备各级管理人员。

运行制度的设计：设计管理部门和人员绩效考核制度，设计精神鼓励和工资奖励制度，设计管理人员培训制度。

反馈和修正：将运行过程中的信息反馈回去，定期或不定期地对上述各项设计进行必要的修正。

五、影响会展企业组织结构设计的因素

由于组织的各种活动总是要受到组织内外部各种因素的影响，因此，不同的组织具有不同的结构形式，这就是说，组织结构的确定和变化都受到许多因素的影响，这些因素称为“权变”因素，即权宜应变的意思，随着这些因素的变化而变化。权变理论认为，不存在一个唯一的“理想”组织设计适合于所有情况，理想的组织设计取决于各种权变因素。

（一）外部环境

会展企业所处的外部环境包括区域会展业发展水平、政府扶持力度、城市综合环境等诸多因素，可以分为三大类：安定的、变化的和动荡的。安定环境下，会展企业的目标客户消费偏好相对固定，很少有新技术突破，企业组织结构相对固定，分工严密，权责分明，强调集权与控制，弹性变化小；变化环境下，市场需求、竞争战略、广告宣传等发生变化时，由于这些改变有一定的持续性，企业组织结构的设计稍加变动即可。动荡环境是指未能预期和预测到变动而形成的环境，如新竞争对手的出现、新竞争战略、新技术的突破等。动荡环境具有不确定性和非经常性，组织的任务会经常变动，因此专业化分工不能太细，职员所承担的任务应有一定的宽度。

（二）组织技术

组织技术是指组织把输入资源转化为产出整个过程中的信息决策和沟通系统、机器设备、工艺及流程的总和。简言之，组织技术就是组织把输入转化为产出的整个过程中的技术。组织技术对会展组织结构的影响是：

（1）技术对于组织结构影响最明显的是小企业，对大企业来说，最下层组织所受的影响较大。所以，现代会展企业组织设计更需要考虑技术的影响，以求所设计的组织结构具有现代化特征和现代适应能力。

（2）组织技术的复杂程度越高，组织结构的纵向差异程度（即纵向管理层次）也就增加，管理人员与具体作业人员之间的比例也就会随之增加。如技术型会展要求组展企业具备相应的技术知识，这些技术知识需要相应的研发技术部门来完成。

（3）在现代技术进步的条件下，组织的结构在总体上出现了新的特征，如组织技术的发展使组织横向的专业化和部门化的差异缩小了，使管理自动化的程度和管理规范化、标准化的程度提高了，使管理宽度增加。

（4）复杂技术越多，需要的秘书人员和行政人员也越多。在技术复杂的会展企业中，

对处理辅助性工作如翻译的需求量也相应增多。

（三）企业战略

战略是指特定环境下决策活动中的指导思想以及在这种思想下作出的关系到全局发展的重大谋略，它一般由经营优势分析、最终目标选择以及达到目标所采取的战略行动组成。企业在发展，如进入新的地区、发挥新的职能等，企业的战略也在发展，因此企业的组织结构也要随之进行调整，以适应经营管理的新需要。

会展企业经营战略主要有产品差异化经营战略、低成本经营战略和集中经营战略三种类型。在不同的经营战略决策下，企业往往会形成不同的组织结构。

1. 产品差异化经营战略

是指企业提供的产品和服务与众不同，目的是为了形成独特的市场销售点（USP）。会展企业提供的产品与服务的独特性包含许多方面，如从会展性质方面看，可以是专业展，也可以是综合展；从会展主题方面看，可以是食品类、旅游类、设备交易类、技术贸易类等。一般而言，只有具有实质性差异的产品或服务才是有效的，为了发掘这种实质性差异，会展企业必须建立专门的研发机构，不断寻求创新。运用这种战略的企业，其组织设计不再强调专业化分工，而是更多地关注众人意见，所以组织设计更加灵活，更具民主气氛。

2. 低成本经营战略

低成本经营战略往往发生在规模庞大、实力雄厚的大型会展企业集团中，实施这一战略主要是为了抢占市场份额，提高市场占有率。由于低成本企业利润来自于组织管理、研发、销售等方面的节约和高效、高质量的服务，因此组织分工严密，强调集中统一领导和控制，注重正规管理，倾向于以直线职能为基础形成企业组织结构。

3. 集中经营战略

是指会展企业将自己的经营目标集中于某个或几个特定的细分市场，并在这些细分市场上建立自己的产品差异与成本优势。这一战略结合了以上两种经营战略的特点，因而在组织结构设计上应灵活处理分工的严密程度，以形成控制适中、较为灵活的结构。

（四）企业发展阶段

如同人与产品一样，企业发展也有一个生命周期，格林纳认为企业从创立到衰落一般要经历五个阶段：创造期、指导期、授权期、配合期与合作期。在不同的发展阶段，企业的组织结构也具有不同特征。在会展企业创造期，企业主要集中精力于开发产品与市场，企业规模不大，组织结构简单；指导期，伴随企业成长，企业开始划分职能部门，但这一时期企业组织结构的设计倾向于集权；授权期，企业意识到分权的重要性，分权产生；配合期，分权与集权矛盾的解决需要中间结构来协调，故增设监督协调部门；合作期，主要体现在下层员工参与上层决议的问题，分权与集权得到成功控制。

（五）组织规模

组织规模对组织结构的影响是显而易见的。会展企业人员的数量在某种意义上对组织结构的影响是决定性的。在组织发展的不同阶段，组织规模的影响是有所不同的。与一般企业类似，会展企业的发展也有一个生命周期，在不同的发展阶段，会展企业组织会发生重大变化。

在初创期，企业主要精力集中于开发产品与市场，企业规模不大，结构相对简单；在成长期，伴随着企业的成长，开始划分职能部门，能干的领导人试图集权力于一身；在成熟期，成功的企业开始意识到仅有集权而无分权，不能获得更大的成功，于是分权开始产生。一般来说，组织人员的数量越多，组织的规模越大，组织的标准化程度和规章制度的健全程度也就应当越高，专业化分工的程度也就应当越细，分权化的程度也就应当越大。也就是说，组织的规模与组织的专业化、规范化呈正相相关关系，而与集团呈负相相关关系。

六、企业组织设计的过程

组织设计的实现对企业来说是极具挑战性的。实现的过程所针对的不仅仅是实现对象本身的硬环境，还要涉及环境营造、企业价值观重塑、沟通体系重建等方面的辅助工程，组织设计的实现必须进行全面的规划和管理，制定出科学的程序，一步一步地完成组织设计实现的过程。组织设计实现的过程一般分为三个阶段：准备阶段、实施阶段和评估阶段。

（一）准备阶段

准备阶段必须创造出组织设计实现的动力，必须在组织成员中创造出一种乐于接受新组织设计的气氛。

1. 面对现实

确定基准：为了解当前的现状，组织必须积极地依据顾客的期望、竞争者的优势以及本行业和其他行业的领先者来确定自己的基准，组织可以与之进行对比，发现自己的不足之处。

分析组织的优势与弱点：所有的组织都有与特定的绩效状况或系列战略目标相关联的优势和弱点。人们在收集组织运营现状，并与期望的状况进行对比的过程中，可以发现企业已经到了必须进行巨大改革的地步，这样会产生支持改革的动力。

2. 创造组织愿景

在准备阶段的第二项工作就是要创造一个组织愿景，传递组织设计实现带来的正面预期。愿景可以由两部分组成：一是组织的核心意识形态，二是一个生动的未来前景。

描述组织的核心意识形态：组织愿景的基础就是组织的核心意识形态，它描述了组织的核心价值观和目的，它在较长时期内是相对稳定的。核心意识形态能够为实施方案选择提供终极目标。

构建可见的将来：典型可见的未来包括以下两个基本要素：第一，有价值且鼓舞人心的目标；第二，渴望的未来状态。此要素以生动的细节具体地描绘新的组织设计方案是如何实现上述大胆的有价值的目标，它从成员的感情方面激励他们支持组织设计的实现。

（二）实施阶段

在实施阶段，组织要领导和管理组织设计的实现进程，组织设计的实现的推动者需要寻求资源支持并建立协调机制，确保组织各部分尽可能同时发生转变，并确保组织的正常工作和实现活动同时进行。

组织设计的实现不会自动发生，需要投入大量的精力和行动。管理者必须清楚需要多少资源来完成组织设计的实施：资金是否充足，能够使用的时间是多少，是否拥有执行新任务的人员。在实施阶段，高层管理人员还要弄清谁掌握着这些资源，以便综合调度使用。另外，组织设计的实现要遵循一定的实施步骤，要按“图纸”的要求精心组织实施。

（1）获取资源支持。这一阶段要努力辨别关键的利益相关者，并对其施加影响，使其支持组织设计的实施。

（2）辨别利益相关者。组织设计实施的推动者应努力发现那些从组织设计的实现中获益或受损的重要个体和团队，获得这些信息能使实施的推动者知道应该对哪些人和哪些集团施加影响，使他们接受并支持新的设计方案。

（3）影响利益相关者。常用的影响利益相关者的策略有：第一，确定特定利益相关者的需要，并提供新方案给他们带来好处的信息。第二种策略是与别的有势力的个体和集团形成联盟或进行联合，直接与关键利益相关者交往，并通过各种渠道来影响关键利益相关者，使其支持实施活动。

（4）制订行动计划。推行组织设计的实施，组织要制订一个行动计划，这个计划应当包括如何帮助企业每个人从自己目前的位置走向目标点的机制，应当涵盖情感、认知及行为等多个维度。

（5）建立协调机制。实施过程中，除了保证企业运营的各种组织和机制之外，还需要建立协调机制以协调企业各部分同时发生的转变。协调机制的另一个作用是使组织结构方面的调整尽量不要影响正在向客户提供的产品和服务，否则，组织设计的实施也就失去了其本意。

（三）评估阶段

一旦组织设计方案开始实施，就应对其进行评估，评估不但包括实施完成后对实施效果的评估，还包括实施过程中的评估。

1. 组织设计实现的结果评价

组织设计新方案的总体效果是很难全面衡量的，我们选择了常用的两种评价方法：一种是效果的权变评价法，另一种是效果的平衡评价法。

（1）效果的权变评价法。

效果的权变评价法通常包含以下三种：

一是目标评价法。效果的目标评价法包括识别组织的产出目标以及测评组织在何种程度上实现了这些目标。这种方法的优点是产出目标易于衡量；缺点是组织的目标是多重的，而且有些是难以定量的主观指标。因此，衡量这些目标完成程度的客观性问题是这一评估方法需要注意的。

二是资源评价法。通过考察组织获取转换过程所需资源并成功加以整合和管理的能力来衡量组织的效能。这种评价方法的优点是当效果从其他方面的评价指标中难以取得时，这种方法就非常有用；缺点是这种方法对组织与外部环境中顾客需要的联系考虑不清，资源评价法最适合在目标达成情况难以衡量时使用。

三是内部过程评价法。这种方法通过组织内部的健康状况和效率来衡量组织效果。这种评价方法的优点是同时考虑资源利用率与内部功能的协调性；不足之处是它没有评价总产出和组织与外部环境的关系，另外对内部健康和运行状态的评价往往带有主观性。

（2）效果的平衡评价法。

效果的平衡评价法主要有利益相关者评价法和冲突价值观评价法。

利益相关者评价法。这是一种综合考虑组织的各种不同活动的评价方法，把利益相关者的满意程度作为评价组织绩效的尺度。这种评价方法的优点是能够全面地反映组织的效果，特别是适应性方面，既考虑了组织内部因素也考虑到了环境因素，并且把对社会的责任也考虑了进去。其不足之处是，有些指标难以衡量，如员工的满足、社区服务等，只能采取主观方法进行评价，这影响了评价结果的准确性。

冲突价值观评价法。它综合考虑了管理人员和研究人员所采用的各种不同的绩效标准，总结出能反映组织中持有相互冲突的管理价值观的人们对效果评价标准的各自不同的侧重。价值观标准的第一个维度是组织的关心点，指的是组织的主导价值观是关注内部因素还是外部因素。价值观标准的第二个维度是组织的结构，指的是结构设计的主要注重面是稳定性还是灵活性。这种评价方法的主要贡献有：一是它将效果的几个方面的不同认识有机地结合到一个模式中，它综合了产出目标、资源获取、人力资源开发等思想，把这些作为组织将要力图实现的目标；二是这种方法将效果标准提高到了价值观的高度来认识，并说明了各种看似对立的价值观是如何可能并存的。

2. 组织设计实现的过程评价

仅仅对组织设计实现的结果进行评估是不够的，还需要对改革过程本身进行评估。组织设计实现过程的评估包括两个方面的内容：一是组织设计实现过程是否保持原定规划进行；二是组织设计实现过程的效率和效果。组织设计实现过程中可能出现两类问题：一类是执行偏离原方案，一类是方案与实际脱节。组织设计实施执行机构应该区分不同的问题，采取不同的办法解决这类问题。组织设计实现过程的效率和效果可以从三个方面进行评估，组织设计实现的成本、组织设计实现的速度、未预料到的行动和事件。

第二节　会展企业的组织结构

一、会展企业组织结构的特点

会展企业的组织结构具有整体性、实现性和反应快速等特点。

（一）整体性

会展企业组织是一个团体实现目标的工具，同一组织中不同层次的员工构成了领导与被领导的关系，这种从属关系一定程度上影响员工的心理反应，而组织目标的实现不是依靠个人的能力所能完成的，它是整体智慧和结晶。从这个意义上说，有效率的组织必须确保员工心理上的统一和力量上的凝聚。

（二）实现性

会展企业组织不是一个抽象的名词，而是体现人群结合的体系和人群活动的模式。有效组织必须做到为员工创造一个最佳的内部环境，协调员工关系以达到统一一致，运用人力与物力实现企业目标。

（三）反应快速

高效的会展企业组织必须做到使内部信息快速通畅，以提高企业经营效率，确保企业经营活力。对会展组织者来说，如何使企业现有的各项资源包括人、财、物等，围绕企业经营目标有效运营起来是其面临的重要问题之一。合理而高效的组织形式是确保组展活动正常运作的前提条件，组展质量如何、效率如何、效益如何，都与组织工作的开展密切相关。

二、会展企业组织结构的类型

（一）直线制组织结构

直线制是一种最早也是最简单的组织形式。它的特点是企业各级行政单位从上到下实行垂直领导，下属部门只接受一个上级的指令，各级主管负责人对所属单位的一切问题负责，而不另设职能机构（可设职能人员协助主管人工作），一切管理职能基本上都由行政主管自己执行。直线制组织结构的优点是结构比较简单，责任分明，命令统一；缺点是它要求行政负责人通晓多种知识和技能，亲自处理各种业务，这在业务比较复杂、企业规模比较大的情况下，把所有管理职能都集中到最高主管一人身上，显然是行不通的。因此，直线制只适用于规模较小的会展企业。

（二）职能制组织结构

职能制组织结构最早由“科学管理之父”泰勒提出。这种组织结构模型要求行政主管把相应的管理职责和权力交给相关的职能机构，各职能机构有权在自己业务范围内向下级行政单位发号施令。因此，下级行政负责人除了接受上级行政主管人指挥外，还必须接受上级各职能机构的领导。

如果一个会展企业主要在会展行业领域开展经营，即开展单一会展业务和主导的会展业务，那么该企业应该采用职能制组织结构。职能制的优点是能充分发挥职能机构的专业管理作用，加强了各部门的业务监督和专业性指导，便于高效率完成本部门职责，同时减轻直线领导人员的工作负担。其缺点在于它妨碍了必要的集中领导和统一指挥，常常出现多头领导而使执行部门无所适从。

（三）事业部制组织结构

事业部制最早是由美国通用汽车公司总裁斯隆于1924年提出的，故有“斯隆模型”之称，也叫“联邦分权化”，是一种高度（层）集权下的分权管理体制。这种组织结构形式被许多进行相关产品和服务多样化的大型综合性会展公司所普遍采用。

事业部制是分级管理、分级核算、自负盈亏的一种形式，即会展公司按地区或按产品类别分成若干个事业部，每个事业部实行单独核算，独立经营，公司总部只保留人事决策、预算控制和监督大权，并通过利润等指标对事业部进行控制。这种组织结构有助于分散会展企业风险，提高会展企业经营的稳定性，也有利于各部门的专业化分工，提高生产率。但是这种组织形式需要雇用更多的专业人才和员工，经营成本会有所增加，各事业部也可能会过分强调本部门利益而影响整个会展经营的统一指挥。

（四）区域型组织结构

区域型组织结构是指会展企业按照地理位置而进行的组织设计，这种形式一般是应用于大型的会展集团公司。区域型组织结构将权力和责任授予各区域的部门，使之能够较好地适应不同地区的竞争环境，提高生产率。但是这种模式会使经营成本有所增加。

三、会展企业的职能部门划分

会展企业的职能部门划分是依据参展商在会展间的活动类型，会展企业所做相应具体安排进行。这种划分应该既考虑部门划分的科学性，又兼顾会展服务的质量与效率。一般来说，会展企业的主要职能部门包括以下几部分：

（一）策划部

策划部是会展企业的基础部门，其主要工作是企业策划和展出策划两部分。企业策划主要是对整个会展企业形象的策划、组织的包装等。而展出策划则是指制订展览工作方案，主要是列明工作事项，安排人员的责任范围，安排工作进程、费用支出等。展览是一项复杂的工程，详细而合理的展览策划工作是保证各方人员按时、按质、按量完成各项工作必不可少的环节之一。可以说，会展策划是会展的基础工作，也是核心工作。

（二）管理部

管理部的工作包括对展台准备工作的管理、展台后续工作的管理以及会展整体评估工作管理等，有些企业称之为会务部。管理部与业务部都是实战工作部门。如果说业务部主要活动于展前的话，那么管理部则主要活动于展中与展后，鉴于管理部承担了整个会展最重要的阶段的工作——展台工作的组织与安排，管理部成为整个展览工作最重要、最关键的部门。

（三）工程部

负责组织会展企业各项基建工作；企业所属各建筑物、构筑物、道路及各类管线的维修和养护；负责企业机电设备的日常管理工作；保证会展企业经营及会展期间所有服务设施，如展馆内装修和陈设、水电、音响系统、空调系统、电话等正常运行和使用的重要部门。

（四）财务部

财务部的主要职责是协助会展企业经营者搞好企业经营核算，控制企业经营费用，使企业获得最佳经济效益。

（五）人力资源部

人力资源部是负责企业员工招聘、培训、考核、激励等的部门。它是确保企业在任何时候、任何地点、任何情况下都能找到合适人选的主要部门。

（六）保安部

保安部的主要职责是维护会议或展览的良好秩序，确保会展环境安全，也是举办会展活动不可或缺的部门之一。

（七）项目合作部

项目合作部以合作方式与有关部门共同承担各类型展览会的组织和接待工作，承担单个国家（地区）展览会的接待工作以及中国国际展览和会议展示会的组织工作，并通过对项目的再策划不断提高管理和服务水平，为参展企业和广大客户提供优质服务。

（八）市场部

市场部主要负责新闻宣传，广告策划实施，协调与各社会团体或政府的关系等。宣传工作是展出成功的基础保证，其手段主要是广告与联络，如查发信函、登门拜访、电话联系、媒体广告、印发资料等。公关的主要目的是争取与企业有关单位的理解与支持，特别是争取得到新闻媒体、政府机关等影响力较大的单位的认可与帮助。

市场部工作的具体内容还包括：制订年度场馆销售计划；根据市场变化，对价格政策的制定和修正提出建议并报请企业领导批准后执行；审核参展单位的资质；负责场馆营销，签订场馆出租合同；执行合同收款，负责有关展览会的报批手续等。

（九）业务部

业务部是会展企业的重要部门之一，企业盈利与否与业务部招商业绩息息相关，成绩斐然的业务部能激发企业动力，推动企业进入良性循环圈。会展企业业务部的主要职责是招商，即招徕和联系参展商，说服他们来参展，故有些企业直接设立招商部。其具体工作包括招展宣传、选择参展者、组织展览团。

招商宣传包括宣传和联络两种方式，宣传对象是全体潜在参展者，而联络的主要对象是重要的潜在参展者。对申请参展的公司要依据事先约定的参展标准进行公平合理的选择，并召开筹备会，对入选的参展商进行展前“培训”，签订合同，还要与相关部门联络，谈好合作条件，做好准备工作。除此之外，业务部的其他工作还包括展品运输、展台设计与施工等。

（十）信息部

信息部负责展览的通信、网络数据的租赁业务，以及会展企业信息系统的规划、建设与维护，应用软件及办公计算机、耗材的采购与管理，同时还负责企业内部的通信系统以及网络建设与保障工作等。

以上部门是依据一般会展正常运作的需要来设立的，在实际组织结构设计中，会展企业应充分考虑自身情况，名称可有所不同，部门多少也可灵活处理。

第三节　大型国际会展的组织机构

一、大型国际会展活动的组织机构架构

决定召开一个国际会展或者争取到一个会展主办权时，会展负责人的首要工作便是组织一个筹备委员会来专职处理会展的相关事宜。组建委员会及任命委员会中的委员通常是理事长或是会长的责任，或者是由理事长指示秘书去执行。一般大的展览筹备工作最好在展览前两年开始进行，也有些展览在会展前 12 ~ 16 个月组建一个完整的筹备委员会。在此阶段许多重要决策及相关细节需要周全讨论并决议，方可对外通告会议消息并寄发宣传资料。

一般大型国际会议筹备委员会组织架构如下：

（一）指导委员会（advisory board）

大型国际会议通常牵涉层面较广，需要政府或民间多方面的协助，如签约及通关事宜、经费筹措等。因此可设一指导委员会，由政府相关指导单位领导担任名誉主任委员，该单位各相关局处负责人及其他涉及的单位人员则担任委员。

（二）筹备委员会（organizing committee）

筹备委员会负责决定政策原则，而后交执行委员会执行，并负监督之责。委员会成员可聘请该专业领域相关专家担任。

（三）执行委员会（executive committee）

执行委员会主任委员和副主任委员等的主要职责是：①筹备进度控制；②决定筹备展览议程；③召开筹备展览；④定期向筹备委员会提交进度报告；⑤召开执行委员会会议；

⑥协调各组工作；⑦控制预算。

（四）大会秘书处及执行工作小组

委员会之下设大会秘书处及各执行工作小组，如预算许可，最好指定一家专业会议顾问公司协助各项筹备事宜。无论筹备委员会组织架构大小，必须具备两个基本程序：①将筹备期间所有相关的委任、签约事宜及经费支出等集中在秘书处，以便筹备工作的统筹；②保持委员会主席与各组负责的委员及秘书处之间密切的联系，在秘书处统筹的秘书长或其指定代理人必须清楚了解这样的工作，并与筹备会其他各组协调有关工作。

二、会展执行小组工作说明

执行委员会下设各工作小组，根据具体的工作职责大致可分成注册小组，文书小组，设计、印刷小组，总务小组，现场管理小组，翻译服务小组，节目小组，推广小组，财务小组，住宿、旅游、餐饮小组。各小组的主要工作如下表所示：

会展组织机构小组工作说明表

注册小组	a 签到报名流程与规划 b 报名资料处理 c 报名人数统计 d 票务管理
文书小组	a 文书事务工作处理 b 会展资料统筹、建档 c 公函、信笺往返的处理 d 会展记录整理、分送
设计、印刷小组	a 各项印刷 b 已编辑的印刷资料复印安排 c 印刷文字校对 d 各项印刷进度及质量控制
总务小组	a 协调安排会场、场地签约事宜 b 各会展室的安排 c 纪念品、奖牌、资料袋制作统筹 d 会展资料运送至会场及运回的安排 e 会场办公室及办公设备用品安排
现场管理小组	a 接待小组 ·贵宾的接待事宜规则 ·现场工作，接待人员安排招聘、训练协调 ·接送事宜安排 ·贵宾参加旅游展览安排 ·记者招待会和司仪的统筹安排管理 b 报到小组 ·报到处规划 ·报到相关事宜处理 ·报到处工作人员训练 ·报到人数及相关报到资料用品统计 c 器材小组 ·视听设备使用规则 ·视听设备租用联络及协调 ·工程人员的沟通协调 ·现场设备使用状况掌控 d 展览日程小组 ·展览规划安排协调 ·展览企划书制作 ·厂商参展招标、收款 ·厂商进展和撤展协调 ·厂商代表参加大会节目的安排 e 会场布置小组 ·会展布置事宜规则 ·协作商网络、议价、协调 ·现场布置时间及相关事宜协调安排 ·布置物检视、验收 ·布置物撤出检视

（续上表）

翻译服务小组	a 翻译人员的遴选 b 翻译设备器材安排、联络	推广小组	a 国内外新闻发布 b 新闻稿拟定 c 新闻媒体及刊物报道的接洽 d 电视、广播采访报道的安排 e 记者会安排 f 拟定推广政策，以协助增加与会人数 g 大会公关展览安排 h 大会相关报道及新闻资料建档留存
节目小组	a 大会社交节目规划，如开闭幕式、酒会、晚宴等 b 表演团体接洽、议价 c 表演现场相关事宜协调安排		
财务小组	a 筹款小组 ·赞助企划书的制作 ·接洽赞助厂商 ·协调、联络赞助厂商 ·收取赞助款项 b 会计小组 ·收入支出各项的预算编制 ·各组预算审核 ·财务结算 c 出纳小组 ·筹备期间的收支管理 ·规划费用申请程序 ·各项发包事宜处理 ·登账及定期制作报表	住宿、旅游、餐饮小组	a 住宿小组 ·大会旅馆洽商、议价、签约、大会贵宾、演讲者、工作人员住宿房间安排 ·旅馆住房事宜协调 b 旅游小组 ·参加会展旅游安排协调 ·旅行社洽谈 ·旅游人数统计 c 交通小组 ·会场接送安排 ·机场接送安排 ·社交活动的交通安排 ·相关活动的交通安排 d 餐饮小组 ·晚宴酒会安排 ·午餐安排 ·茶点安排 ·餐饮安排协调

（资料来源：罗松涛．会展管理实务．对外经济贸易大学出版社，2007）

【本章小结】

本章主要介绍了会展组织管理的概念，并对会展组织设计的内容、原则、程序、影响因素给予了详细的阐述，最后介绍了大型国际展览活动的组织机构及其设计。

【思考与练习】

1. 会展组织设计的影响因素有哪些？

2. 会展组织的设计内容和原则、程序有哪些？

3. 举办一个大型的国际展览活动，其组织机构应该如何设计，试结合具体实例来阐述。

【拓展阅读】

上海世界博览会组织委员会与执行委员会组织机构

一、上海世界博览会组织委员会

中国2010年上海世界博览会组织委员会是上海世博会的领导机构，由中央相关部门和上海市政府共30家成员单位组成，由一位国务院副总理担任主任委员。

（一）组委会的主要职责

(1) 协调相关法规、规章及政策的拟订和实施工作。

(2) 协调、推动各地区和中央有关部门的参展事务。

(3) 推动落实中国政府邀请各国政府和有关国际组织参展。

(4) 就上海世博会筹备、举办过程中的重大事宜作出决议、决定。

(5) 确定世博会政府总代表。

(6) 组委会的日常联络和协调工作由中国国际贸易促进委员会承担。

（二）中国2010年上海世博会中国政府总代表

根据国际展览局规章的有关规定，中国政府任命上海世博会政府总代表代表中国政府处理与上海世博会有关的各项事务，与各参展国政府、国际组织就上海世博会的重要事项进行沟通和联络。

（三）中国2010年上海世界博览会组织委员会组成人员

主任委员：王岐山　国务院副总理

第一副主任委员：俞正声　中共上海市委书记

副主任委员：韩　正　上海市市长
　　　　　　万季飞　贸促会会长
　　　　　　毕井泉　国务院副秘书长
　　　　　　高虎城　商务部副部长
　　　　　　刘结一　外交部部长助理

委员：（略）

二、上海世界博览会执行委员会

中国2010年上海世界博览会执行委员会是中国2010年上海世界博览会组委会的执行机构，由上海市有关部门共42家成员单位组成，由上海市一位主要领导担任执委会主任。

（一）执委会的主要职责

(1) 在组委会领导下，执行组委会相关决议、决定。

(2) 将有关情况定期向组委会报告。

(3) 指导、协调上海市有关机构开展工作。

(4) 承办组委会交办事项。

（二）中国2010年上海世界博览会执行委员会成员

主　　任：俞正声　中共上海市委书记

执行主任：韩　正　上海市市长
　　　　　万季飞　中国国际贸易促进委员会会长
常务副主任：杨　雄　上海市副市长
专职副主任：张学兵　钟燕群
成员单位：

中共上海市纪律检查委员会	中共上海市委组织部
中共上海市委宣传部	中共上海市委办公厅
上海市机构编制委员会办公室	上海市人民政府办公厅
上海市发展和改革委员会	上海市国有资产监督管理委员会
上海市经济委员会	上海市教育委员会
上海市科学技术委员会	上海市建设和交通委员会
上海市对外经济贸易委员会	上海市公安局
上海市安全局	上海市司法局
上海市财政局	上海市人事局
上海市文化广播影视管理局	上海市卫生局
上海市人民政府外事办公室	上海市环境保护局
上海市工商行政管理局	上海市旅游事业管理委员会
上海市知识产权局	上海市城市规划管理局
上海市房屋土地资源管理局	上海市城市交通管理局
上海市信息化委员会	上海市人民政府法制办公室
上海市金融服务办公室	上海市人民政府新闻办公室
上海市市容环境卫生管理局	浦东新区人民政府
卢湾区人民政府	黄浦区人民政府
上海市人民政府发展研究中心	上海国际贸易促进会
共青团上海市委员会	上海海关
上海市出入境检验检疫局	上海世博会事务协调局

（资料来源：上海世博会官方网站 http：//www.expo2010china.com/S）

第四章　会展资源管理

【学习目的】

通过本章的学习，了解会展运营过程中的各种资源，掌握人力资源、物力资源、财力资源、信息资源各要素的主要内容和管理要点。

【学习要点】

1. 了解和熟悉会展人力资源管理的基本知识，包括会展人力资源定义、会展人力资源体系、会展人力资源现状、会展岗位及能力要求、会展展商招徕及接待以及会展观众管理；

2. 了解会展财力资源管理的主要内容，包括会展预算、会展资金筹集、会展成本控制等；

3. 掌握会展物力资源管理的主要内容，包括会展场馆管理及会展展品管理；

4. 了解会展信息管理的主要内容，包括会展信息资源、会展信息的传播渠道、网上会展、网络技术在会展中的运用、会展信息管理的安全与对策。

【关键词】

会展人力资源　会展财力资源　会展物力资源　会展信息资源

第一节　会展人力资源管理

一、人力资源概述

（一）人力资源理论的兴起与内涵

资源是人类赖以生存的物质基础，从经济学的角度来说，资源是财富的来源。资源可以分为两类：一类是自然资源，一类是人力资源。自然资源来自于自然界，从 160 多万年前的元谋人开始，人类就从自然界获取资源来创造财富，谋求生存，至今已有 100 多万年的历史了。人力资源来自于人的体力和知识，是对人的潜能的挖掘。从知识经济开始，人力资源对财富形成的贡献越来越大，逐渐占据了主导地位，成为财富的主要来源。根据研究表明，实物资本的收益现在只是人力资本收益的 1/4。

人力资源（human resource）一词最早是美国经济学家约翰 · R. 康芒斯（John R. Commons）1919 年在《产业信誉》中使用的，但是他所指的人力资源与现在人力资源的概念相去甚远。人力资源概念的形成要提到著名的管理学大师彼得 · 德鲁克（Peter

Drucker)，1954 年他在《管理实践》一书中对人力资源进行了界定，并且特别提到人力资源是特殊的资源，只有通过激励才能开发利用。世界公认的人力资源之父是西奥多 · W. 舒尔茨，他在 20 世纪 60 年代提出了人力资本理论，使人力资源开始形成学科。

彼得 · 德鲁克认为人力资源是企业员工天然拥有的并能自主支配使用的协调力、融合力、判断力和想象力，这主要是从能力的角度来界定人力资源。另一个是从人的角度来界定，认为资源是形成财富的来源，而人对财富形成起贡献作用的是人的能力，包括体能、知识、技能、经验等。

综合两者，一般将人力资源定义为：人所具有的对价值创造起贡献作用的能够被组织所利用的体力和脑力的总和。

（二）人力资源管理的主要内容

经济发展取决于四个方面的因素：一是新资本的投入；二是可利用的自然资源的发现；三是劳动者的技术水平和劳动效率的提高；四是科学技术和社会知识储备的增加。其中后两个因素都和人力资源有直接的关系。因此，人力资源已经成为经济增长中最活跃的因素，也是一切资源中最重要的资源。彼得 · 德鲁克曾说：“企业只有一项真正的资源——人。”IBM 的前总裁华生有句名言：“你可以搬走我的机器，烧毁我的厂房，但只要留下我的员工，我就可以有再生的机会。”可见人力资源的重要性。

人力资源管理的主要内容有：

（1）人力资源计划。包括对人力资源供给的分析，人力资源需求的预测，岗位分析等。

（2）人力资源招聘。包括招聘渠道，招聘方式，招聘程序的选择和设计，员工的测试和甄选。

（3）人力资源培训与考核。包括培训方法的选择与考评，薪酬管理。

（4）人力资源激励。包括绩效考核、员工激励、企业文化等。

（三）会展人力资源系统

会展人力资源是个系统工程，既包括会展从业人员，也包括会展展商和会展观众，三者缺一不可，形成一个人力资源体系，如图 4－1 所示。

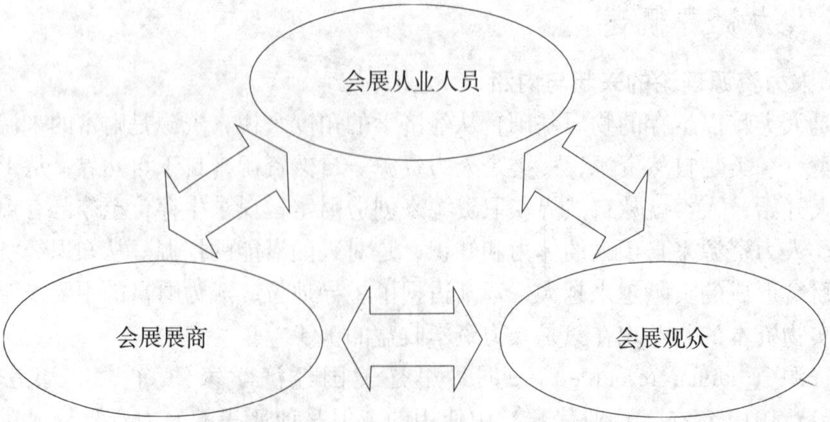

图 4－1　会展人力资源体系

二、会展从业人力资源

（一）我国会展业人力资源现状

从20世纪90年代开始，我国会展业兴起并快速发展，年平均增长速度在15%以上，高于其他经济行业的增长速度。目前，会展业已经成为我国许多省市，特别是东部地区经济发展的新增长点，无论是展会的数量、办展的规模，还是场馆的面积都有了大幅增长。但是会展业高速发展中的诸多矛盾也日益显露，比如无序竞争、重复办展、管理落后、价格混乱等，其中制约我国会展业发展的主要瓶颈就是我国会展业人力资源的现状。我国会展业人力资源现状主要表现在以下几个方面：

1. 会展人才供小于求

目前全国从业人员约有100多万人，其中从事策划、设计、管理的约15万人，真正懂会展、会操作、能管理的专业人才不足1%。据统计，2003年会展专业人才岗位空缺与求职者的比例为：上海10：1，北京8：1，广州8：1，南京6：1，重庆5：1，平均为7：1。据业内人士预测，我国今后几年内会展市场需要的会展人员将达到200万人，而且每年以15%的速度递增。

以上海市为例。上海年举办展会数量已达300多个，与会展相关的企业近2 000家，其中主营会展的企业511家，具有主办国际会展资格的企业24家，展馆总面积近17万平方米。而与之形成反差的是会展高级管理人才的不足。上海师大旅游学院的一项调查显示，目前上海会展业有经验的高级项目经理不足50人，复合型人才不到100个①。而上海如今每周大约要举办5.5个展览，通常举办一个大型国际会展至少需专业人才80～90人。上海申博工作领导小组和上海外服公司等单位的调查也表明，上海现有会展运营管理、广告和物流等人才仅能满足1/3的市场需要。考虑到会展公司和饭店增量、世博会自身需求等因素，人才缺口会更大。

2. 供需严重不平衡

中国会展业在全球会展经济繁荣的大背景下发展迅速，但是面临着人才匮乏的诸多瓶颈。专业人才奇缺，展馆管理人员和展览公司人员的素质有待提高。据调查，目前很多专业展览公司的员工大部分是从广告、营销行业转行而来，一些人的专业素质和职业操守并不是那么让人满意，服务水平低，特别是高素质的管理策划人才奇缺，使得一些地区会展业在低水平线上徘徊。中国会展业的快速扩张和发展，必然进一步增加对懂得会展经营管理基本知识、具有一定的会展服务技能的专业人才的需求。但会展教育在相关专业设置上呈现出明显的滞后性，专门的职业型人才十分匮乏。

3. 会展业人才流动频繁

会展业人才流动频繁的一个原因在于会展的季节性，几乎每个地方的会展都有季节性，会展公司为了节约成本，一般固定的员工比较少，三五个人扛起一个公司，旺季时所需的大多数员工都为临时招聘。而会展业流动频繁的另一个主要原因是高管的流动和自立门户。现阶段我国的会展企业一般以中小型企业为主，进入会展业的资金门槛不高，而会

---

① 资料来源：沪会展人才奇缺　复合型人才不满百人．新华网，2004

展业与其他行业相比，客户资源是最主要的资源之一。高管阶层在熟悉公司业务之后跳槽或单干，成为前公司的主要竞争对手，不仅带来会展业人才的频繁流动，更导致了低价竞争、恶性竞争等问题的产生。

（二）会展业的人才需求

会展人才包括会展核心人才、会展辅助性人才与会展支持型人才三类。会展核心人才主要负责会展项目的创意、策划、营销、管理、交流与服务等，涉及会展设计、会展项目管理、会展运营、会展营销等多方面，在行业中专业性最强。会展辅助性人才主要从事物流、宣传、咨询、广告营销、展台设计与场馆搭建、运输等方面。会展支持型人才主要从事接待、服务、礼仪、贸易、金融、翻译等方面，这类人才的通用性较大。

1. 会展人才的能力要求

（1）组织能力。会展是个系统工程，涉及不同的行业和不同的社会部门。会展从业人员需要具有良好的组织能力，协调各个部门的进度，平衡各方利益，统一各方步骤，从而实现共同利益，取得双赢局面。

（2）沟通能力。会展从根本上看是一种人性化服务，提供人性化服务的关键就是人际交往和沟通。会展从业人员要求有较强的人际交往能力和语言表达能力。人际交往能力要求要有亲和力，机智、礼貌，善于公关，积累人脉；语言表达能力要求能言善辩，善于说服和引导。

（3）创新能力。会展经济是创意经济，创新是会展业持续发展的源泉，这要求会展从业人员具有较强的创新能力，善于独创、开拓和突破。会展主题和形式需要不断变化和推陈出新，只有不断的给人以新鲜感，会展活动才能吸引眼球经济，打动观众，从而具备持续的竞争力。创新能力是会展从业人员最核心的素质之一。

（4）学习能力。会展行业包罗万象并且日新月异，需要会展从业人员具备良好的学习能力。对会展行业从业人员的知识要求为“博、精、深”。“博”是指广博的知识面，会展业涉及政治、经济、文化、科技、卫生、军事、医疗等多方面。“精”是指会展从业人员熟悉和精通会展的业务操作流程。“深”是指对会展的专业知识和理论深入全面的掌握。这都需要开放的思维和积极学习的心态。

2. 会展人才的岗位需求

（1）会展设计师：会展设计师是根据品牌特色和客户要求进行选展和布展，包括现场观察展位位置，构思展位主题、展览形式，设计制图，安排场地，并能现场指导安装人员以及展览礼仪的企划等。

（2）会展策划师：会展项目策划师是从事会展的市场调研、方案策划、销售和营运管理等相关活动的人员。其主要职责是：开发新主题，赋予现有的会展项目新的元素，拓展其深度与广度，使原有的项目规模化，效益最大化。要求熟悉会展运作流程，有营销、项目策划、市场调研经验以及出色的语言表达和沟通能力。

（3）会展销售人员：会展销售人员是会展业中必不可少的职位，主要担负着会展业务的内外联系。有业务员、客户服务、销售经理等不同级别和区分。要求有广告、展览的销售经验，熟悉会展推广、会展营销、会展运营等。

（4）会展项目经理：会展项目经理的主要职责为承接会展项目，负责所承接项目的组织、实施，完成部门下达的创收指标等工作。要求熟悉会展业务，能独立承接会展项目，具有较强的语言和文字表达能力和公关、协调能力。

（5）会展接待人员：会展接待人员是直接面对一线的员工，担负着掌控现场秩序与效果，体现展会文化层次的责任。要求会展接待人员具备较好的外语沟通能力和对展会主题的领悟能力，具备现场组织协调能力等。

三、会展展商管理

会展参展商是展会的主要服务对象之一，是展会存在的前提。因此会展展商管理是会展活动的核心。展会的规模、策划、品牌是吸引会展商的重要因素，同时会展展商的规模和质量也是增加展会吸引力的重要因素，并在一定程度上决定着展会的成败。

会展为参展商提供了一个推介销售产品的平台，而参展商的参与是会展主办方的主要经济来源，展会品牌的树立来自于参展商对展会质量的肯定及一贯性。参展商的满意度决定了展会的持续性。而展会的社会效益和经济效益直接与参展商相关。因此，注重展会参展商的选择、招徕和接待就成为会展人力资源管理的重要一环。

（一）会展展商的选择

1. 确定主题

不同主题会有不同的目标参展商。会展策划人员的主要工作就是在充分领悟会展主题的前提下，确定主要吸引的目标市场。展会需要有一定的广度以确保展商的数量，但同时也需要有专业性和针对性，尽量让同一档次的企业进入同一市场，为企业提供公平有序的环境和氛围。

2. 会展市场分析，确定客户群

在确定主题的前提下，需要对会展的市场需求进行分析，根据会展的主题、性质、地域、范围、档次、品牌及延续性划分潜在市场的层次和规模，进行市场细分，确定客户群，以便市场营销和招展工作的进行。

3. 对客户群的需求进行分析

参展商选择会展的主要目的有：企业品牌和形象的树立和提升，新产品开发，产品推介，产品区域推广，代理商发展，寻找新的市场机会，行业交流等。对选定的客户群进行分析，了解他们的需求，充分剖析展会对参展商的吸引力以及潜在的制约因素，力图构建致力于双赢的合作基础和交互模式。

（二）会展展商的招徕

1. 确定会展营销方案

在确定了会展展商以后，需要根据主要展商的需求来确定会展营销方案，综合考虑会展的主题、会展的性质、会展的知名度、会展的内容、策划水平、参展的时间、办展的区域等因素，特别要注意识别和吸引核心客户，因为会展参展商之间存在着集群效应，知名客户到场会吸引相应的客户群体，容易进行营销推广。

2. 搜寻确立客户资料

搜寻确立客户资料的方式有：公司以前办展的老客户资料，以往同类会展的客户资料，网络搜索，名录购买等。对于每一个会展组织和企业而言，都有必要收集和保存客户的资料，形成数据库，包括客户的类型、经营规模、业务范围、经营情况、市场地位、最新动向等。通过建立客户资料，提炼用户特征，识别目标客户，定位市场需求，为会展展商的招徕奠定基础。

3. 参展商营销

在确定了参展商以后，就进入了展位的营销阶段。营销的方式主要有上门营销、电话营销、邮件营销、信件营销、网络营销等。

4. 会展展商的接待

（1）受理订房。会展展商一般都需要在会展地住宿，因此会展组织部门需要接受和处理展商的订房，推荐住宿酒店。在受理订房时，需要明确住宿宾客的姓名、性别、人数；预期抵达和离开的时间、交通工具；所需客房的类型、数量与价格；联络方式以及所需客房的特殊要求。同时将展商的需求信息转达给酒店，以便对宾客的订房信息进行确认。

（2）展商现场接待服务。为了便于组织和识别，展会会为不同的群体颁发不同的证件，比如贵宾用红色，观众用白色，展商用黄色，工作人员用蓝色，媒体与政府工作人员用绿色等。展商在确认登记后会获得展会资料，一般包括展会参展证、布展证、展会名录、展会日程等，有时会有为参展商提供的纪念品。现场会有工作人员对展商进行引导，并在醒目位置设立专门的展商咨询台。

四、会展观众管理

国际上衡量会展质量的标准，一是会展商的数量和质量，另一个就是会展观众的数量和质量。会展观众是会展的主要受众，是会展的最终服务对象，也是吸引会展商的前提。展会的存在以展商的存在为前提，展商的存在以专业观众的存在为前提，展会观众的存在以展会的目标市场为前提。一个好的展会决不能没有一定数量和质量的观众，特别是专业观众。专业观众是展会上所展示的某类展品或服务的设计、开发、生产、销售或服务的专业人才以及该产品的用户，也就是带着产品和服务需求来的那部分买家。人气旺并不一定意味着展会的成功，能吸引真正具有商业价值的专业观众才是展会的目的。据统计，专业观众的数量和质量不能低于观众总数的30%，否则会展的效果会大打折扣。

（一）建立专业观众数据库

和展会招展一样，可以建立一个专业观众的数据库。对普通观众和专业观众进行分类，针对不同的主题采取时间上的限制措施，如举办车展，首先只对专业观众开放，后两日可以对普通观众开放。

（二）做好对专业观众的吸引和引导

要注重媒体广告和专业邀请函的制作。以图文并茂的形式介绍展会的基本情况、展商情况、策划和运营思路，展会资料应该制作精美，并与品牌风格相吻合。

（三）观众满意度调查

展会进行过程中或展会后可以通过调查问卷的形式对专业观众的购买数量、购买计划、购买兴趣进行了解，以确认展会的质量，完善观众数据库，为下一次同类展会提供借鉴。

五、我国会展业教育展望

（一）国外的会展教育模式

国外会展教育主要有欧洲模式和美国模式两种模式。

欧洲模式主要是以法国、德国、意大利等国家为代表。这些国家都把会展教育纳入职业教育的范畴，采用学历教育与职业技术教育相结合的模式。学生进入大学学习会展专业，并获得职业资格。以德国为例，德国会展教育属于定向培养，目前开设会展专业和课程的只有两个高校，学生都来自于各大会展公司，学习后又回到公司工作。因此，学生入校以后都有两种身份——学生和企业员工，在进行理论学习的同时可以参与公司和企业的实际演练。

美国的会展教育起步较晚，但是发展迅速，后来居上。美国的会展模式是将学历教育和职业教育分开，高校、行业协会、中介机构和咨询公司共同参与和承担，是一种多主体和多层次的教育体系。美国有75所高校开设会展专业或相关课程，有四年制的学士和两年制硕士两种，其中乔治·华盛顿大学的会展专业规模最大，课程体系最齐全，其在1988年率先推出的特殊时间管理职业资格认证制度已得到了全球二十多所大学的认可。除了将高校作为人才培养的核心力量以外，行业协会、中介机构等也为会展从业人员提供技能性培训，如美国国际展览管理协会提供的展览管理认证证书课程学习。

（二）我国的会展教育

根据我国的国情，我国应借鉴欧洲模式，形成多位一体的教育格局，构建高等教育、职业教育、行业教育一体的教育模式。

（1）会展高等教育。目前我国高等院校中已经有四十多家开始会展教育或者设立会展方向，这反映了高等教育对市场需求的回应。但是现有会展专业的高等教育普遍存在着培养目标定位过高或课程体系设置不合理等问题。会展是一个系统的知识体系，会展高等人才的培养应重视综合性和实际性。

（2）会展职业教育。加强会展职业教育一方面应大力推广高等职业技术教育，推行双证制，使学生毕业即获得学历证书和职业技能证书；另一方面应加强职业继续教育，对会展从业人才进行在职培训。会展职业教育可以由职业技术学院或会展企业来组织。

（3）会展行业教育。我国有些城市已经创立了行业协会，以加强行业间的交流和联系。一些行业协会也组织会展方面的培训和职业资格认证。行业教育应以行业短训、会议、行业交流等形式来进行。其中，一些会展研究机构也是会展行业教育不可忽视的力量。

第二节 会展财力资源管理

获得经济收益是展会组织者的办展目的之一，同时展会的盈亏也是反映展会成败的重要依据。这就使得会展的财力资源管理非常重要。会展的财力资源管理主要包括会展财务预算、会展资金筹集、会展成本控制。

一、会展财务预算

会展财务预算是对展会期间的各项收入与支出的初步预算，从中可以反映出展会的预期收益，为展会的资金筹集和成本控制提供基础数据。

（一）会展支出预算

会展支出分为两个部分：一是固定费用支出，一是可变费用支出。固定费用支出是不管观众多少都要产生的费用，比如展览场地费、装饰美化费等。可变费用支出是根据观众的人数变化而浮动的，包括餐饮、住宿、娱乐等。会展支出主要由下面几个方面组成：

（1）展览场地费。展览场地费是租用展览场地及由此产生的相关费用。展览馆业主除了提供场地外，一般可以提供布展支架、视听设备、多媒体设备、装饰用品、搬运工具等的租赁服务。有的需要单独付费，有的部分或者全部包括在展览场地的租金内。

（2）装饰美化费用。装饰美化费用是场馆内外及周边环境的装饰费用，包括展会的标识系统制作和安装费用，鲜花、气球、彩旗等用来烘托氛围的景观美化支出。

（3）营销推广费用。包括展会营销推广期间的支出，如宣传资料的制作和发放费，广告费，新闻发布会、开闭幕式、酒会等造势活动的费用，展会招商、展位招展中产生的费用。

（4）餐饮住宿费。展商参会的交通、住宿、餐饮费用，包括展会期间的茶水、点心、饮料等。

（5）管理服务费用。展会期间管理人员及服务人员的支出与报酬，包括展会组织方员工的报酬、专家咨询和讲座费用、翻译与向导费用、模特与礼仪服务费用、临时借用人员费用。

（6）其他费用。包括税收、观光娱乐费用以及一些临时性安排产生的费用。

（二）会展收入预算

会展的性质不一样，则收入也不一样。政府部门主办的会展，收入主要来源于拨款和赞助，企业和行业举办的会展，收入主要来源于展位费和门票收入。会展的收入主要有：

（1）展位费收入。展会组织者向参展商收取的展位费及其他租赁服务费。

（2）门票收入。展会组织者通过向观众发售会展门票获得的收入。

（3）赞助费。企业及社会机构对展会的资金及物资投入。比如提供现场使用的商品、商品包装、服务项目、演出、现场拍卖品等。

（4）广告收入。出售会展的广告所获得的收入。会展的广告资源包括展会出版物、展会证件、展会标语、展会灯箱、展会手提袋、展会入场券、展会大屏幕、开闭幕式冠名、专题讨论会与发布会。

二、会展资金筹集

（1）展位收益。展位费是会展的主要收入来源之一。为平衡收支，扩大收益，从开源的角度来说，要尽可能多地吸引展商，出租展位是关键。

（2）广告收益。展会中的广告资源很多，包括展会出版物、展会证件、展会标语、展会灯箱、展会手提袋、展会入场券、展会大屏幕、开闭幕式冠名、专题讨论会与发布会等。这些资源都可以成为广告收益的来源。

（3）赞助收益。赞助是对可获取回报的社会文化活动所进行的投资，是一种商业投资。会展能否获得赞助主要取决于会展能否给赞助人提供商业回报。会展组织者可以通过公开或内部定向的方式对会展赞助商进行开发，主要需要考虑：会展需要多少赞助，是否有足够的企业和机构愿意提供赞助，能否实现潜在赞助商希望的商业回报，如何让赞助商感兴趣。

表 4－1　场馆展位费用表①

展馆名称	参展商国别	展览费用	
		3m×3m 国际标准展位（元/个）	光地展位（元/平方米）
上海国际博览中心	国内展商	10 300	1 500
	国外展商	13 600	1 680
上海光大会展中心	国内展商	5 710	740
	国外展商	8 170	1 232
上海展览中心	国内展商	9 990	1 000
	国外展商	9 990	1 120
上海世贸商城	国内展商	12 275	1 155
	国外展商	17 135	1 570
上海国际会议中心	国内展商	8 800	950
	国外展商	21 200	1 920

三、会展成本控制

会展成本控制是会展企业根据预先建立的成本管理目标，在生产耗费发生以前和成本控制过程中，对各种影响成本的因素和条件采取的一系列预防和调节措施，以保证会展成本管理目标实现的管理行为。

会展的成本控制应在预算的基础上，从全局出发，全员参与。成本控制中最重要的是盈亏平衡点的确定。盈亏平衡点就是保本点，也称为零利润点，也就是全部收益等于全部成本时的数量。以盈亏平衡点为界限，当销售收入高于盈亏平衡点时，企业盈利；当销售收入低于盈亏平衡点时，企业就亏损。会展的盈亏平衡点是会展的成本与单位展位的比值，也就是展会所售出的可以使展会不亏损的最少展位数。根据盈亏平衡点可以计算展会的风险率。

第三节　会展物力资源管理

一、会展场馆管理

1. 会展场馆的选址

由于会展带来的集群效应，会展中心一旦建成就会成为城市的窗口。很多已经建成的会展中心都是城市的标志性建筑。一个大型的会展大概会有 10～15 万的人流量，为了给这 10～15 万人流量提供交通周转，大概需要数百辆汽车不断循环往复。因此现在人们对于会展中心的选址，会充分考虑大型会展对城市交通的影响。为了缓解人流密集型公共设施对城市可能带来的拥堵现象，一般在会展中心规划时更倾向于选择“次城市中心”。会

① 过聚荣．2006—2007 年：中国会展经济发展报告．社会科学文献出版社，2007. 17

展中心选址时，主要考虑以下几个方面：

（1）交通便利。会展中心是要选址于CBD还是远离城市中心一度非常有争议，但是交通的便利对会展场馆的重要性毋庸置疑。因为会展是一个人流、物流、信息流密集的活动，大量的人流、物流、信息流能否快速有效地在一个相对集中的时间和空间内实现流通主要取决于交通的便捷情况。会展场馆的选址必须考虑城市交通网络，比如轨道交通网和公共汽车运输体系以及航空网络联系。交通便利、换乘方便、各种交通设施齐备，便于吸引游客和参展者参展。

（2）配套设施齐全。会展需要大量的餐饮、零售、酒店、娱乐及其他配套设施。会展中心的选择既要避免交通拥堵，但又不能功能过于单一。一个大型的会展，布展时间一般只有3～4天，撤展时间只有1～2天，在有限的时间内要将展品运输、布置、拆卸完毕，必然需要良好的配套设施，方便展商就近工作和休息。

（3）环境条件协调。会展场馆应与周边环境和设施协调，功能上互补互利，外观上协调融合，成为一道亮丽的城市风景线。会展场馆应远离居民生活区和行政区域，避免对居民生活的困扰和妨碍其他公共事务。场馆选址可以考虑目的地周边的旅游环境，调查表明，风景区附近的会展场馆更容易吸引会议和展览的举办。

（4）具备改扩建能力。会展中心的选址和建设既要立足于本地的经济社会发展现状，不能盲目攀比和脱离会展经济的实际，同时也应充分考虑未来的发展需要，有改扩建的能力。有些会展中心因为对未来准备不足，数次搬迁，造成了极大的经济浪费。会展场馆一般应整体规划，分期建设。

2. 会展场馆功能分区

会展场馆一般呈狭长分布，设置多个出入口、独立的人流和车流道。会展场馆的各部分用地如表4－2所示：

表4－2　会展场馆组成用地表①

组成部分	展览场	娱乐、休息	绿化面积	道路	停车、水面	管理办公
比例（100%）	30%～40%	5%	≥20%	10%～20%	20%～30%	2%～3%
类型	分散	集中	集中	内外环	视情况	集中

（1）展览场地。展览场地是展览场馆的主体，由多个展厅组成。现代展厅一般采用开放式的格局，可以任意分割，供多个活动同时或分别举行，除了常规展览，也可以进行公益活动、体育比赛和文艺演出，兼具可分性、拼装性、多功能性。为了方便展厅的搭建和悬吊工程，展厅的层高一般在13～16米。

（2）道路。会展场馆的道路体系应人车分流，展厅内和展厅外的道路最好呈环状。参观者通道和装卸货物通道要隔离开，避免人流物流交织。应设立独立的卸货区，预留充分的展品传送周转区域，方便布展。可以在展厅之间设立回廊，将展厅之间相互衔接，形成宽敞的人流枢纽区域，分解人流压力。各主要道路和出口要有简明易懂的场馆平面图。

① 郑建瑜．会展场馆经营与管理．上海人民出版社，2005. 24

图4－2　重庆国际会展中心糖酒交易会展厅

（3）停车位。随着个人拥有小汽车数量的增加，展览馆预留停车位的充足性也成为展览馆分区中考虑的重要因素。国外的一些展览场馆对停车量的要求非常高，比如德国汉诺威博览会展馆规划了电子导向系统的5万个停车位，慕尼黑会展中心有1.3万个车位的停车场。

（4）休息、娱乐区域。一些会展中心提供全方位的服务，包括银行、邮局、商店、餐饮、翻译、海关、航空、旅游咨询、纪念品销售，一座会展中心就是一座城中之城，有少量的会展中心还有自己的酒店。许多会展中心每层会展场馆都设置了小型会议室或者休息室，供会展商休息。比如新加坡展览中心拥有可以同时容纳1万人用餐的餐饮设施，并且可以提供不同档次的商务用餐，德国的很多会展场馆在露天场地设置快餐区和休息区，重庆会展中心在负一楼设置餐厅。

（5）管理办公区域。会展场馆可以根据需要设置管理办公区域，以及贵宾厅、接待室、信息中心、商务中心、新闻转播等区域和设施，有的会展中心还设有海关、商检、动植物检疫、卫生检查、银行等部门的临时办公场所。

（6）绿化。会展场馆一般会在其主要入口周围进行景观设计，如果条件允许，主要展厅之间可设置绿化休闲场地，作为室外展厅使用。适当的水面不仅可以起到美化景观的作用，而且可以改善小气候或者用于消防储备。

二、会展展品管理

会展主题各异，展品的式样和品种也较多，既有各大区域流通展品，如食品、生活日用品，也有特殊稀有的展品，如名车和高新技术产品。因此会展展品的管理因展品不同而各异，一般流程是展前包装，寻找物流商，托付运输；到达目的地以后运输入馆，搭建展台，展品摆设；会展后撤场包装，运回原地。

1. 会展展品的包装

为了方便装卸、储存、保管和运输，展品都需要包装。这里的包装指的是大包装和外包装，是适用于盛装一定数量的供销售和展示用商品的大型包装，通常也叫工业包装。展品特别是国际展品一般都要长途运输，物流商会频繁进行装卸，甚至会被置于露天或潮湿场地，所以展品的外包装一定要坚固耐用，并且要一定程度防雨防潮，包装箱还要适于展览结束后的第二次包装。各国对展品包装及包装材料的规定不尽相同，展前应向相关部门确认，避免在出入境检查时出现意外。展品包装运输标志如表 4－3 所示。

表 4－3　包装运输标志说明

运输标志 （Shipping Mark）	包括目的地名称或代号，收/发货人的代号、件号、批号、原产地、目的地、合同号、许可证号、体积、重量	
指示性标志 （Indicative Mark）	小心轻放 （易碎物品）	
	向上	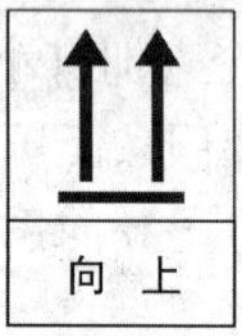
	怕湿（雨）	
	禁止滚翻	

（续上表）

<table>
<tr><td>运输标志
（Shipping Mark）</td><td colspan="2">包括目的地名称或代号，收/发货人的代号、件号、批号、原产地、目的地、合同号、许可证号、体积、重量</td></tr>
<tr><td rowspan="3">警告标志
（Warnning Mark）</td><td>爆炸品</td><td>
</td></tr>
<tr><td>易燃液体</td><td>
</td></tr>
<tr><td>易燃固体</td><td>
</td></tr>
</table>

2. 会展物流商的选择

会展运输将展品从一地通过陆运、空运、海运等方式运到另一地，然后再运回或运到下一个展出地点，国际展会包括多次出入境，涉及的环节和流程比较复杂，成本费用也比较高，因此会展展品的运输一般选择专业的物流商或运输代表。

在展品管理中，会展物流商的选择是很重要的环节，直接关系到展品和布展材料的按时到达，如果运输过程中出现了损坏和遗失，将会影响展会的顺利进行，有损参展企业和国家的利益。展会物流商可以从两个渠道进行选择：一是自主选择知名运输公司，二是选择展会推荐的物流公司。参展商应该综合比较信誉度、知名度、便利度、美誉度进行选择，同时不仅要考虑运输能力，还要考虑运输商的海关报关能力。

3. 会展展品的运输

会展展品的运输有空运、海运、陆运等途径，陆运又分为汽车和火车，各种运输方式各有长短，需要根据展品的特质来进行选择。不同运输方式的优缺点比较如表 4－4 所示。

表 4－4　不同运输方式的优缺点比较

运输方式	长处	不足
航空运输	速度快，安全，手续简单	费用较高，运力有限
海上货运	运输量大，运费低廉	时间长，风险较大，对海运条件要求较多，需集中大量物品才能付运

（续上表）

运输方式	长处	不足
铁路运输	运输量大，运费较低，安全可靠，可达性强，速度较快	需集中大量物品才能付运
公路运输	可达性强，选择比较多，装卸快捷	运输费用最高，安全系数低，受道路交通条件影响大

国际展品运输过程中最重要的是办理海关手续。国际展览运输协会认为，运输代理的业务主要依赖于三个方面的管理：联络、海关手续、搬运操作。

（1）联络。国际展览运输协会对展会运输代理在联络方面提出了四项基本要求：第一，语言畅通才能保障联络畅通，所以运输代理必须具备掌握英语、法语、德语和参展国主要语言的工作人员。第二，运输商必须在展会现场设立办公设备，如果条件不允许，必须在离展会合理距离内设立，并在会场设立支持设备。第三，运输代理必须配备国际电话、电传和传真以方便联系。第四，运输代理必须提供详细、有效的邮政地址，以便参展商在展会前后邮寄运输单据。

（2）海关手续。国际展览运输协会对展会运输代理办理海关手续的要求主要有：第一，展会运输代理和展会组织者共同为展会设立临时免税进口手续。根据海关的规定，对于一些题材如汽车，运输代理还需要担保和缴纳保证金。第二，运输代理要与海关人员商妥现场工作的期限和时间，包括工作日以外的时间，如周末、节假日，以便有足够的时间办理海关手续。

（3）搬运操作。国际展览运输协会就展会运输代理对展览物品的搬运操作有以下几个方面的要求：第一，熟悉展览现场，并在展位施工和撤展期间能随时使用合适的搬运设备和有经验的搬运工。第二，在展览场地安排仓储地，如果条件不允许，尽可能安排在比较近的地方。第三，空箱应存放在离展会尽可能近的地方，并对空箱回运时间作具体规定。第四，卸车和装车必须在同一天内尽快完成。第五，协调好所有参展商的搬运要求，并提前将相应的安排通知办展机构和参展商。

（4）展品进场。展品到达目的地后，换乘其他的交通工具进入展览场地。进入场地以后需要对货物进行验收。展品取出和打开以后，由参展商对数量和种类进行核对，确保展品没有遗失和损坏。

第四节　会展业的信息资源管理

一、会展业的信息资源

现代社会已经进入了信息化社会，在经济和社会活动中普遍地采用信息技术和电子信息设备，开发和利用信息资源。信息作为管理的基础、决策的依据、竞争的第一要素，成为比物质、能源更重要的资源。会展是信息交流的媒介和重要载体，会展的首要目的是信息沟通，会展过程就是信息传播的过程，其结果是实现信息的交流。会展符合信息传播的模式，现代会展离不开现代信息技术手段的支撑，并越来越依赖现代网络平台。

会展的信息功能主要体现在：

（1）信息沟通。信息沟通是指信息转移的过程。会展的最大特点就在于提供一个信息沟通的平台，大量的参展商和大量的观众在短时间里相互接触，从单一的信息沟通变为多渠道信息沟通。会展信息平台的建设有利于展商和观众对会展信息的挑选、合并、精简、优化及回馈。

（2）信息交流。举办展览会，实际上是通过物品在一定时间和空间条件下的展示，达到观众和展商之间信息的双向传递和交流。观众通过会展，获取信息知识；展商通过会展传播企业理念，展现企业文化，宣传企业产品，从而促进投资和贸易。

（3）信息传播。仅靠企业自身的宣传，影响力有限，受众单一，缺乏集群效益。而会展具有的巨大信息量和针对性成为吸引受众的关键。因此，会展参与者的数量和广度，信息的交流和扩展程度，新思维、新技术的推出等，都是衡量会展成功的主要标准。从传播学的角度看，参展商是信息的“传播者”，观众是“受众”，展会是“媒介”，展品是“信息”，展览的教育和贸易结果是“效果”。

会展中的信息无所不包，会展信息可以从以下几类来进行划分：

（1）从信息的形态上看，有有形信息和无形信息。

（2）从信息的展现形式上看，有文字信息、图像信息、声音信息、实物信息等。

（3）从信息的内容上看，有社会信息、文化信息、经济信息、科技信息、政治信息、医疗信息等。

二、会展信息的传播渠道

（1）印刷媒体。印刷媒体主要有报纸和杂志两类。不同印刷媒体的受众有较大差异，有的比较大众化，有的专业性比较强，所以在选择印刷媒体传播会展信息的时候应注意根据会展的类型和主题来挑选。比如，家居用品、住房、图书等大众化的会展可选择大众化的印刷媒体，而奢侈品、汽车或者工业展览则需要在专业报刊和杂志上做宣传。

（2）电视媒体。电视媒体的受众比较广，直观形象，但成本比较高，其大众化和普遍性也决定了希望通过电视来了解展会信息的人并不多。所以除了一些娱乐类、形象类主题的展会以外，选择电视媒体作为信息传播主要渠道的展会并不多。电视媒体新闻板块一般都会关注社会热点问题，包括区域性的展会，所以在展会中不断地制造素材，形成轰动，吸引电视新闻媒体，也是会展商信息传播的一大选择。

（3）广播媒体。广播媒体的受众与电视媒体相比相对较窄，也不如电视形象。但是广播媒体还是拥有学生、出租司机、自驾等固定群体。因此，通过城市交通广播推广一些汽车、家具等方面的展览会，通常也会收到比较理想的效果。

（4）网络媒体。网络媒体的优势在于成本比较低，信息量大，传播速度比较快，不受时空的限制。而且会展企业以工商企业中的中高级管理人才为主要受众，核心受众对网络的依赖性都比较高。所以网络已经成为展会最重要的宣传和推广媒介之一。会展企业通过网络进行信息传播的途径主要有在相关网站上发布展会信息或者自建独立网站。

（5）专业媒体。会展专业媒体主要是指利用专业的会展杂志、会展网站、会展频道进行信息传播。其特点为信息集中、周期固定、专业性强，是会展企业的最佳选择。目前我国比较有影响的会展专业媒体如表 4－5 所示：

表4-5 会展专业媒体

会展杂志	会展网站	会展频道
《中国展会》 《中国展览》 《中国会展》 《出展世界》	中国会展网 www. expo - china. com 中国会展世界 www. expoworld. cn 展会中国 www. expoc. net 展览世界 www. zhanlangongsi. cn 中国会展咨询中心 www. cce360. com 新华网会展频道 www. xinhuanet. com/expo 会展商务网 www. 2t2. cn	广东电视台会展频道 东莞发现

三、网上会展

网上会展是利用网络技术手段，在互联网上举行的会议或展览会。网上会展是对传统会展的电子化、数字化。其良好的发展前景在于，一方面，网上会展降低了会展的成本，网上会展以电子流代替了传统的物流，减少了人力、物力的耗费，降低了成本，提高了效率；另一方面，网上会展突破了实体会展对空间和时间的要求，摆脱了时空的局限性，扩展了会展经济的空间，因此被称为“永不落寞的会展”。网上会展与传统会展的区别如表4-6所示。

表4-6 网上会展与传统会展的区别

区别项目	网上会展	传统会展
展期	根据展会需要而定，无固定限制	一般有固定期限
展出场地	虚拟空间，无场地限制	实体场地，受场馆限制
参展费用	网上参展费，相对较低	场馆租赁、展品运输、施工搭建、人工服务费用相对较高
组展手段	网络发布信息，辅以其他媒介宣传	以文件、传真、电话等为主，辅以电子邮件和互联网络
展出内容	文字、图片、多媒体等信息	以实物展品为主
观众范围	面向全世界的网络观众	特定地理区域的特定专业人士
观众搜寻目标展商的方式	网络检索	现场观摩
交流方式	电子邮件，网络留言，聊天室磋商	面对面交流

网上会展具有成本低、效率高、受众广、无时空限制等优势，但是同样也有自身的缺陷，比如缺乏现场会展的直观性，面对冷冰冰的计算机缺乏现场的气氛，无法进行人际交往、实物触摸以及面对面的情感交流，计算机所展示的图文信息总没有现场眼见为实来得真切。同时由于计算机视窗的有限性和网页展示的程序，网上会展的信息传播有一个由点及面的过程，缺少现场会展的整体性。此外，网络技术还有一个逐渐成熟和完善的过程，还存在技术不过关、客户信用度、网络安全、政策法规滞后等问题。因此，就现在而言，网络会展不能替代实物会展成为会展的主角。但是网上会展对实物会展的补充和支撑作用

已经开始凸显，其迅速发展将成为未来的必然趋势。

网上会展的主要特点及功能有：

（1）展会信息搜索。强大的网络搜索功能，可以使观众和展商第一时间获得目标信息，省去车马劳顿之苦，各种展会变得触手可及。

（2）信息发布。通过网络会展平台发布会展信息，其可达范围、集群效应、信息的更新与保持、信息穿透能力及公关效用等都是最佳的。

（3）在线调查。通过网络在线调查，可以在线生成网络调查报告，对会展需求和展品市场进行预测和分析，从而节省现场调查所需的大量人力和物力。

（4）网络营销。网上会展的平台同时也是展商营销的平台。网络会展的营销可以克服现场营销中的地域限制、经济壁垒、语言障碍和信息屏蔽。图文并茂，独具创新的展示具有的轰动效应，可以达到地毯式传播和爆炸式影响的效果。

（5）多渠道沟通。展商和客户可以通过聊天室、在线咨询、常见问题问答等途径进行沟通，有些展商还提供信息跟踪、信息定制、智能导航、VIP 服务、网上团购、送货上门的服务。

四、网络技术在会展中的运用

会展的网络应用指导思想：以用户为核心，提供更好、更个性化的服务；充分利用资源，用最少的资源，实现最大化的收益和各业务环节的增值管理；提高效率，降低成本。

（一）利用网络技术为展馆服务

展馆内部统一接入 Internet，运用项目管理、流程管理等软件。采用客户机或服务器数据库管理方式，进行展商与观众的管理与营销。建立网站开展客户关系管理的销售自动化，实行网上报名、网上服务订单、网上支付、观众登记和报价系统等，建立网络展商应答中心，开展网上营销。

展会前：网上开展门票远程预订、展会观众胸卡制作。

展会中：观众现场登记、个人信息显示、智能卡身份识别、现场人像制作、现场观众信息统计传输。

展会后：会展观众数据整理、会展观众详细统计分析、展会远程参观访问、展会现场摄像直播、大屏幕网屏等系列产品应用。

电子商务：展馆电子商务平台建设、展馆展示、服务介绍、展馆服务预订、展会发布、展会报道、展会统计分析、展览论坛、新闻中心。

系统集成：展馆内部系统集成建设、上网接入、Internet web 服务器运行、展馆信息数据服务器建立、展会网络建设。

系统管理：展会内部信息化管理系统、展馆信息资源管理系统、展馆网络商务管理系统、展馆展会服务管理系统。

科技服务：网上观众登记、展会现场观众登记统计分析。

信息统计：展馆信息资源统计整理、商务活动运作安排、数据仓储建立。

（二）利用网络技术为展会组织者服务

会展组织者首先利用网络技术实现办公和管理的信息化，实现企业办公和经营管理的各种信息、数据、指令的发布、传送、查询、控制、保存的计算机网络化；其次将网络技术运用于会展的运作、营销和功能拓展，展馆信息、展会信息、参展商信息、采购商信息、招展过程和围绕展会每个企业相互间的信息沟通都可以通过网络实现。

展会前：建设展会的互联网平台，发布展会信息，有效利用网络优势进行展会推广、展会预订、服务合作、服务预订、参展商信息发布、网上观众预订、网上调研等，建立包含多功能的大型数据库，采用三层结构的应用管理，对展会后台简单的操作页面进行管理维护。

展会中：展会现场新闻报道、信息发布、展会现场图片直播、摄像直播，展会现场观众登记统计数据分析、观众条码识别胸卡制作、观众信息识别管理，参展商、观众统计数据发布。

展会后：对数据库展会信息资料整理、展会信息资料数据库提交、展会信息资源详细统计分析、展会成效成本统计分析、网上展会统计管理。

（三）利用网络技术为参展企业服务

参展企业可以利用展会组织者的网络平台进行查询、登记、预订、搜索同行和目标受众。现场使用多媒体技术进行企业与产品的展示。

展会前：展会咨询、展会比较、网上报名、展位预订、服务查询、食宿安排。

展会中：现场报道、展台摄像、网上展会、网上企业路演、电子名片、网上会议。

展会后：网上展示、展台布置、展品特效、在线交易、旅行服务。

【本章小结】

本章主要介绍了会展中的各种资源，其中人力资源是根本，也是制约我国会展发展的主要瓶颈。会展财力资源包括会展预算、资金筹集和成本预算，涉及会展中的开源和节流。会展场馆管理和会展展品管理是会展物力资源管理的关键。会展作为信息传播的一个渠道和途径，开始广泛运用网络技术。会展是个系统工程，资源的调配和运用已经成为会展成功的关键。

【思考与练习】

1. 结合本章所学内容思考会展业主要需要什么样的人才，这对会展专业的学生提出了哪些要求。
2. 会展业如何筹集资金？
3. 会展场馆应如何选址？
4. 网上会展与传统会展各有哪些优缺点？

【拓展阅读】

苏州会展资源整合，打造会展 CBD

作为苏州会展“皇冠”上的一颗“明珠”，苏州国际博览中心为促进苏州会展业健康快速发展，成功地形成了招展与办展“两条腿走路”的发展态势。用苏州国际博览中心总经理陈刚的话来说，自办展只是第一步，“加强国际合作”实现“以展促商、以商养展”才能发挥会展经济的真正带动作用。

一、区位优势：苏州会展与苏州经济共振腾飞

近年来，随着外向型经济的蓬勃发展，苏州已经成为中国经济发展最快，最具竞争力的城市之一。2004 年苏州 GDP 完成 3 450 亿元，世界 500 强企业已经有 100 家落户苏州。苏州区域经济优势凸显，正成为 IT、汽车零部件、模具、精密机械、包装等产业的生产基地。

苏州地区快速增长的经济，给展览业带来更大的发展机遇。场馆的设施直接关系到展览会能否正常运作。苏州的产业优势和地缘优势必将吸引越来越多的品牌展会落户苏州，而苏州国际博览中心的落成，恰恰给这些高规格的展会今后落户苏州增加了颇具分量的筹码。

苏州除有经济优势、区位优势、展馆优势之外，最突出的在于其产业优势。作为世界制造业中心之一，苏州已经形成了电子信息、精密机械、轻工业、食品制药等较为完整的产业链。其中，苏州 IT 企业集聚，众多跨国公司前来投资，台湾最大 20 家电子企业中，已有 16 家投资苏州。苏州生产的显示器、主机板、笔记本电脑，产量均已占全球重要份额，IT 已成为苏州第一大产业。正是基于对产业优势的充分认识，苏州国际博览中心把市场开发重点放在了工业类展览上，充分联合区域产业和市场资源来招展、办展。

二、高屋建瓴：一流场馆闪亮登场

苏州国际博览中心占地面积共 18.86 万平方米，总设计建筑面积 25.5 万平方米。其中，室内展厅面积 12 万平方米。其规模在江苏首屈一指，在整个华东地区也仅次于上海新国际展览中心。自 2004 年正式运营以来，已先后接待了参展企业 3 500 家，展览面积约 36 万平方米，参观人数近 100 万人次，举办展会活动近 40 多个，先后举办了第三届苏州住宅产业博览会、第二届苏州国际工业博览会、第八届中国国际洁净技术设备展览会暨论坛、中国首届人力资源博览会等大型展览会。短短的一个月内，博览中心就接待了近 40 万的国内外宾客。

苏州国际博览中心按照精简、高效、高标准的原则组建经营管理的专业团队，引进了国际先进的经营模式、管理经验和服务理念。每位员工都经过严格挑选和展会服务培训，公司部门主要骨干还专门赴国外先进展览城市参加专业会展培训。从国际化标准起步，提供五星级会展服务，为客户营造国际一流会展环境。这是该公司一直贯彻的经营理念。

三、创新模式：自办展场馆经营的生命力

在充分考虑借鉴国际会展场馆成功运营模式的基础上，苏州国际博览中心已初步摸索

出一条适应苏州实际的场馆运营模式，自办展已成为苏州国际博览中心会展场馆经营的主要业务，走出了一条自主创新发展之路。中心自建立以来就成立了苏州国华展览有限公司，目前设有国际合作部、业务部、信息中心等五大部门，下设亚太项目部、欧洲项目部和出展部等部门。目前全面开拓自办展和合作办展项目，已有苏州住宅产业博览会、苏州国际工业博览会、中国国际洁净技术展览会、中国国际数字城市技术与设备博览会、中国人力资源博览会等多项展会，形成了较为稳定的展会资源。

这些自办展中，除了中国国际洁净技术论坛展览会、苏州国际工业博览会是参与合办的老牌展览会之外，其余都是新开发的展览项目。中国国际洁净技术论坛展览会，作为国内洁净室行业最早的专业学术交流活动，目前已成功举办了八届。苏州国际工业博览会经过前两届的培育，规模不断扩大，影响不断增强。博览中心能吸引老牌的展会落户并参与举办，这对整个苏州会展业来说，本身就是一个认可。新项目的开发和顺利举办，则说明了苏州会展业的潜力巨大。

在新开发的展览项目中，将把苏州住宅产业博览会与中国首届人力资源博览会作为今后培育的重点。“住博会”放眼整个长三角区域的地产行业，至今已成功举办三届。每年分春秋两届举办，分别在“五一”和“十一”期间举办，以住宅展示为主体，配合文艺表演、名家书画展、极限运动表演、攀岩、摄影比赛等丰富多彩的系列活动，形成“博览嘉年华”这样一个概念，丰富了市民的文化生活，成为苏州市民休闲娱乐的好去处。

2005年中国首届人力资源博览会是中国HR业内首次以展览为主要形式的产业盛会，旨在打造辐射全国的互动人力资源产业平台，为HR产品和服务供应商与需求企业之间提供了更深层次的合作方式。该会目标是办成中国人力资源第一大展，成为业界最具影响力的品牌展会。

四、资源整合：打造中国会展CBD

2005年10月28日，中国最大的行业门户网站慧聪网正式与苏州国际博览中心签约。约定从2006年开始在博览中心举办系列国际采购交易会。慧聪网拥有近200万注册用户、3万付费用户，每天商机发布高达数十万条，业务涉及安防、包装、化工、教育等64个行业。以苏州为基地共同培育开发国际性专业展览会，标志着一个年平均为600个大小展会提供资讯服务的信息服务商业务的转型，也充分体现了对苏州良好会展环境的认可。

去年12月，苏州国际博览中心与韩国COEX展览有限公司依托各自优势资源，双方就展馆运营、展览、会议合作举办、信息交流和人员培训事宜签署了合作备忘录，苏州国际博览中心迈向国际合作道路又走出了坚实的一步。

五、核心竞争力：年轻、专业化活力团队

2005年11月17日，苏州国际博览中心展览项目经理招聘活动闪亮登场中央电视台《绝对挑战》演播大厅。此举首开了会展场馆人才招聘的先例，引起了会展业内不小的震动，社会各界也深为关注。

苏州国际博览中心总经理陈刚认为，在当今展馆阵营内，竞争异常激烈，加大改革创新力度，营造富有活力的体制平台，遵循市场化、专业化、国际化的原则，建立以人为本的核心竞争力将是博览中心发展的根本。此次招聘就是为了挖掘、吸引展览人才，吸纳新鲜血液，引进国内外的会展业专业人才进入苏州会展行业，以此来提高苏州会展管理的水平与理念。业内人士也纷纷表示，本次招聘活动不但提升了苏州国际博览中心的形象，对中国会展业更是一次不小的触动。会展业未来的竞争归根到底还是人才的竞争，目前博览中心员工平均年龄在27岁左右，本科、硕士以上学历的员工占85%。苏州国际博览中心的创新运营模式和有竞争力的团队，有望使苏州博览中心在会展论坛中后来居上。

（资料来源：中国经营报，2006年）

第五章　会展业的危机管理

【学习目的】

通过本章的学习，掌握会展危机管理的定义、类型与特征，了解会展危机的演化规律，熟悉会展危机管理的宏观架构与战略计划。

【学习要点】

1. 会展危机的类型；
2. 不同类型会展危机的特征；
3. 会展危机的演化规律；
4. 会展危机管理的宏观架构。

【关键词】

会展危机　演化规律　宏观架构

自20世纪80年代以来，会展业在我国蓬勃发展，会展经济以年均近20%的速度递增，创造着巨大的经济效益和社会效益。同时，会展业的重要传播意义也得到越来越广泛的认同，因会展业而繁荣的商业活动及其宣传效应也随之被逐步放大。会展活动涉及社会的方方面面，其活动的集聚性和时效性往往是其他行业有所不及的。作为一项筹备时间长、参展单位众多、参与人员复杂、人流高度集中的大型公众性活动，会展期间一旦发生了危机事件，其负面影响力也相应随之扩大，而这更加凸显出会展危机管理的必要性与重要性。

第一节　会展危机的特点与类型

一、会展危机管理概述

1. 危机与危机管理

危机是人类社会生活中无法回避的一个现实。目前，学术界对于“危机”一词尚无统一定义。在众多概念中，较有代表性的是巴顿（Barton）的“危机”定义。根据巴顿的界定，危机是“一个会引起潜在负面影响的、具有不确定性的大事件，这种事件及其后果可能对组织及其人员、产品、服务、资产和声誉造成巨大的损害”。究其特征，危机是对一个社会系统的基本价值和行为准则架构产生严重威胁，并且在时间压力和不确定性极高的情况下必须对其作出关键决策的事件。危机事件往往处于一种非常态的社会情境，是各种不利情况、严重威胁、不确定性的高度集聚。因此，危机事件一般具有如下特征：突发性和紧急性、高度不确定性、影响的社会性和决策的非程序化。

根据美国著名咨询顾问史蒂文·芬克（Steven Fink）的界定，危机管理是指组织对所有危机发生因素的预测、分析、化解、防范等。包括组织面临的政治的、经济的、法律的、技术的、自然的、人为的、管理的、文化的、环境的和不可确定的等所有相关因素的管理。作为事件，危机可能会对组织产生极大的负面影响。而危机管理就是使危机造成的潜在损失最小化，并对危机的发展态势进行控制的管理活动。

2. 会展危机与会展危机管理

会展业是一个对环境十分敏感的产业，发生于会展业内外的危机事件必然会对会展业的发展产生显著的影响。根据危机与危机管理的定义，可以将会展危机定义为“一类会对会展业及其发展产生潜在负面影响的、具有不确定性的事件，这类事件及其后果可能对会展组织及其人员、活动、服务、资产和声誉，参展单位及其人员、资产，会展企业与会展活动运营商等造成巨大的损害”。显然会展危机的影响对象较广，涉及参展商、专业观众、相关媒体等利益相关主体。因此，会展危机是将影响到参展者对会展组织的信心并扰乱会展继续正常运作的非预期性事件。此类事件可能以无限多样的形式，在其后多年不断发生。

而会展危机管理则是指会展业相关组织对会展危机发生因素的预测、分析、化解、防范等。

二、会展危机的表现形式与特征

会展危机的成因较为复杂且具多样性，诸如会展活动场馆的规模和区位（社会治安状况、周边交通环境、场馆设施条件等），当地的气候条件和变化，会展活动的时间和性质、特征，会场的食物、水、饮品安全以及现场消防和动力安全等。会展危机正是在各种变量因素的积累和变异中产生的。

根据不同的分类依据，可将会展危机进行不同层次的划分。本章首先依据危机发生的领域与环境，将会展危机划分为（会展）业外危机与（会展）业内危机，然后在此基础上，再进一步对会展危机进行细分并对其相应特征进行分析。

（一）（会展）业外危机

1. 业外危机的定义与类型

业外危机通常是指公共危机。其影响范围广大，对整个社会系统的正常运作将产生严重威胁，会展业只不过是受其影响的众多主体中的一个。该类危机需要以政府部门为主体的公共部门在时间压力和不确定性极高的情况下作出关键性决策，即需要以政府部门为主体的公共部门动员全社会的参与，整合全社会的资源以积极应对该类危机。

业外危机所包含的危机类型广泛，主要包括不可抗因素造成的业外危机与人为因素造成的业外危机。不可抗因素造成的业外危机包括火山爆发、地震、台风等自然灾害，而人为因素造成的业外危机则包括社会灾难、政治危机、经济危机等。如表 5－1 所示。

表 5－1 （会展）业外危机的类型

亚类	细类
自然灾害	主要包括水旱灾害、气象灾害、地震灾害、地质灾害、海洋灾害、生物灾害和森林草原火灾等
事故灾难	主要包括工矿商贸等企业的各类安全事故、交通运输事故、公共设施和设备事故、环境污染和生态破坏事件等
公共卫生事件	主要包括传染病疫情、群体性不明原因疾病、食品安全和职业危害、动物疫情以及其他严重影响公众健康和生命安全的事件
社会安全事件	主要包括恐怖袭击事件、经济安全事件、涉外突发事件等

其中，社会安全事件主要指经济秩序和社会宏观环境变化而导致的危机。如社会通货膨胀、游行示威、罢工罢市、政治动乱、恐怖袭击事件与战争波及等。而自然灾害是指由自然因素引起的危机，诸如地震、海啸、飓风、台风等。社会安全事件与自然灾害是来自社会环境的巨大冲击，是会展业难以抗拒的，属于不可控制范畴，因而又可以称之为不可控危机。因此会展业应加强与政府相关部门的信息沟通，通过政府相关部门提前获得危机信息，采取应急措施将危害降至最低点。

2. 业外危机的特征

业外危机作为影响会展业发展的不可抗因素，具有公共危机的一般特征：

（1）突发性。作为一种非预期事件，业外危机是一类打破常规的突发性事件，会给整个社会及各个行业带来巨大的冲击并造成混乱，会展业只是受影响主体之一。但是绝大多数业外危机在爆发之前都有一定的征兆，如果能及时发现这些征兆并采取恰当的措施，就能有效降低该类危机所造成的危害。

（2）紧迫性。当业外危机真正爆发后，将迅速扩大与蔓延，而其演化速度与危害程度往往是惊人的。政府及相关组织如无法及时把握该类危机的走向，遏制其恶化势头，那么必将造成无法估量的损失。此外，处理危机的最佳时间往往转瞬即逝。因此，从全局的角度出发，适时地把握并有效逆转危机的走势非常关键。而会展业在此过程中需要做的就是积极配合政府及相关部门做好危机控制与管理工作，尽量降低该类危机对会展业的影响与危害。

（3）危害性。业外危机的危害性主要表现为波及面广、后续影响深远、持续时间较长等方面。作为具有较强敏感性的产业，会展业与其他行业之间的关系较为密切，如饭店业、旅游业等，这一特点导致其在业外危机发生的时候往往受其他行业的影响，易被波及且容易波及其他行业，从而将业外危机的危害性与影响范围扩大。

（4）周期性与阶段性。周期性意味着业外危机在一定时期内会再次爆发，因此在一次危机过后需要及时总结该类型危机的发生特点、演化规律等，以期为该类型危机的再次爆发准备好预防与应对措施。而阶段性则表现为一次业外危机在演化过程中将经历潜伏期、爆发期、发展期、缓解期、消亡期或复苏期五个阶段，且在不同的阶段其危害程度与影响范围也不尽相同。

此外，业外危机还具有以下突出特征：

一是该类危机主要由会展业系统外部的因素引起。该类危机主要由会展业系统外部的自然或社会环境等出现的危机，波及会展业而产生的危机。该类危机除影响会展业的正常秩序之外，还影响其他诸如工业、农业、服务业等产业的发展以及经济、社会的正常运行。

二是具有一定的不可预测性和不可防控性。会展业业外危机与多种自然、人为因素密切联系，且由于会展业及内部企业处于不断变化的社会情境中，作为单体抵抗危机的能力较弱，因此较大的情境变化便可能引发此类危机。而由于人们对情境变化的预测性较低，直接导致此类危机的可预测性相对较低。

三是恢复周期长甚至不可恢复。由于引起会展业业外危机的原因多为自然与社会等宏观因素，且此类危机大多会直接影响整个会展业的有序发展，因此当这类危机发生过后，会展业往往需要较长的恢复周期。而当自然灾害与社会灾难等因素造成的破坏强度极大时，还可能对会展业发展的关键因素造成不可恢复的毁灭性破坏。

四是不确定性。不确定性是会展业业外危机的本质特征。组展者很难预料到业外危机的发生时间、地点、影响范围、危害程度、持续时间及损失等。正可谓“危机无处不在，危机随时可能发生”。

（二）（会展）业内危机

1.（会展）业内危机的定义与类型

业内危机主要指会展业层面上的危机，这种危机的影响一般只局限于该组织内部，对会展业外界的影响以及对整体社会的威胁一般都不大。通常情况下，依据会展企业或会展业自身的力量就可处理该类型的危机，而无须政府部门过多的干预或其他团体的过多参与。

业内危机包括竞争环境危机、会展企业经营危机以及其他危机等，具体如表 5－2 所示。

表 5－2　（会展）业内危机的类型

亚类	细类
竞争环境危机	潜在竞争者的挑战、同行竞争的威胁等
会展企业经营危机	会展场馆危机（含会展设施与设备危机）
	展品危机
	人力资源危机
	财务危机
	信誉与形象危机
	营销危机
	管理危机
其他危机	媒介误导、谣言传播、新科技发展的挑战等

会展业业内危机中的经营危机主要是指在会展活动运作中，由于经营不善、管理不

当、主办机构财力不足、参会合作者严重失误或中途退出等诸多原因所造成的管理失控和混乱，从而导致整个会展活动陷入困境，这些都属于运营层面上的管理危机。而经营危机中的会展场馆危机则主要指场馆和展位设施所引起的危险、盗窃、抢劫、爆炸，观众参观时人流拥堵造成倒塌伤害以及火灾、漏电、严重污染等。这些危机的产生大多属于管理层面上的问题，应加强管理，制定出会展各项管理职能和规章制度，不断提高会展管理人员的综合素质和与会者的文明素质。

2. 业内危机的特征

除公共危机的一般特征之外，会展业业内危机还有其自身的特征：

（1）危机主要源于会展业内部。该类危机主要是由会展业系统内部环境或要素的变化而引起，因而影响范围相对较小，且较容易控制，控制主体主要为会展业自身或会展企业，一般不需要政府及相关部门的介入。

（2）具有一定的可预测性与可控制性。会展业业内危机与自然因素、人为因素之间的关系较小，往往是由于会展业或会展企业内部环境的变化所致。

（3）恢复周期较短或难以恢复。由于引起该类危机的原因主要在于会展业或会展企业内部因素的变化，加之会展企业单体的危机抵抗能力较差，这就使得此类危机的出现往往带来两种情况：一是在较短时间内迅速恢复，二是直接导致会展企业破产或濒临破产，从而难以恢复。

应特别注意：①业外危机与业内危机的划分并不是绝对的，二者处于动态变化的情境中，随着危机事件的升级与影响的扩大，业内危机也可能转化为业外危机；②业外危机的处理主体为各级政府及相关的社会组织，会展业作为受该类危机影响的主体之一，在危机处理过程中处于配合的角色，很难单独对该类危机事件进行有效处理。因而，对于业外危机的管理并非会展业组织危机管理的核心内容，本书中的会展危机管理主要指会展业业内危机。

【拓展阅读】

城市安全与会展

城市作为人口与经济的聚集中心，也是会展经济的发源地与集中地。根据1710年出版的《市场与展览概述》（*Description of Market and Fair*）记载，最早的会展机构与会展兴起于中世纪欧洲的大城市英国伦敦；近代商业意义上的世界第一个会展于1890年在德国的城市莱比锡举行；现代的会展经济更是高度集中在大城市，尤其是国际大都市中。目前，日本的东京、美国的纽约、英国的伦敦、亚洲的新加坡和香港等都已成为世界闻名的会展中心。可见，会展与城市有着特定的历史渊源，二者是紧密集合在一起的。

将会展与城市安全联系在一起看似有些荒唐和可笑，可是，“9·11”恐怖袭击的场面至今仍然历历在目；2002年9月第20届香港珠宝展期间，共有价值2 300万元的钻饰被盗事件和同月在“武博会”上两名歹徒携手枪击爆炸物行凶未遂的事件至今仍让我们心有余悸；2003年3月20日，美国绕开联合国安理会的授权悍然对主权国家伊拉克发动战争；当“非典”在全球蔓延时，我们不得不承认，我们生活的世界存在着很多的不安全因素，我们不得不时刻为自己的人身安全进行全方位的考虑。同样，会展活动的进行也不得不把举办城市的安全纳入考虑的范围之内，而且应该放在首要位置。

为了保障城市会展活动的顺利进行，应成立相应的食品卫生监督检查部门，通过加强监督检查的力度来为参展商、参展观众提供食品安全保障。拥有我国第一展——“广交会”的广州为保障第93届广交会参展商的饮食安全，特成立了卫生保障工作领导小组，全面负责广交会期间的食品安全工作：当地卫生部门对交易会举办酒会的场所和食物进行全面检查和卫生监督；广州市疾病预防控制中心对交易会展馆内的食品经营点进行抽检；要求客商到定点的宾馆入住，并尽量返回定点宾馆就餐。从根本上确保了会展活动期间的食品安全。

战争不仅会使交战各国城市会展经济的发展遭到巨大的破坏，对于世界其他国家城市会展活动，特别是国际会议和展览活动的举办也会造成负面影响。因为战争的爆发不仅会使临近战区国家的国际航线明显减少或暂时停飞，同时也必然会引发全球范围内的石油价格浮动和保险费用的急剧上涨，航空运输成本大大增加，使企业出国参展的积极性大为下降。如伊拉克战争爆发后，航空保险费的增加以及绕道飞行导致航程增长，机票价格上涨了80%，令不少乘客望而却步，客源比以往减少了两到三成。海湾合作委员会国家的海上货物运输也受到冲击。战前，进入海湾的商船保险费就上涨了15%。开战后不久，保险费再次大幅增加。同时由战争而引发的全球安全环境的恶化，也必将使参展商和观众在出国参展之前三思而后行，或者干脆不行。

瑞士小镇达沃斯之所以成为世界经济论坛的举办地不仅得益于其优美的风光，更重要的是瑞士中立国的政治立场，即便如此，其不惜重金的反恐措施和治安投入也为其他会展城市树立了一个很好的榜样，同时也再一次让我们感受到城市安全之于会展经济的重要意义：在为期一周的会议期间，整个达沃斯戒备森严，以保证参加会议人员的安全；会议期间禁止一切游行示威；所有人员进入达沃斯会场都必须经过5次电子仪器的检查，国家总统也概莫能外；会议中心重兵把守，他们甚至用直升机把重武器运到达沃斯；会议中心被铁丝网严密包围，主要街道两旁也都设置了路障；会议中心四周的交通已经中断，没有特别通行证，一律不准通过；瑞士国防部还宣布，在会议期间，瑞士军队将有权击落任何飞行在达沃斯上空的不明飞行物。

为确保城市会展业的健康发展，会展活动的正常进行，应开展城市灾害应急管理的立法研究，构建城市应对和处理危机事件的法律法规体系，在充分调研的基础上，制定紧急状态法；城市政府部门建立应对重大突发性事件的指挥协调中心，建立各种预警系统。一旦有大面积灾情、爆炸、中毒、停电停水等事件发生，这个机构能协调各方力量及时果断地采取措施；推进科技减灾，应用高科技提高城市灾害应急处理能力；加大减灾投入，探索市场经济条件下城市灾害管理的运行机制；普及城市安全教育，增强大众的抗灾救灾意识，提高自救和互救能力。

（资料来源：http：//news. xinhuanet. com/expo/2003 – 06/05/content_ 906009. htm）

第二节　会展危机的演化规律

美国哈佛大学教授雷蒙德·弗农（Raymond Vernon）于1966年在其《产品周期中的国际投资与国际贸易》一文中首次提出了产品生命周期理论。该理论认为产品和人的生命一样，要经历形成、成长、成熟、衰退这样的周期。就产品而言，也就是要经历一个开发、引进、成长、成熟、衰退的阶段。与工业产品的生命发展周期相同，会展危机从其生成到消解也是完成一个生命周期，这一过程一般都会经历五个阶段：萌芽期、爆发期、处理期、消解期和消失期。应特别注意，在会展危机的最后一个阶段不一定是危机的消亡期，如果在这一阶段对危机事件的处理存在疏忽与不当，会展危机仍可能死灰复燃，重新出现相同危机或演变为新的危机。鉴于此，本书将会展危机的演进阶段划分为：萌芽期、爆发期、发展期、减缓期、消亡期或复苏期。

在会展危机演化的不同阶段，其对会展业的危害程度及危机管理的内容与重点也存在差异，如图5－1所示，其中横坐标代表会展危机的演化阶段，纵坐标代表会展危机的危害程度。

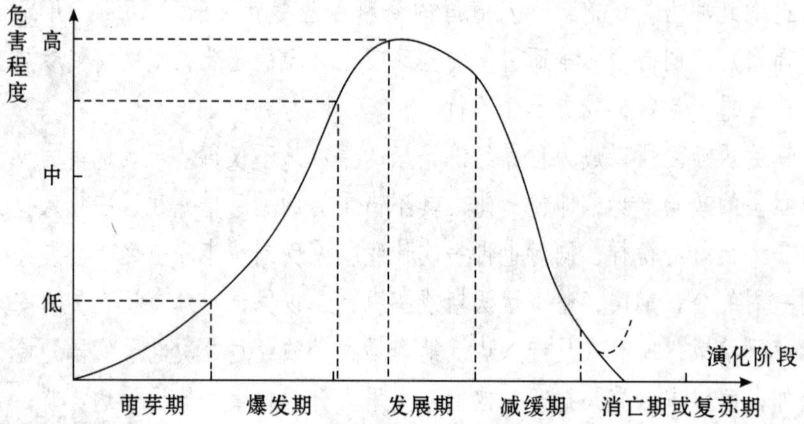

图5－1　会展危机的演化周期

注：两条坐标上的刻度仅为示意，并不表明危机的每个阶段和危害程度的间隔相同，而曲线则表示会展危机演化的大致轨迹。

一、会展危机的萌芽期

会展危机的演化是一个由量变到质变的积累过程，萌芽期是导致会展危机发生的各种诱因逐渐积累的阶段。在这一过程中，与会展危机诱因相关的各种要素相互作用，它们之间的矛盾、冲突不断地形成和化解，并逐步累积，直至危机爆发。在萌芽期，会展危机造成的危害较小，不易被察觉，但仍不可避免地会出现一些征兆。

这一时期会展危机管理的重点是加强危机的监测与预防，对多种信息与数据进行分类整理与分析，对可能导致危机发生的因素进行控制与监测，并及时进行有效处理，尽力把危机消灭于萌芽状态。

二、会展危机的爆发期

当引起会展危机的诱因积累到一定的限度，超出某种阈值时，就会导致危机的发生。会展危机的爆发期是危机由隐性转为显性并快速扩散的时期，即危机开始对会展业造成明显危害的阶段。在这一时期，会展危机全面爆发，危害程度急剧上升，危害范围迅速扩大。此时，会展业的正常运转秩序遭到破坏，会展企业和参展者的根本利益受到损害，且这种危害会迅速地加深和积累。

这一时期会展危机管理工作的重点是迅速启动危机管理预案，分析确定危机的类型与扩散特征，组织多方人员进行快速的协调处理，并及时将危机有关信息向相关主体传达。如危机已超出会展业或企业的控制能力范围，应及时上报相关部门，请求协调处理，避免延误控制危机的最佳时机。

三、会展危机的发展期

与爆发期相比，会展危机在这一时期加速恶化，并逐步达到危害程度的最高峰。虽然危机演进的速度逐渐放缓，但是危害程度却持续加深，最终对会展业造成全面打击。

这一时期会展危机管理的重点工作是快速协调各方面人员与物资，系统监测危机的发展势头与蔓延趋势，积极向各相关主体发布危机发展的相关信息，监测危机应急预案的实施效果，并及时修正与改进。

四、会展危机的减缓期

在减缓期，会展危机造成的危害逐渐减缓，危机演进速度趋于缓和，整个会展业承受的压力逐渐减弱。会展危机可能已得到有效控制，并逐步转入恢复阶段。

这一时期会展危机管理的重点是防止危机的进一步扩散以及次生危机的发生与蔓延，协调人力与物资资源进行场馆、人员等的安置与恢复。

五、会展危机的消亡期或复苏期

在会展危机的减缓期之后，将出现两种情况：一种是进入会展危机的消亡期，在这一时期，危机事态已经得到全面控制，会展危机的危害程度降至最低并逐渐消失，整个会展业所承受的压力减弱，危机爆发后所引起的各种显性问题逐步得到解决，会展业开始恢复到原有或正常状态，一次会展危机的演进过程到此为止。另一种是转而进入会展危机的复苏期。在会展危机的末期，如果相关行政部门对危机事件的处理措施不当，或忽视危机后的各种预防与防御措施，那么引起危机的多种诱因可能在这种环境下重新复苏，从而演化成新的危机，并继续对会展业产生破坏性的打击与危害。

上述五个阶段是会展危机的一般演化历程，但并非所有的危机都会经历这完整的五个阶段。有些危机可能在某个阶段持续时间较短，直接跳入下一阶段；有些危机在某一阶段被遏制，从而不进入后续各阶段。

第三节　会展危机管理的原则

会展活动具有人流、物流、资金流的高度集中性，组织方、主办方、参展方等主体的多样性，公众与媒体的广泛参与性等特点。一旦发生危机事件，将对各方造成极大的损失。危机处理不存在万能的模式，但要遵守一般的原则。具有较强指导性的会展危机管理原则，是及时处理会展危机事件并有效降低其危害性的基础。

一、以人为本原则

以人为本中的“人”所包含的范围较为广博，涉及会展活动中所有的“人”、会展危机的所有现实及潜在危及人群。人的生命安全高于一切，当会展危机发生且危及人的安全的时候，应将人的安全放在首位，进行全力救援与救助，将人员的伤亡在可能的范围内降至最低点。

二、预防为先原则

任何危机事件的发生都存在一定的先兆，虽然有些先兆稍纵即逝，有的先兆不明显。但是如果能及时发现这些先兆并进行有效处理，就可能将危机扼杀在萌芽阶段或有效降低其带来的危害性。因此，对于会展业与会展企业，必须建立有效的危机预警与监测机制、危机处理的宏观架构与应急处理预案。

三、统一领导原则

当会展危机发生的时候，各级危机管理人员必须尽早有效地进行沟通。对危机事件的处理方案与计划达成共识，并有效地协调多方关系，形成“统一领导，分级负责”的立体危机管理体系。如果危机管理人员不能在这些“计划”上统一步调，那么他们就会向不同方向用力，从而无法有效整合可利用的资源进行快速的危机管理。

四、快速反应原则

鉴于会展业的特点，危机一旦发生将迅速蔓延并波及多个主体，从而带来巨大的危害与损失。与其他事物一样，会展危机的发展也存在周期性与阶段性，各阶段的危害程度与波及范围都存在明显差异。处理危机的关键点往往稍纵即逝，如不能敏锐把握、有效处理，将使得危机迅速进入发展势头更劲的下一阶段。因此，如果在危机发生的关键时刻无法采取积极的措施有效地遏制其发展势头，将使得危害程度不断加深，波及群体不断增加，从而造成无谓的损失。因此，在危机来临的时候，必须快速反应，采取有力措施控制危机的发展。

五、积极应对原则

要以积极、正面的姿态面对媒体与公众的质疑与猜测。危机处理有个“黄金 48 小时”的原则，两天内不出面解决问题，就会给公众留下不负责的印象。企业在说明真相前，应该先模拟演练，把媒体可能提出的问题分为“一定要主动说”、“被问了才说”以及“绝对不能说”三种。表述应有理有据，避免一时情急自曝其短。在危机发生的时候，企业可以“在媒体找上门之前，先找他们”。这样既可以抢先取得事件的解释权，也可避免谣言滋生，扩大危机的杀伤力，对会展企业的形象造成不必要的伤害。

六、全面危机管理原则

全面危机管理原则可以概括为“全过程、全阶段、全员、全方法”：①会展业的危机管理是一个系统过程；②危机管理过程可以划分为三个阶段：危机前、危机中、危机后；③号召动员企业的所有员工进行危机管理，注意责任到人；④综合运用多种方法对危机进行全阶段管理，包括数量统计、自动化、信息技术等。

全面危机管理由结构、技术、人员和组织四个要素组成。其三个核心特征为：全员参加的危机管理、全过程的危机管理和全面的危机管理。全面危机管理强调参与团队工作，并力争形成一种文化，从而促进所有的员工设法持续保障组织安全，避免危机事件的发生。

第四节　会展危机管理的宏观架构与战略设计

根据一般管理原理并结合会展危机管理的特殊性与重要性，本书将会展危机管理机制的宏观架构与战略设计简要概括为“三大阶段”与“四大机制”。“三大阶段”具体是指会展危机管理的危机前管理阶段、危机实时管理阶段（即危机中管理阶段）、危机后管理阶段三个阶段。“四大机制”则具体指会展危机的预警机制、危机监测与评估机制、危机处理机制、危机反馈机制等四个机制。其中“三大阶段”与“四大机制”的简单对应关系为：危机预警机制与危机前管理阶段相对应，危机处理机制与危机实时管理阶段（即事中管理阶段）相对应，危机反馈机制与危机后管理阶段相对应，而危机评估机制则贯穿于会展危机管理的全过程。

危机前管理阶段包括对危机的早期风险评估与监测，危机实时管理阶段（即危机中管理阶段）包括对危机的性质、可能后果、不良影响、会展业相关主体解决危机的能力等问题进行实时评估与监控，危机后管理阶段包括危机处理措施的效果评估与检测、相关案例的备案、会展业相关主体危机预警机制的校验等，具体如图 5－2 所示。

图 5－2　会展危机管理的三大阶段与四大机制关系图

一、会展危机的预警机制与危机前管理

避免危机的发生或者将危机消灭于萌芽状态是会展危机管理过程中成本最低、危害最小、波及面最窄的措施，因此会展危机的预警机制与危机前管理尤为重要。为此，在危机前管理阶段需要建立一套规范、全面的危机管理预警系统，即建立危机预警机制。

会展危机的预警机制主要包括：①危机的监测，即对可能引起会展危机的各种因素与危机的征兆进行严密监测、搜集危机的各种相关信息、及时掌握危机变化的第一手材料；②危机的预测与预报，即对危机监测过程中得到的信息进行鉴别、分类、分析与评价，并对未来可能引致的危机的类型及其危害程度进行有效估计，最后根据评估结果，在必要时向相关部门发出危机警报；③危机的预控，即针对可能引发会展危机的各种因素，有选择地采取相应措施、制定各种危机预案，以有效地避免危机的发生或尽量降低危机在该阶段造成的危害、减少危机造成的损失。此外，会展危机的预警机制还应当包括建立会展危机发生前的早期风险评估系统与风险管理系统，完善会展危机的信息处理程序，以及制订会展危机的管理计划等内容。

此外，在危机前阶段，必须从多个角度出发，系统地加强会展危机的预防与准备工作。

（1）对于预防工作。首先，战略预防是会展企业应对危机、加强自身生存能力的前提。其次，完善的制度规范是保证会展企业科学、及时预防危机的根本。完善合理的制度规范可以使企业员工责任明确、操作规范，对预防危机事件的发生有重大意义。最后，危机教育是会展企业预防危机的有力保障。危机教育可分为危机意识教育和危机预控专业知识教育。

（2）对于准备工作。首先，组织内确保有危机反应机构和专门的授权，即组织内部须设非常设的危机管理机构并授予其在危机处理时的特殊权力。其次，组织内部确保信息通畅，即组织内信息有适当的程序和环节到达合适的管理层级。再次，还要考虑在危机反应机构内部进行合理的人员配置，做到责任清晰、权利明确、权责对等，避免危机阶段的互相推诿或竞相处理。

二、会展危机的处理机制与危机实时管理

危机的实时管理阶段（危机中）是会展危机管理的关键阶段。在这一阶段，危机的处理机制及其实施状况将决定会展危机的影响范围与危害深度。因而必须从系统的角度，充分考虑会展危机的生命周期规律及演化阶段特征，采取有效的会展危机处理措施。

实时管理阶段的会展危机处理机制主要包括：

（1）危机中的信息与沟通管理。应切实加强信息处理系统在危机管理过程中的作用。首先，应注意加强会展业的外部沟通，识别危机相关信息的传播方向，并及时向各相关主体传递准确信息。其次，应注意加强会展业的内部沟通，将危机的发展趋势及危机控制的进展及时通报会展业内部各利益相关者，发动群众力量，组织其进行有效的危机处理。再次，应以主动的姿态与社会公众和媒体合作，并进行有效的信息沟通，避免不实报道引起的不必要恐慌。

（2）危机中的公关对策。主要包括会展危机的关联主体分析、危机中的媒体管理以及会展业在危机状态下的形象管理。

（3）危机中的决策分析。由于危机的突发性和不确定性，危机状态下利用有限的信息资源在最短的时间作出决策确实不易。无论是危机管理指挥中心，还是部门主要决策者和管理者，都应在对关键信息与资料广泛收集的基础上尽快作出决策。这种快速决策包括快速信息沟通、快速判断、快速反应、快速行动和快速修正等一系列组织能力。此外，应遵循“抓主要矛盾”的原则，对危机事件迅速作出有效的反应，尽快控制危机发展态势。并有效协调各相关部门与利益相关者之间的关系，在“统一指挥，各负其责”的原则下，有序地、渐进地处理危机事件。

（4）危机处理过程中的实时监控与评估。对作出的决策及其执行效果实施监测，及时对这些决策进行评价，或进行修正或继续执行，避免决策失误导致的“事倍功半”的结果及监督不力导致的危机恶化或加剧。

三、危机反馈机制与危机后管理阶段

危机后阶段的主要任务是恢复、反思与修正：恢复包括会展业或企业的形象恢复、客源市场恢复以及内部信心恢复三部分；反思包括对事故原因的反思、对处理措施与效果的反思、对危机管理机制及应急预案的反思；修正包括对原有突发事件处理预案的修正、对组织结构及人员分配的修正、对组织原有危机管理相关规章制度的修正等。

危机后管理阶段也是实现“化危为机”的关键阶段。这一阶段危机管理的主要工作包括：

（1）危机的善后事宜。如危机后会展业或企业恢复管理计划的制订与实施、声誉与形象重塑等，这一阶段会展业或企业的运作逐步开始进入正轨。

（2）危机的事后评估与反馈。包括对危机管理各环节所采取措施、各相关部门的执

行力、各相关主体在危机管理过程中的作用等进行评价，并根据评价结果对会展危机应急措施进行修正，总结此次危机管理的优点与不足，从中吸取教训，并据此修改会展危机处理预案，避免同样的问题再次发生。

【本章小结】

本章对会展危机管理相关问题进行了系统的阐述。主要分析了会展危机管理的概念、类型、特征、演化规律，并在对会展危机的管理原则进行阐述的基础上，提出了会展危机管理的宏观架构与战略设计。

【思考与练习】

1. 会展危机有哪些类型？
2. 不同类型的会展危机其特征有什么差异？
3. 在遵循会展危机演化一般规律的基础上，不同类型的危机在演化方式上有何差异？
4. 简述在会展危机的不同阶段，危机管理的重点有何差异。

【拓展阅读】

厦门乔丹订货会上的食物中毒

从8月16日中午开始，一批又一批身穿红色、蓝色运动服的病人被送往厦门前埔医院就诊，他们的症状均是呕吐、拉肚子等。据称，“遭殃的”共有200多人。

病人及其家属怀疑是集体食物中毒，很多患者指称，他们的就餐地“南海渔村”嫌疑最大。而部分人则称，可能是因“外地人吃海鲜，水土不适应”引起的。

这些患者来自全国各地，是乔丹体育用品的经销商，此次来厦门是为了参加“乔丹2008春夏新品展示暨产品订货会”，而在开会的第一天，就有很多人“倒下了”。

一名参与接诊的医生说，经过点滴治疗，病人的病情都好转不少。

一、输液室里，满是挂吊瓶的病患

昨日上午，记者在前埔医院看到，十五六个身穿红色、蓝色运动服的病人占满二楼输液室。几乎每个人都在打点滴，有的坐着，有的躺在病床上，个个面带倦容。一位穿蓝色运动服的中年男子面对记者询问，只是抬了一下头，不愿说话。

输液室里，护士忙个不停，一会儿这个病人点滴完了，一会儿那边病人要换药了。

“从前天中午吃完饭后到现在，我都不知拉了多少次，一直跑厕所，人都快虚脱了”，坐在椅子上的戴阿姨说，现在病人已算少了，前天傍晚，二楼三楼均围满了人，有两三百人。

这个数字，得到了包括厦门国际会展中心一工作人员在内的多方证实。前埔医院一名参与接诊的医生透露，从16日下午到昨日早晨，仅他一人就为30多名患者治疗。

二、午餐过后，拉得她快虚脱了

据戴阿姨介绍，她是在南京专卖乔丹体育用品的经销商，于15日早上来到厦门，因为总公司召集全国经销商于16日在厦门开订货会，“全国各地的经销商共有30多个团队，每个团队约有七八十人，来参加此次订货会的经销商有2 000多人”。

戴称，因总公司的安排，除了早餐在所在酒店（云顶酒店、翔鹭大酒店等）吃外，午餐和晚餐均在会展中心（会议地点）旁的南海渔村就餐。可16日中午刚吃完午餐，她就感到肚子疼，随后就一直拉肚子，拉了七八次后，只好上医院。前天，打完点滴她便回会展工作，可昨日一早，又拉了五六次，不得已再次来到医院。此次的订货会都是预订明年的货，对明年的生意影响相当大，“这场病生得还真不是时候”。

在一旁打点滴的张小姐也称，16日中午，她在南海渔村吃完午饭后便回会展中心工作，几个小时过后，她突然觉得很不舒服，发冷发热，全身酸软，使不上一点劲，而且还一直想吐。由于出现这种情况的人很多，公司派车将他们送到前埔医院，并让他们安心养病。

三、怀疑中毒，直指南海渔村

对于此事，很多“怀疑中毒”的经销商把矛头指向就餐地南海渔村。

来自广西的唐先生称，他们早上在所住酒店吃的是稀饭、面包类的自助餐，中午在南海渔村吃的是虾、鱼、墨鱼等以海鲜为主的饭菜，而肠胃不舒服，出现呕吐症状则是在昨天午饭过后。

唐先生估计，早饭应该是没问题，不然不可能等到下午才发作。

据在场的一曾姓女士介绍，开会时，大家都发了一套衣服，南方人穿蓝色，北方人穿红色，而就诊的病人，穿蓝衣服的比穿红衣服的多得多。

“估计是南方人喜欢吃海鲜，吃得较多的缘故。”曾女士说。

而在会展中心，一位负责人则称，很多经销商是从北方过来的，厦门天气炎热，他们有点水土不服，且北方人很少吃海鲜，突然吃多了不适应才会出现该症状。

四、疾控中心，还无法确定原因

前埔医院一参与接诊的医生介绍说，这些患者大都是腹痛和拉肚子，个别还伴有发热现象，体温在38℃左右。

该医生称，经初步诊断，病人们大多是急性肠胃炎，而急性肠胃炎也是食物中毒的一种表现，不过具体原因得等卫生部门的取样调查。

该医生还说，到当日下半夜，很多病人都回去了，只有个别还过来复诊，但经过点滴治疗，病情都好转了不少。

记者随后来到会展中心旁的南海渔村，试图了解原因。该酒店接待人员表示，经理、主管及事发在场的工作人员都不在，她们不清楚发生了什么事，并给了记者办公室的电话。记者联系该电话后，一位小姐称，他们不管酒店方面的事，只负责员工问题，什么都不知道，和经理也不熟，不知道联系方式。

昨日下午，记者电话联系到厦门市疾病预防控制中心。据该中心食品科一张姓工作人员称，他们在16日中午12点多接到消息，但因为不确定到底是哪一餐出了问题，所以还无法确定原因，目前只是把样品取回，正在进行检测。

（资料来源：福州新闻网 http：//news. fznews. com. cn/fujian/2007 - 8 - 18/2007818 + 5P_ 4S + g1184916. shtml）

第六章　会展项目管理概论

【学习目的】

通过本章的学习，了解会展项目的相关概念、类型、特征以及会展项目管理的全过程，并掌握会展项目利益相关者管理的分析方法。

【学习要点】

1. 了解会展项目的相关概念、类型及特征；
2. 掌握会展项目管理过程；
3. 熟悉会展项目利益相关者管理的定义及分析方法。

【关键词】

会展项目　项目管理　利益相关者

第一节　会展项目的相关概念、类型及其特征

一、项目定义及其特征

（一）项目的定义

在汉语中，"项目"一词最早出现于20世纪50年代"对共产主义国家的援外项目"名称中。项目管理专家罗伯特指出，项目是指一系列独特的、复杂的并相互关联的活动，这些活动有着一个明确的目标或目的，必须在特定的时间、预算、资源限定内，依据规范完成。著名的项目管理专家Dennis Lock在其著作《项目管理》第8版中对项目的定义是：将观念与行动统一到创造独特的产品和服务的一系列活动。美国项目管理协会（Project Management Institute，简称PMI）在《项目管理知识体系指南》（*A Guide to Project Management Body of Knowledge*，简称PMBOK）2004年版本中指出，项目是指为了创作独特的产品而做的临时性努力，具有三个最基本的特征：临时性、独特性和逐渐细化。

根据项目的定义，很多活动都可称之为项目。一个典型的项目周期可包括项目提出、论证、规划、启动、执行、控制、结束等几个阶段。因此，从某种意义上说，项目是一种创新的活动。

（二）项目的特征

1. 目标性

项目都具有明确的目标，任何项目最终都要实现一定的目标，其结果可能是一种期望的产品，也可能是一种所希望的服务。项目的目标明确且不能轻易修改和变动，一旦项目的目标发生实质性的变化，它就不再是原来的项目了。

2. 对象性

项目因需求而生，每个项目都有各自的客户，项目是在确认客户需求的基础上开发实施的，以客户为对象提供项目服务，目的是为了满足客户的需求。

3. 风险性

项目具有不确定性。每个项目都包含一定的不确定性，即在项目的具体实施中，由于外部环境和内部因素在发展变化，项目的实施过程可能与项目计划有所偏差。比如项目提前或延期完成，项目实际成本高于或低于预期成本，项目实施结果与预计不符等。因此，在项目实施过程中要进行有效的管理和控制。

4. 临时性

每一个项目都是一项一次性的任务，而不是周而复始的工作，这是项目与其他重复性工作任务的最大区别。随着项目实施结果的移交和合同的终止，该项目即告结束。因此，每个项目都要根据具体的条件进行系统的管理，这一管理过程是不可逆的。

5. 独特性

项目都是独一无二的，每个项目都有自己的特点。可能由于自身的开创性而具有独特性，也可能由于项目发生的时间、地点、内部环境、外部环境以及实施过程的不同而显示出独特性，总之，每个项目都因其独特性而具有开发意义。

二、会展项目的特征

会展活动显然符合项目的上述特征。每个会展活动都有明确的开始时间和结束时间，都具有鲜明的特征。同时由于会展活动的行业特征，会展项目还具有其他项目特征，其项目管理也呈现出一些独特性。

1. 主题性

会展项目以主题为产品设计的前提，作为一个项目，会展活动的主题性突出，服务目标明确。

2. 项目关联大，利益相关者众多

会展项目包含众多的活动，这些活动之间存在着不同紧密程度的关联，任何一个环节失误都会导致会展项目的失败，因此理顺会展项目中各类活动之间的关联性也是会展项目管理的重要内容之一。

会展项目本身的特点决定了会展活动涉及众多的利益相关者。一个会展项目不仅需要政府部门的支持，需要大量参展商和观众，还需要服务行业众多部门的协调与配合。如何管理众多的利益相关者，是会展项目能否成功的关键。因此，从服务业的本质属性出发，会展项目的相关人员要着眼于让客户满意的目的，最大限度实现会展目的，为与会者或参展商、观众等服务。

3. 不可贮存性

作为一个以服务为主的项目，会展活动具有很强的无形性、时间性和不可贮存性。会展产品大多是生产与消费同步，不可能用仓储的杠杆来调节市场，服务产品一旦被出售或者消费，其价值就永远消逝。因此会展的项目管理具有很强的时间性。

4. 体验性

会展项目具有很强的体验性，亲力亲为是其一个显著的基本特征，消费者的“现场效应”成为决定展会服务质量的一个重要元素。因此，会展项目管理强调突出“体验性”。

5. 效益的综合性

会展项目的投资收益呈现出明显的综合性，既包含了经济效益，也包含了巨大的社会效益和环境效益，如推动社会相关行业发展、提升举办地形象、优化举办地环境等。因此如何获得综合性的效益，也是会展项目管理的重要内容之一。

三、会展项目的类型

对于会展项目的类型，刘大可等人（2006）认为会展活动的主题包含三个部分，即会展项目可以根据内容的不同划分为会议、展览、特殊活动三种类型。吴洪（2007）则根据会展项目的规模，把会展项目划分为大型会议（如奥运会）、中小型会议（如各种论坛、高峰会议）、大型博览会（如世界博览会）、中小型展示活动（如汽车展、服装展）。马勇等（2006）则根据会展项目主题的不同将会展项目划分为产品交易型、科技展示型、综合博览型、会议洽谈型等。

（一）产品交易型

产品交易型会展项目，主要是指将某产业与内外贸相结合而开展的产品交易会、展销会等，如车展、房展等。这类会展项目具有以下特征：

1. 交易目标优先

产品交易型项目以产品交易为主要目标，因此在项目目标体系中交易目标占据优先地位，会展组织者应首先满足参展商或观众的交易需求。与此相适应，会展组织者在招展过程中，一定要组织一批有购买力的专业观众，以扩大会展交易额。

2. 项目针对性强

项目的针对性主要表现在两个方面：一方面，在参展商的组织上具有很强的针对性，一定是生产某产业产品的企业；另一方面，观众参与具有很强的针对性，一般情况下，来观展的企业和个人大都对该展品存在消费需求并具备一定的购买能力。

（二）科技展示型

科技展示型会展项目主要是指以某种高科技产业或优势产业为依托举办的专业性科技博览会或交易会等，如光电科技博览会、高新技术展示会等。

1. 技术含量高

科技展示型会展项目对会展组织者，更确切地讲是对会展承办者提出了较高技术要求。由于在项目任务中会涉及较多的技术性工作，比如展馆的布局、展台的设计、专业设备的配置等，因此项目的技术含量高，对工作人员的相关技术水平有一定的要求。

2. 专业性强

科技展示型会展项目对参展企业和观展商都有专业性方面的要求。参展的企业必须是从事某种高科技产业的企业，对该产业有充分的认识和了解，并有相关的科技产品。而观展商一方面要具备该行业的专业知识，能识别相关产品；另一方面要具备一定的购买力，才能保证会展的交易额达到一定水平，因而观展商通常是使用某项技术的专业性公司或企业。

（三）综合博览型

综合博览型会展项目，主要是指以宣传本地人文资源，如文化、艺术、体育等为宗旨的大型展览活动，像1999年昆明世界园艺博览会、2010年上海世博会等。这类会展项目具有以下特征：

1. 项目周期长

综合博览型项目由于项目内容广泛往往具有较长的项目周期。首先，项目启动阶段是一个充分调研、精心构思的过程，因此要花费较长的时间。其次，项目规划阶段是一个涉及多项工作任务的复杂筹划过程，历时也比较长。再次，项目执行阶段是一个需要多方监控的实施过程，由于展示内容丰富、广泛，需要提供较多的时间观展。

2. 观众范围广泛

综合博览型项目由于会展内容丰富，对观众形成较强的吸引力，同时对观众没有专业性的限制，因此观众范围广泛。从观众区域范围上看，既有本地观众出于对本地人文资源深入了解的需求前往观展，更有大规模的外地旅游者出于求新、求奇的需求前去观展。

3. 成本预算高

综合博览型项目以展示本地人文资源为宗旨，不以产品交易为目的，因此会展直接收益小，成本代价大。同时这类项目涉及多项工作任务，需要花费大量的人力、物力以及财力资源，成本预算高。

（四）会议洽谈型

会议洽谈型项目，主要是指以重要的城市为中心而举办的综合性的国际会议及大型论坛活动等，如APEC会议、亚洲博鳌论坛等。这类会展项目具有以下特征：

1. 参与人数少

会议洽谈型项目与前几种展览型项目不同，与会人员有一定的数量限制。一般的展览会都有十几万的人流量，而会议型项目有上千人就算很大规模了。同时，高规格的会议对与会人员有较高的专业与其他条件要求。

2. 服务全面

会议与展览不同，服务范围更加全面。一次大型的会议，从音响、通信、信息系统、场地布置到会间服务都要全面到位。比如餐饮服务，一般的展览型项目要求比较简单，只提供基本餐饮，而会议洽谈型项目通常要提供包括早餐、中餐、晚宴等全方位服务，开会期间一般还有茶点服务。

3. 重复性强

会议洽谈型项目一般是定期举办的会展项目，重复性强。尤其是一些大型的国际会议，每年定期举行，但每届的举办地一般安排在不同的洲、不同的国家、不同的城市，在同一城市举办的可能性较小。

第二节　会展项目管理过程

一、项目管理及其特征

项目管理（Project Management，简称 PM）是开始于美国曼哈顿计划的名称，后由华罗庚教授于20 世纪50 年代引进中国（由于历史原因叫统筹法和优选法）。根据美国项目管理协会（Project Management Institute，简称 PMI）在《项目管理知识体系指南》（*A Guide to Project Management Body of Knowledge*，简称 PMBOK）中的定义，项目管理就是指把各种系统、方案、人员和资源结合在一起，在规定的时间、预算和质量目标范围内，完成项目的各项工作。

二、会展项目管理过程

会展项目从开始到结束的整个过程，也被称为会展项目的生命周期（life circle）。为了便于对会展项目的全过程进行管理，经常把会展项目从开始到结束的全过程按照先后顺序划分为若干阶段，这些阶段构成了会展项目管理的过程，称之为会展项目管理过程。

马勇等人（2006）把会展项目管理过程划分为四个阶段：项目启动阶段、项目规划阶段、项目执行阶段、项目结束阶段。但是很多学者经过研究和实践发现一个隐含的基本原则，即成功的项目管理方法都有相似的阶段划分方法，如 Weiss，Wysocki，美国项目管理协会（PMI）等的相关著作中，都对有效的项目管理过程进行了总结，即将项目划分为五个阶段是最有效的方法，尽管这五个阶段在名称表述上有所区别。《项目管理知识体系指南》把项目管理过程划分为启动、计划、实施、控制和收尾五个阶段，这五个阶段清晰地表达出了项目管理的全过程，因此本书同样采用这一阶段划分的原则，将会展项目管理过程划分为会展项目启动阶段、会展项目计划阶段、会展项目实施阶段、会展项目控制阶段、会展项目收尾五个阶段，如图 6－1 所示：

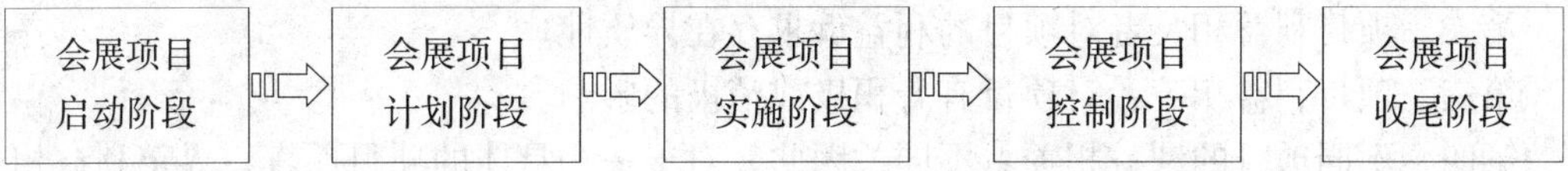

图 6－1　会展项目管理过程阶段划分

（一）会展项目启动阶段

会展项目启动是会展项目管理的起点，包括会展项目调研、会展项目构思、会展项目的可行性研究、会展项目的立项和报批等。

（二）会展项目计划阶段

会展项目的计划阶段是依据会展项目启动阶段选定的项目主题，通过合理配置资源，对项目目标、范围、时间进度、质量和成本进行计划控制。会展项目计划主要是解决以下问题：项目做什么（会展项目目标），如何做（项目分解），谁去做（人员计划安排），何时做（项目进度安排），需要多少花费（项目费用预算）。

（三）会展项目实施阶段

项目计划阶段一旦完成即进入实施阶段，包括组织、宣传、营销阶段，也包括现场管理与服务阶段。整个实施过程就是服务过程。

（四）会展项目控制阶段

会展项目控制是通过信息收集，判断和监督项目执行过程的一项持续性工作，是规范项目运行，保证项目按照既定目标和预算展开的必要手段。这一阶段主要包括项目任务监控和项目成本控制。

（五）会展项目收尾

会展项目收尾过程是指会展项目快要结束时所进行的一系列活动，主要包括对会展项目进行终止、项目验收、项目费用决算、项目执行后的评估以及总结等。

第三节　会展项目利益相关者管理

一、会展项目利益相关者定义

（一）项目利益相关者

利益相关者（stake holders）是指“任何能影响组织目标实现或被该目标影响的群体或个人”（Freeman，1984）。项目管理专家 Turner 在其著作中指出，项目利益相关者是指在项目的成功和运营环境中，有既得利益并对项目最终成功有重大影响的个体和组织。美国项目管理协会的 PMBOK 中指出，项目利益相关者是指积极参与项目，或者其利益会受到项目实施或项目完成影响的个人和组织。

项目利益相关者的定义表明：

第一，项目利益相关者不仅包括直接参与项目的个体或组织，还包括没有直接参与项目活动但其利益会受到项目影响的个人或组织。所以对一个项目来说，不仅包括承办方、主办方、项目经理、项目小组成员等项目当事人，还可能包括政府的有关部门、社区公众、项目用户、新闻媒体、市场中潜在的竞争对手和合作伙伴等。

第二，项目利益相关者对项目的利益诉求存在异质性。

第三，项目利益相关者对项目有着积极或消极的影响。

第四，不同项目的利益相关者不同，因此，对于一个具体的项目而言，界定利益相关者是一个重要的步骤。

第五，不同项目利益相关者对项目的影响程度是不同的。通常根据利益相关者与项目的不同影响关系划分出一级利益相关者和二级利益相关者（约瑟夫 · W. 维斯，2005）。这些利益相关者群体结成关系网络，相互作用、相互影响，交换信息、资源和成果。项目作为多方利益的综合体，交汇渗透了各方利益的诉求，这些利益诉求由于各自的独立性，必然存在着各种利益的矛盾和冲突。从这个意义上讲，项目管理就是关系管理过程，是利益相关者之间的利益冲突、协调和实现的过程。

因此在项目管理中，清楚哪些是项目利益相关者，明确他们的利益诉求以及他们对项目的影响程度，才能对利益相关者进行有效的管理，以确保项目获得成功。

（二）会展的利益相关者

对于一个会展项目来说，其利益相关者包括会展主办方、承办方、协办方、参展商、场馆出租者、会展项目经理、会展项目小组成员、会展项目供应商、赞助商或发起人、观众、新闻媒体、政府相关部门（如工商、税务、检验、环保、安全、卫生等部门）、交通运输系统、餐饮、饭店、会展举办地居民、其他非政府组织及个人等，如图6-2所示。

图6-2　会展项目利益相关者图谱

二、会展项目利益相关者管理

利益相关者管理作为一套分析框架，已被运用到很多的项目管理中。利益相关者管理包括一系列步骤：

（一）确定会展项目的目标

在运用利益相关者分析工具之前，首先要明确利益相关者管理所要实现的会展项目目标，即会展项目举办后，评价会展项目是否成功的标准。

（二）识别会展项目利益相关者

依据会展项目的目标，列出项目的利益相关者。

（三）勾画会展项目利益相关者关系

对所列出的利益相关者的关系进行勾画，首先从以下几个问题来对利益相关者评价：

（1）谁是会展项目的利益相关者？

（2）谁是潜在的利益相关者？

（3）每位利益相关者有哪些利益诉求？

（4）每位利益相关者对项目的影响如何？

（5）项目对每位利益相关者的影响如何？

然后按照表6－1对利益相关者的关系进行勾画。

表6－1 会展项目利益相关者的关系分析

序号	利益相关者	类别	利益诉求	对项目的影响程度	项目对其的影响程度

依据上述分析，确定会展项目的一级（关键）利益相关者和二级（次要）利益相关者。

（四）评估每一位利益相关者的利害本质，并对其进行分组

评估每一位利益相关者对项目的利害本质，即对项目的影响是消极的还是积极的。

（五）评估每一位利益相关者的影响力量，制定关系人管理战略

根据会展项目利益相关者对会展活动举办的态度以及他们对会展项目成功举办的影响，对利益相关者制定相应的管理战略。

以中国昆明2006年进出口商品交易会为例，其项目利益相关者分析如表6－2所示：

表6－2 中国昆明2006年进出口商品交易会项目利益相关者分析

项目利益相关者	对交易会的期望利益		对交易会的影响		管理措施
	领域	大小	领域	大小	
参展商	交易会的影响力、观众数量	5	参加展览、对交易会的评价	5	大力推广、努力邀请国内外的投资人和采购商参加交易会，阐明该交易会的影响力
承办方管理层（云南省政府）	交易会的声誉、影响力、有效推动云南省经济发展的促进作用	3	决定项目能否实施，决定资金投入	3	阐明对云南省的好处，说服高层领导大力支持
协办方	对云南省经济发展的贡献、得到较多的交易会名额等	3	不积极地组织本省有关单位参展	3	事先阐明协办方和主办方是利益共同体
新闻媒体	新闻题材	1	宣传力度和对展会的评价	2	一定的经费支持，与记者良好沟通
旅行社	为国内外的采购商提供旅游服务	3	旅游服务质量是交易会质量的一个重要方面	3	挑选服务质量好的旅行社作为本次交易会的特约服务商，一起向参展商和采购商进行推荐

（续上表）

项目利益相关者	对交易会的期望利益		对交易会的影响		管理措施
	领域	大小	领域	大小	
进出口商品检验检疫局	所有参展商的参展商品符合规定	3	参展商的展品不能展示	3	在邀请函中明确提请参展商留意参展商品的检验检疫注意事项
举办地工商局	参展商和采购商符合国家有关规定	2	手续不全，不能参展	2	报名参加交易会的过程中邀请工商部门参与
税务部门	是否按照国家税法的规定缴纳有关税金	2	罚款或禁止参加交易会	2	邀请税务机关参与报名过程和展览过程
交通运输部门	提高交易会期间的运输量	2	服务质量差引起参加交易会的国内外客人对交易会不满	3	通过招标的方式采购运输服务商（包括飞机、汽车）为交易会提供运输服务
饭店/宾馆	交易会期间提高入住率	2	服务质量差引起参加交易会的国内外客人对交易会不满	3	通过招标的方式采购不同级别的酒店为交易会提供服务
市政府	本市有关企事业单位积极参加交易会，推动本市经济的发展	3	交易会配套支持体系很好地为交易会提供支持	3	阐明市政府和省政府是利益共同体
公安局大型活动保安部门	交易会期间不出现安全事故	3	有可能关闭交易会	3	提前与该部门商量安全保卫事宜，并向他们及时提供交易会信息
公交系统	在交易会附近不发生严重的塞车现象	1	公共汽车在展览场地附近影响交易会的正常举行	3	要求展会保安派人专门负责交易会附近的交通疏导，并提前与公交公司通报交易会的举办时间、地点等信息
公安局出入境管理处	国外的采购商严格遵守我国出入境管理规定	2	采购商不能按交易会举办时间正常入境	3	在采购商邀请函中说明我国出入境管理规定
交易会组织管理者	体现个人和团队的能力，一定的经济报酬	2	直接管理者对项目的影响贯穿全过程	3	团队内部分工合作，有机协调，合理的经济和精神激励机制
会展场地附近居民	不产生噪音、不影响正常交通	1	通过相关部门进行干涉	1	通过宣传事先取得理解或忽略不管

（续上表）

项目利益相关者	对交易会的期望利益		对交易会的影响		管理措施
	领域	大小	领域	大小	
观众	票价高低	1	扰乱会场秩序	1	出售专门的一般观众门票，并安排专门人员负责维持一般观众的秩序
场地出租者	经济利益	2	租赁费高低，对场地使用的限制	2	争取较低价格，签订租赁合同以防有变

（资料来源：吴虹．会展项目管理．重庆大学出版社，2007. 23～24）

【本章小结】

本章主要介绍了会展项目的相关概念、类型、特征；介绍了现代项目管理的基本特征以及会展项目管理的特征；介绍了如何对会展项目管理过程进行阶段划分；最后结合案例介绍了如何以利益相关者分析方法为工具，对会展项目利益相关者进行管理。

【思考与练习】

1. 什么是项目管理？会展项目管理有何特点？试结合实际举例说明。
2. 什么是会展项目的利益相关者？以广交会为例，分析其项目利益相关者有哪些？
3. 会展项目的利益相关者管理有哪些步骤？

【拓展阅读】

中国杭州西湖博览会项目管理实施办法（暂行）

为了加强中国杭州西湖博览会（简称西博会，下同）会议、展览、节庆活动项目的协调、管理和服务工作，特制定本实施办法。

西博会项目是指经中国杭州西湖博览会组委会或其授权工作机构审核，以书面形式确认立项的会议、展览、节庆活动项目。

本办法所称项目举办单位，是指包括项目的主办单位、承办单位在内的项目实施和责任主体。

本办法所称主办单位，是指主导项目运作负责制订项目的实施方案和计划，对项目的筹备和实施工作进行组织和安排，并承担主要责任的单位。

本办法所称承办单位，是指根据与主办单位的协议，或受主办单位的授权、委托，负责项目现场布置、项目安全保卫及其他具体项目承办事项的单位。如果主办单位与承办单位订立协议或者书面授权，明确将有关主办责任交由承办单位承担的，承办单位应当承担项目主要责任。主办单位承担连带责任。

本办法所称项目单位，是指与西博办签订项目实施合同（或责任书），承担事实上的项目管理、实施的责任主体。

一、项目分类

正式项目。经中国杭州西湖博览会组委会审核，达到正式项目立项标准，以书面形式确认立项。

注册项目。由项目单位实行市场化运作、连续举办3年以上、规模和质量逐年提高并获西湖博览会组委会2次以上优秀项目表彰，具有品牌影响力并在杭连续举办的项目，经西湖博览会组委会审核同意注册，一次注册3年有效。

支持项目。经西博会组委会办公室审核确认，具有培养前景和发展前途，基本满足立项标准，以书面形式立项。

所有西博会项目立项及注册，均需项目单位按本办法的规定提出申报，提交报名表、项目总体方案和相关材料。

二、立项条件

（一）共性条件

（1）符合西博会办会宗旨的要求，主题突出，特色鲜明，名称规范。

（2）项目举办地在大杭州范围。

（3）按规定需要办理审批的项目，应获得必备的批准文件（或前期筹备文件），与举办场馆签订场地租用协议或意向书。

（4）项目举办单位落实，项目承办单位（包括合作承办单位）资信良好，具备经营资质、运作业绩、经济实力和承担风险的能力。

（5）达到西博会项目立项标准与条件，举办项目预期能产生良好的经济和社会效益。

（6）有举办业绩，经费自筹有保障。

（7）项目具有独特性，与西博会已定项目（包括注册项目）不构成重复。

（8）项目方案完整、规范并具可操作性。

（二）专业条件

1. 会议

会议名称有“国际”字样的，境外代表应来自于3个以上国家或地区，且不少于50人。

（1）专业研讨类（包括论坛）。由国际性或全国性、区域性权威机构参与主办（以确认书原件为凭），会期2天以上，正式参会代表100人以上，有知名人士参加，发表论文50篇以上，引起媒体关注，在本行业、本专业领域有较大影响。以演讲、主题报告会形式的论坛会议，论文数量可不作要求。

（2）投资商贸类。由市以上机构参与主办，正式参会代表300人以上（对外投资洽谈会境外代表100人以上），协议引进内资20亿元人民币以上，或协议引进外资1亿美元以上。

2. 展览

一般在专业展馆内（不包括专业市场）举办。室内展览面积6 000平方米（光地，下同）以上。展览名称有“国际”字样的，境外专业客商参展面积（或展位）应不少于20%，境外参观商占专业观众比例不少于20%。

（1）贸易类、技术类。主要面向专业客商，以品牌和技术展示、洽谈、订货和批发交易为主。

（2）消费类。主要面向消费观众，零售生活消费品，兼营批发。

3. 节庆活动

（1）旅游商贸类。参加人数在10万人次以上，其中，旅游类活动国内外组团游客参观人次在1 000人次以上，商贸类活动贸易成交额500万元以上。

（2）文化体育类。观众单场在1 000人次以上。有知名艺术家、演艺人员或运动员参加。

（3）文博展示类。一般在博物馆、图书馆等文化经营场所举办，具有较高艺术水准的文化艺术品包括文物品、收藏品、邮品、字画等的展示活动。展出面积1 000平方米以上，参观人数达到1万人次以上。

三、立项程序

西博会项目立项，必须通过报名、受理、受理反馈、会审、签订合同等程序。项目报名（注册）常年受理。

（一）报名

报名单位先与西博会组委会办公室作前期沟通，并同时提供以下有关项目资料：

（1）批准文件。

（2）主办、承办、协办、支持单位合作确认函。

（3）承办单位资质和业绩证明。

（4）举办项目的场地租用（使用）协议或意向书（承诺书）。

（5）方案。

（6）子项目实施方案。

西博会项目报名资料清单见附件一。

西博会组委会办公室预审后，由报名单位逐项填写“西博会项目报名表”并同时提交以上项目报名材料，进入受理程序。“西博会项目报名表”可以在西博会官方网站（www. xh_ expo. com）下载后填写（一式三份），加盖报名单位公章。

（二）受理

会议、展览项目由西博办会展管理处受理，活动项目由西博办节庆活动管理处受理。程序如下：

（1）初审。经受理处室初步审查后，由西博办组织初审。初审时限为5个工作日。在初审中发现有关事项需要进一步核实的，由受理处室负责在5个工作日内完成核实。

（2）受理反馈。由受理处室将初审意见反馈给报名单位。自受理之日起15日内应完成受理反馈工作。

(3) 会审。经西博办初审通过的项目，由西博办组织会审。会审应邀请组委会相关工作部门参加，或征求有关部门意见。在会审中发现有关事项需要进一步核实的，由受理处室负责在5个工作日内完成核实。

(4) 会审意见：①可以正式项目或者注册项目立项的，由西博办拟写确认文件报组委会领导审定；②可以支持项目立项的，由西博办领导签发立项通知；③不予立项的，由西博办领导在受理表上签署意见；④其他。由西博办领导在受理表上签署意见。

会审意见由项目申报受理责任处室通知项目报名单位。对经审定同意立项（注册）的项目，由西博办与项目单位签订“西博会项目实施合同”或“西博会项目实施责任书”、“西博会项目备忘录”，正式发书面通知予以确定。

(5) 不立项条款：①项目的主题内容不符合西博会办会宗旨的，或与已定项目雷同、交叉的；②项目不符合立项条件，或规模小、档次和影响力一般的；③举办单位缺乏举办项目资质、信誉、业绩等条件的；④举办项目业绩不理想，质量不高或发生责任事故、受到重要投诉的；⑤经费缺乏保障的。

(6) 受理工作其他条款：①初审中发现项目材料不完备的，可提请项目单位加以补充，补充材料所需时间不计入受理时间；②西博办认为有必要时，可要求项目单位就有关项目举办事项，提供切实、有效的担保证明；③西博办工作人员在项目立项管理工作中，不得索取或收受项目单位的财物，不得谋取其他不正当的利益。

（三）项目合同（或责任书，下同）

(1) 项目经审查通过后可以立项的，由西博办通知项目单位签订西博会项目合同，完成西博会项目立项手续。合同一经订立，应严格遵守，认真履行。

(2) 项目单位应按照合约规定，以西博会正式项目、注册项目或支持项目名义开展项目工作。

(3) 西博办和组委会工作部门受西博会组委会委托，依据项目合同对项目举办情况进行考核、评估，对优秀项目实施奖励，对不合格项目按照合同进行处理。

四、项目管理、协调和服务

1. 管理要求

(1) 西博会项目完成立项后，西博办通过宣传渠道对项目在宣传、促销、市场推广等方面给予支持。宣传中涉及项目主办、承办单位的列名，以承办单位提供的确认证明为准。

(2) 项目立项后，当年西博会期间不再接受同类项目的注册或申报；如有2个以上主体申报同类项目，优先选择规模大、效益好、承办单位实力强的项目。经评估具有同等举办资格和实力的，可采用竞争申办的方式择优确定项目举办单位。

(3) 注册项目具有唯一性。在注册有效期内，西博会期间不再接受同类项目的注册或申报。在注册期内无须每年办理西博会项目立项手续，注册单位按照合约规定在年初将项目批准文件、主承办单位确认函、实施方案报西博办备案（如项目设计中新增相对独立举办的子项目，应事先得到西博办的认可），即可以西博会注册项目名义开展项目工作。

（4）西博办和组委会工作部门负责对项目筹备和组织实施情况进行协调、指导、跟踪服务、公共推广和考核、评估。组委会项目工作部应定期组织召开项目协调例会，对项目筹备实施情况进行了解，并予以必要的协调指导。

2. 收费事项

对西博会项目收取立项费或注册费，用于西博会品牌使用和支付项目评估、宣传和表彰奖励等工作的部分开支。

（1）正式项目。西博会正式项目立项费为5 000元人民币。

（2）注册项目。对西博会注册项目收取注册费。3年为一个注册期，每期注册费收取暂行标准如下：

会议：项目注册费为1.5万元人民币。

展览：项目注册费为3万元人民币。

活动：项目注册费为1.5万元人民币。

（3）支持项目。西博会支持项目立项费为3 500元人民币。

立项（注册）费在项目单位与西博办签订"西博会项目实施合同（责任书）"后的5个工作日内支付。

3. 特别条款

以下西博会项目，可区别不同情况，分别给予减免立项费、注册费：

（1）中央和国家机关在杭直接举办的非商业性会展活动。

（2）市委、市政府直接举办的关系杭州城市经济社会发展全局和城市形象的重要会展活动。

（3）市委、市政府、西博会组委会直接引进并作出相关承诺的重要会展活动。

（4）西博会组委会或组委会工作机构直接举办的公益性和宣传性活动。

（5）政府部门或县（市）举办的使用财政资金的特殊非营利性会展活动。

（6）高校、科研机构来杭举办的学术研讨类非营利性项目。

（7）国内外权威机构来杭直接举办的项目。

4. 撤项条款

出现以下任一情况时，西博办有权中止项目合同或撤销承办单位以西博会项目名义举办该项目的资格：

（1）因出现不可抗因素或上级明确指示项目不宜继续举办的，西博办有权中止该项目的合同执行，并以书面形式通知项目单位；

（2）项目单位未履行项目合同确定的责任和义务，西博办有权取消项目责任单位以西博会项目名义举办该项目的资格，并追究或提请追究有关责任。

五、项目考评和表彰

1. 优秀项目奖

中国杭州西湖博览会优秀项目奖设金奖、银奖、铜奖三类。从当届中国杭州西湖博览会立项的正式项目和注册项目中产生。

产生办法：①项目举办单位申请，提交项目工作总结和统计报表，填写项目评选申请表；②相关项目工作部按照《中国杭州西湖博览会项目考评实施办法（暂行)》（见附件二)，对申请单位提交的有关数据和总结材料进行审核考评，以百分制进行初评，按分配名额和考评得分高低进行推荐，填写获奖项目推荐表；③由组委会办公室汇总获奖项目推荐表，提交组委会工作机构联席会议复评，复评采取投票方式，每部一票，按综合得票高低确定复评推荐项目；④组委会主任会议审定。

2. 组织奖

中国杭州西湖博览会项目组织奖从考评合格但未获金、银、铜奖的西博会项目及各支持项目中产生。

产生办法：①项目举办单位申请，提交项目工作总结和统计报表，填写项目评选申请表；②相关项目工作部对提交的有关数据和总结材料进行审核考评，对考评合格但未获金银铜奖的项目进行推荐，填写获奖项目推荐表；③由组委会办公室汇总项目推荐表，提交组委会工作机构联席会议复评审核；④组委会主任会议审定。

六、附则

本办法自公布之日起执行，原西湖博览会项目立项和管理的有关规定同时废止。

本办法由西博会组委会办公室负责解释。

（资料来源：西博会官方网站 www. xh_ expo. com)

第七章　会展项目启动

【学习目的】

通过本章的学习，使读者掌握会展项目启动的基本知识，了解会展项目启动阶段的项目调研和构思，掌握项目立项策划、可行性分析、项目立项和报批等内容。

【学习要点】

1. 了解会展项目调研的定义和内容；
2. 了解会展项目构思的主要内容；
3. 掌握会展项目立项策划的基本要素；
4. 了解会展项目可行性研究的步骤，掌握会展项目可行性研究的内容；
5. 掌握商品展销会、境内举办对外经济技术展览会、出国举办经济贸易展览会三种不同会展项目的审批程序及内容。

【关键词】

项目启动　项目调研　项目构思　立项策划书　可行性研究　会展项目立项　会展项目报批

会展项目启动一般包括会展项目调研、会展项目构思、会展项目的立项策划、可行性研究、会展项目的立项和报批等。

第一节　会展项目调研与构思

一、会展项目调研定义

在现代企业竞争中，市场调研扮演着重要的角色，它不仅能帮助企业决策者识别和选择有利可图的市场机会，还可以向经营者反馈相关市场信息，以便企业对市场营销组合策略进行调整和优化。美国市场营销协会（AMA）给市场调研作出这样的定义：市场调研是对商品和服务市场相关问题的全部数据进行系统计划、搜集、记录和分析的活动过程。以此为基础，会展市场调研的定义可理解为：会展活动中的相关利益者（stakeholder）尤其是会展公司，利用特定的方法和手段，对与会展活动相关的会展市场信息进行系统地设计、搜集、整理和分析，并得出各种市场调查数据资料和研究结果，从而为组织制定经营决策提供依据的活动。

会展项目调研可谓是成功举办会议或展览会的基础，主办方对会议或展览会的正确选择依赖于科学的市场调研理论、方法和技术。

会展项目调研应该把握四个特点：

第一，市场营销调研是一个动态过程。

第二，会展项目调研的结果可以是直接的市场调查数据，也可以是最终的市场研究报告，在日常工作中后者往往居多。

第三，会展项目调研必须根据明确的调查目的，采取特定的方法和手段，以保证调查结果的客观性和准确性。

第四，会展项目调研的主要功能是为处在动态市场竞争环境中的会展公司制定营销决策提供依据。

二、会展项目市场需求分析

在会展调研过程中，有两个主要的任务，即市场需求分析和会展项目选择。

会展项目的市场需求分析是指在广泛、深入的市场调研的基础上，通过对会展项目的市场需求、社会需求、公众需求以及投资者自身发展需求的综合分析，充分掌握各种市场信息尤其是目标顾客和竞争者的信息，确定项目的方向以及项目投资的必要性，为投资决策提供必要的准备工作。因此，会展市场需求分析的调研对象通常包括参展市场和观展市场两类。

参展市场的调研包括具有参展需求的产品类型、某类产品的参展需求规模、周边地区同类项目的举办情况，以及本地区举办该主题会展项目的资源优势等。参展市场需求分析通常是针对参展商展开。对于参展商而言，一个展览对于他们的作用就在于展示企业实力，宣传公司新产品，实现交易。

观展市场的调研则主要包括拟参展产品的吸引力及市场需求规模、以本地区为核心的客源市场的观展优势等。观展市场分析通常是针对观众来展开。通常观众又可分为专业观众和普通观众。对于专业观众来说，展会中对于他们比较有价值的信息，应该侧重于及时了解业内最新动向，以及即将推出的新产品、新技术。从会展中得到第一手资料，从中得到启示发现商机，这才是专业观众所真正关心的内容。

而对于普通观众，其需求更有必要进行精细的研究以再做区分。例如，举办一个车展，有些观众观展时带有明确的目的性，有初步的买车意愿，他们之前往往对中意的车型做过一定的收集和初步选定。在展厅各厂商车型的集中展示，使他们能有机会亲身体验初选范围内的车款。在紧凑的空间中对不同制造商相同档次的产品进行直观的比较，还可以直接和厂方代表进行交流，获得最为准确的信息。他们追求的是有合适的外形、性能和价格的商品。有的观众虽然没有购置车辆的打算，但可能对该方面有浓厚的兴趣。先进技术的开发与运用，汽车的内部运作原理，充满未来气息的概念车对他们有更大的吸引力。他们所偏好的信息，侧重于强调技术原理和相关的知识。还有很多观众既没有购车的计划，也非此方面的爱好者，因此仅仅把参观车展作为一种休闲娱乐的方式，所以各展台的演出活动、车模以及免费发放的资料往往具有更大的吸引力。

三、会展项目构思

会展项目构思，即会展项目的创意，它以会展项目调研阶段所得出的需求结果为导向，确定会展主题，并对该主题项目的投资目标、功能、范围以及各主要相关因素进行初步界定。其具体内容包括以下几点：

（1）确定会展项目主题。这是会展项目构思的首要步骤。组展者在客户需求识别的基础上，还需要考虑以下因素：近期同类会展的举办情况；本地区举办该主题会展的资源优势；组展单位举办该主题会展的实力，包括经济实力、场馆设施情况等。

（2）构思相关项目内容。包括本次会展项目投资的目标，项目投资的背景及意义，项目投资的功能及价值，项目实施的环境和配套设施条件，项目的成本及资源约束，项目资金的筹措及调配计划，项目投资的风险及化解方法，项目的实施及其管理，项目实施后预期的经济、社会、环境的整体效益等。

（3）实施项目可行性研究。这是项目启动过程中最重要的一个环节，主要包括三个方面的内容：一是从市场角度，分析该主题的会展项目是否拥有广阔的市场前景；二是从技术、设计的角度，分析凭借现有的硬件和软件基础，本公司组办该会展项目是否可行；三是从财务的角度，分析公司对该项目进行投资在经济上是否合理。项目可行性研究既可以本公司为主体完成，也可以交由第三方来完成。

（4）会展项目立项。当项目通过可行性论证之后，需要申报有关部门进行核准后才能启动。

第二节　会展项目的立项策划

会展的立项策划是指根据掌握的各种信息，对所要立项的会展项目的有关事宜进行初步规划，制定会展项目的基本框架。

会展项目立项策划的基本要素包括会展名称、地点、举办机构、时间、规模、定位、招商与招展计划、宣传推广计划、进度计划、现场管理计划、相关活动计划等。

一、会展项目名称

会展项目名称一般包括基本部分、限定部分和行业标志三个方面的内容，如“第四届中国国际动漫节”，其基本部分是“节”，限定部分是“中国”和“第四届”，行业标志是“动漫”。

（一）基本部分

用于表明展览会的性质和特征，常用词有：展览会、博览会、展销会、交易会和“节”等。

（二）限定部分

用来说明会展举办的时间、地点和会展的性质。

会展举办时间的表示办法有三种：一是用“届”来表示；二是用“年”来表示；三

是用“季”来表示，如第三届大连国际服装节、2003年广州博览会、法兰克福春季消费品展览会等。在这三种表达办法里，用“届”来表示最为常见，可以体现会展举办的连续性。

会展举办的地点在会展的名称里一般都会得以体现，如第三届大连国际服装节中的“大连”。

会展名称里体现会展性质的词主要有“国际”、“世界”、“全国”、“地区”等，如第四届中国国际动漫节中的“国际”表明本会展项目是一个国际型的会展。

（三）行业标志

用来表明展览题材和展品范围，如第四届中国国际动漫节的“动漫”表明本会展是动漫产业的会展。行业标志通常是一个产业的名称，或者是一个产业中的某一个产品大类。

二、举办会展的地点

会展举办地点的选择包括两个方面的内容：一是会展在什么地方举办；二是会展在哪个场馆举办。

首先，会展策划要确定在什么地方举办，即要确定会展将在哪个国家哪个省的哪个城市举办。其次，确定会展将在哪个场馆举办，即要选择会展举办的具体地点。场馆的选择要结合会展的定位、主题而定。另外，在选择场馆时还要综合考虑使用该场馆的成本的大小、展期安排是否符合自己的要求以及场馆本身的设施和服务等因素。

三、举办机构

举办机构是指负责会展的组织、策划、招展和招商等事宜的有关单位。举办机构可以是企业、行业协会、政府部门和新闻媒体等。

根据各单位在举办展览会中的不同作用，一个会展的举办机构一般可以分为主办单位、承办单位、协办单位、支持单位等。

（1）主办单位：拥有会展并对会展承担主要法律责任的办展单位。主办单位在法律上拥有会展的所有权。

（2）承办单位：直接负责会展的策划、组织、操作与管理，并对会展承担主要财务责任的办展单位。

（3）协办单位：协助主办或承办单位负责会展的策划、组织、操作与管理，部分地承担会展的招展、招商和宣传推广工作的办展单位。

（4）支持单位：对会展主办或承办单位的会展策划、组织、操作与管理，或者是招展、招商和宣传推广等工作起支持作用的办展单位。

四、办展时间

办展时间是指会展计划举办的时间。办展时间通常包含三个方面的内容：一是指会展举办的具体日期；二是指会展的筹备和结束日期；三是指会展对观众开放的日期。

会展时间的长短没有一个统一的标准，视不同的会展而定。对于占会展绝大多数的专业贸易展来说，展期一般是3～5天为宜。但是有些会展的时间则很长，如“世博会”的展期长达几个月甚至半年。

五、展品范围

会展的展品范围要根据会展的定位、办展机构的优劣势和其他多种因素来确定。

根据会展的定位，展品范围可以包括一个或者是几个产业，或者是一个产业中的一个或几个产品大类。“博览会”和“交易会”的展品范围就很广，如“广交会”的展品范围就超过10万种，几乎是无所不包，而德国“法兰克福国际汽车展览会”的展品范围涉及的产业就很少，只有汽车产业。

六、办展频率

办展频率是指会展是一年举办几次还是几年举办一次，或者是不定期举行。从目前展览业的实际情况看，一年举办一次的会展最多，一年举办两次和两年举办一次的会展也不少，不定期举办的会展则是越来越少了。

此外，办展频率的确定受展览题材所在产业的特征的制约。几乎每个产业的产品都有一个生命周期，产品的生命周期对会展的办展频率有重大影响。产品的投入期和成长期是企业参展的黄金时期，会展的办展频率要牢牢抓住这两个时期。

七、会展规模

会展规模包括三个方面的含义：一是会展的展览面积是多少；二是参展单位的数量是多少；三是参观会展的观众有多少。在策划举办一个会展时，对这三个方面都要作出预测和规划。

在规划会展规模时，要充分考虑产业的特征。此外，会展规模的大小还受观众数量和质量的限制。

八、会展定位

简而言之，会展定位要清晰地告诉参展企业和观众本会展项目“是什么”和“有什么”，具体地说，会展定位是指办展机构根据自身的资源条件和市场竞争状况，通过建立和发展会展的差异化竞争优势，使自己举办的会展在参展企业和观众的心目中形成一个鲜明而独特的印象的过程。因此，会展定位要明确会展的目标参展商和观众、办展目标、会展主题等。

九、会展价格和会展初步预算

会展价格就是为会展的展位出租制定一个合适的价格。会展展位的价格往往包括室内展场的价格和室外展场的价格，室内展场的价格又分为空地价格和标准层位的价格。

在制定会展的价格时，一般遵循“优地优价”的原则，即那些便于展示和观众流量大的展位的价格往往要高一些。会展初步预算是对举办会展所需要的各种费用和举办会展预期获得的收入进行的初步预算。

在策划举办会展时，要根据市场情况给会展确定一个合适的价格，这样对吸引目标参展商参加会展十分重要。

十、人员分工计划、招展招商计划和宣传推广计划

人员分工计划、招展计划、招商和宣传推广计划是会展的具体实施计划，这四个计划在具体实施时会互相影响。人员分工计划是对会展工作人员的工作进行统筹安排。招展计划主要是为招揽企业参展而制定的各种策略、措施和办法。招商计划主要是为招揽观众参观会展而制定的各种策略、措施和办法。宣传推广计划则是为建立会展品牌和树立会展形象，并同时为会展的招展和招商服务的。

十一、会展进度计划、现场管理计划和相关活动计划

会展进度计划是在时间上对会展的招展、招商、宣传推广和展位划分等工作进行的统筹安排。它明确在会展的筹办过程中，到什么阶段就应该完成哪些工作，直到会展成功举办。会展进度计划安排得好，会展筹备的各项准备工作就能有条不紊地进行。

现场管理计划是会展开幕后对会展现场进行有效管理的各种计划安排，它一般包括会展开幕计划、会展展场管理计划、观众登记计划和撤展计划等。现场管理计划安排得好，会展现场将井然有序，会展秩序良好。

会展相关活动计划是对准备在会展期间同期举办的各种相关活动作出的计划安排。与会展同期举办的相关活动最常见的有技术交流会、研讨会和各种表演等，它们是会展的有益补充。

第三节　会展项目的可行性研究

会展项目立项策划书的完成只是对计划举办会展项目的主题和方式制订了一套初步的方案，至于该展能否举办和该方案能否可行，还需要对该会展项目及方案进行可行性分析。可行性分析的结论及其他必须考虑的因素，才是决定最后是否可以举办该会展的最终依据。

会展立项可行性分析是会展项目立项策划的延续。会展立项策划主要是在掌握各种信息的基础上，初步提出计划举办的会展“是什么样的”；会展立项可行性分析则是在仔细研究各种信息的基础上，深入分析举办会展立项策划提出的“那样的会展”是否可行，为最后是否举办该会展提供科学的决策依据。

如果会展立项策划通过可行性分析，证明计划举办会展的市场条件具备，项目具有生命力，各种执行方案策划合理，项目在经济上可行、风险较小且有一定的社会效益，就可以通过该会展立项策划，决策举办该会展项目。

会展项目可行性研究要对会展立项可行与否作出系统的评估和说明，并为完善该会展项目立项策划的各具体执行方案提供改进依据和建议。

一、会展项目可行性研究的步骤

（一）调查研究与收集资料

在清楚了解计划举办会展的意图和要求的基础上，查阅会展项目举办地区的经济、社会和自然环境等资料，制订调查研究的提纲和计划，组织实地调查和专题抽样调查，收集整理所得的技术经济资料。

（二）方案设计与优选

根据项目建议书，结合市场和资源的调查，在搜集整理相关数据的基础上，制订若干可供选择的方案，进行比较和评价，从中选择或推荐最佳方案。

（三）经济分析和评价

对选定的方案进行详细的财务分析和国民经济评价。

（四）编写项目可行性研究报告

在对会展项目方案进行经济论证和评价后，要组织项目可行性研究工作组成员编写详细的项目可行性研究报告。报告可推荐一个或几个可行的方案，也可提出项目不可行的结论意见或项目改进意见。

（五）调整资金筹措计划

资金筹措计划应对项目来源的不同方案进行比较分析，并对拟计划执行的项目作出决定。

二、会展项目可行性研究的内容

（一）概述

概述部分应该包括会展项目提出的背景、项目概况等基本情况分析。

（二）市场环境分析

1. 宏观市场环境

宏观市场环境包括人口环境、经济环境、技术环境、政治法律环境、社会文化环境等。

（1）人口环境：包括人口数量、人口分布、结构和变动趋势。

（2）经济环境：社会经济发展水平；展会所在地的城市配套设施情况；地域优势；产业结构状况；产业经济发展水平（如产业性质、产业规模、从业人数数量等）、产业分布状况、企业数量、产品销售方式等。

（3）政治法律环境：包括产业政策、产业发展规划、海关有关规定、市场准入规定、知识产权的保护、其他规定。

（4）社会文化环境。

2. 微观市场环境

微观市场环境包括办展机构内部环境、目标客户、竞争者、营销中介、服务商、社会公众等。

（1）办展机构的内部环境：资金、人力、物力。

（2）目标客户：展会潜在的参展商和观众。

（3）竞争者：与本展会有竞争关系的其他同类展会。

（4）营销中介：协助展会进行宣传推广和招展招商的中介组织。

（5）服务商：展馆、搭建商、旅行社、宾馆、印刷等配套服务。

（6）社会公众：媒体、政府、当地民众、各种行动组织、金融机构。

3. 市场环境评价

（1）市场规模：规模大小和发展趋势。

（2）市场竞争态势：产业内部企业之间的竞争关系以及政府对该产业的控制力和影响力如何。

（3）经销商数量和分布状况：经销商既可以是参展商，也可以是专业观众。

（4）行业协会状况：是否有行业协会，行业协会在产业内的号召力如何。

（5）产业的市场发展趋势：市场容量的增减趋势、市场集中度的发展趋势、市场营销方式的变化趋势、市场竞争的发展趋势、市场分布状况的变化趋势等。

（6）相关产业状况：与本产业有产品使用关系的有关产业的状况。

（三）会展项目生命力分析

会展项目生命力分析是从计划举办的会展项目本身出发，分析该会展是否具有生命力和可持续性。

（1）项目发展空间：分析举办该会展所依托的产业空间、市场空间、地域空间、政策空间等是否具备，如产品技术更新换代的频率、市场容量的变化以及国内外宏观经济的走势等。

（2）项目竞争力：包括会展定位的号召力、办展机构的品牌影响力、同类展览的数量及增长情况、参展商和观众数量与质量的挖掘、会展价格、会展服务、竞争对手的实力变化。

（3）办展机构优劣势分析。

（四）会展执行方案分析

会展执行方案分析是指从计划举办的会展项目的本身出发，分析该会展项目立项计划准备实施的各项执行方案是否完备，是否能够保证会展计划目标的实现。会展执行方案分析的对象是该会展项目的各种执行方案，分析的重点是各种执行方案是否合理、完备和可行。

1. 对计划举办的会展的基本框架进行评估

（1）会展名称和会展的展品范围、会展定位之间是否有冲突。

（2）办展时间、办展频率是否符合展品范围所在产业的特征。

（3）会展的举办地点是否适合举办该展品范围所在产业的会展。

（4）在会展展品范围所在产业里能否举办如此规模和定位的会展。

（5）会展的办展机构在计划的办展时间内能否举办如此规模和定位的会展。

（6）办展机构对会展展品范围所在的产业是否熟悉。

（7）会展定位与会展规模之间是否有冲突。

2. 招展招商和宣传推广计划评估

（1）招展计划评估。

（2）招商计划评估。

（3）宣传推广计划评估。

（五）会展项目财务分析

会展项目财务分析是从办展机构财务的角度，分析测算举办该会展项目的费用支出和收益。其目的主要是分析计划举办的会展项目是否经济可行，并制定项目资金使用规划。

1. 成本预测

举办一个展会的成本费用一般包括：

（1）展览场地费用，即租用展览场馆以及由此而产生的各种费用，这些费用包括展览场地租金、展馆空调费、层位特装费、标准层位搭建费、展馆地毯及铺设地毯的费用、展位搭装加班费等。

（2）展会宣传推广费，包括广告宣传费，展会资料设计和印刷费、资料邮寄费、新闻发布会的费用等。

（3）招展和招商的费用。

（4）相关活动的费用，包括技术交流会、研讨会展会开幕式、嘉宾接待、酒会、展会现场布置、礼品、请展会临时工作人员的费用等。

（5）办公费用和人员费用。

（6）税收。

（7）其他不可预测的费用。

2. 收入预测

举办一个展会的收入一般包括：①展位费收入；②门票收入；③广告和企业赞助收入；④其他相关收入。

3. 盈亏平衡分析

盈亏平衡分析包括：①现金流量分析；②净现值分析；③净现值率分析；④获利指数；⑤内部收益率。

然后，在上面的工作的基础上，编制和分析财务报表，并进行财务评价，进行不确定分析，得出财务评价结论。

（六）风险预测

在会展项目的可行性分析报告中，务必对项目举办过程中可能出现的一些难以预料和无法控制的因素进行预测。风险预测包括市场风险预测、经营风险预测、财务风险预测、合作风险预测。

（七）存在的问题

通过以上可行性分析发现的会展项目立项存在的各种问题、研究人员在可行性分析以外发现的可能对会展产生影响的其他问题等。

（八）改进建议

针对上述问题，提出对会展项目立项策划的改进建议，指出要成功举办该会展应该努力的方向等。

（九）努力或完善的方向

根据会展的办展宗旨和办展目标，在上述分析的基础上，针对存在的问题，提出要办好该会展所需要具备的其他条件和需要努力的方向。

第四节　会展项目的立项与报批

会展项目在通过可行性论证后，一般都需要申报到有关部门进行核准后才能启动，这是避免重复办展、保证项目质量的有效手段。会展项目的正式立项意味着会展项目启动过程告一段落。

受传统的计划经济体制和政治体制的约束，我国会展业一直没有设立统一的、权威的展览业行政管理机构，长期以来实行以多头审批为特征的管理体制。国内展览先后由商业部、内贸部、国内贸易局、国家经贸委归口管理。境内举办的对外经济技术展览会由外经贸部、科技部、中国贸促会负责审批。出国展览业务在20世纪80年代初由国务院审批，后来一度将审批权下放到各地外经贸主管部门。20世纪90年代初，出国展审批权归外经贸部。自2001年1月1日起，所有出国展一律由中国贸促会审批。2004年国务院第412号令将“出国举办经济贸易展览会审批”设为中国贸促会组织实施的行政许可项目，并取消了对出国办展组展单位资格的审定。2003年内外贸合并，成立新的商务部，展览业被明确划归商务部管理，但事实上现在仍有多个部门具有审批权，如国内大展和国际展、出国展的审批部门就有商务部、中国贸促会、科技部、中国科协等。除这些行业主管部门外，海关总署、国家工商行政管理局、外交部、公安部等也常参与展览事务相关行政管理。

一、国内举办展销会

国内举办展销会审批的法律依据为国家工商行政管理局出台的《商品展销会管理办法》。

商品展销会管理办法

《商品展销会管理办法》已经国家工商行政管理局局务会议审议通过，现予公布，自1998年1月1日起施行。

第一条　为加强对商品展销会的监督管理，维护市场秩序，规范市场行为，保护生产者、经营者、消费者的合法权益，根据国家有关法律法规的规定，制定本办法。

第二条　本办法所称商品展销会，是指由一个或者若干个单位举办，具有相应资格的若干经营者参加，在固定场所和一定期限内，用展销的形式，以现货或者订货的方式销售商品的集中交易活动。

第三条　举办商品展销会的单位（以下简称“举办单位”）、参加商品展销会展销商品的生产者或者经营者（以下简称“参展经营者”），均应当遵守本办法。

第四条　各级工商行政管理机关对商品展销会进行登记和监督管理。

第五条　举办商品展销会，应当经工商行政管理机关核发“商品展销会登记证”后，方可进行。未经登记，不得举办商品展销会。

第六条　举办单位应当具备下列条件：

（一）具有法人资格、能够独立承担民事责任；

（二）具有与展销规模相适应的资金、场地和设施；

（三）具有相应的管理机构、人员、措施和制度。

第七条　参展经营者必须具有合法的经营资格，其经营活动应当符合国家法律、法规、规章的规定。

第八条　举办单位应当向举办地工商行政管理机关申请办理登记。

若干个单位联合举办的，应当由其中一个具体承担商品展销会组织活动的单位向举办地工商行政管理机关申请办理登记。

县级人民政府举办的商品展销会，应当向举办地地级工商行政管理机关申请办理登记；地、省级人民政府举办的商品展销会，应当向举办地省级工商行政管理机关申请办理登记。上一级工商行政管理机关可以委托举办地工商行政管理机关对商品展销会进行监督管理。

第九条　异地举办商品展销会的，经申请举办单位所在地工商行政管理机关核准，依照本办法第八条规定向工商行政管理机关申请办理登记。

第十条　申请办理商品展销会登记手续时，应当提交下列文件：

（一）证明举办单位具备法人资格的有效证件；

（二）举办商品展销会的申请书，内容包括：商品展销会名称，起止日期、地点，参展商品类别，举办单位银行账号，举办单位负责人员名单，商品展销会筹备办公室地址、联系电话等；

（三）商品展销会场地使用证明；

（四）商品展销会组织实施方案；

（五）其他需要提交的文件。

依照国家有关规定需要经政府或者有关部门批准方可举办的商品展销会，应当提交相应的批准文件。

两个以上单位联合举办商品展销会的，还应当提交联合举办的协议书。

第十一条　工商行政管理机关应当自接到申请之日起15日内，作出准予登记或者不予登记的决定。准予登记的，发给“商品展销会登记证”。不准予登记的，书面通知申请人并说明理由。

“商品展销会登记证”应当载明商品展销会名称、举办单位名称、商品展销会负责人、参展商品类别、商品展销会地点及起止日期等内容。

第十二条　举办单位领取“商品展销会登记证”后，方可发布广告，进行招商。

第十三条　举办单位负责商品展销会的内部组织管理工作，对参展经营者的参展资格，按照本办法第七条的规定进行审查，并将审查情况报告该商品展销会的登记机关备案。

第十四条　举办单位应当与参展经营者签订书面合同，明确双方的权利和义务。

第十五条　参展经营者的经营行为损害消费者合法权益的，消费者可以依照《消费者权益保护法》第三十八条的规定，向参展经营者或者举办单位要求赔偿。

举办单位为两个以上的，消费者可以向具体承担商品展销会组织活动的举办单位要求赔偿，其他举办单位承担连带责任。

第十六条 未经国务院有关行政主管部门批准，商品展销会名称不得使用“中国”、“全国”等字词。

第十七条 举办单位、参展经营者有下列行为之一的，由工商行政管理机关予以处罚：

（一）举办单位违反本办法第五条规定，未经登记擅自举办商品展销会，或者在登记中隐瞒真实情况、弄虚作假的，责令其改正，并视情节处以3万元以下罚款。

（二）举办单位违反本办法第十二条规定，未领取“商品展销会登记证”，擅自发布广告，进行招商的，责令改正，并处以5 000元以下罚款。广告经营者违反规定，为举办单位刊播广告的，处以5 000元以下罚款。

（三）举办单位伪造、涂改、出租、出借、转让“商品展销会登记证”的，视情节处以3万元以下罚款。

（四）举办单位违反本办法第十三条规定的，视情节处以1万元以下罚款。

（五）参展经营者违反本办法第七条规定的，依据国家有关法律、法规、规章予以处罚。

第十八条 “商品展销会登记证”由国家工商行政管理局统一格式。

第十九条 本办法由国家工商行政管理局负责解释。

第二十条 本办法自1998年1月1日起施行。

二、境内举办对外经济技术展览会（简称“来华展”）

境内举办对外经济技术展览会审批的法律依据为：《国务院对确需保留的行政审批项目设定行政许可的决定》（国务院令第412号）第一百七十九项；《国务院办公厅关于在我国境内举办对外经济技术展览会审批程序有关事项的复函》（国办函〔2002〕93号）；《设立外商投资会议展览公司暂行规定》（商务部令2004年第1号）；《在境内举办对外经济技术展览会管理暂行办法》（外经贸政发〔1998〕325号；《关于重申和明确在境内举办对外经济技术展览会有关管理规定的通知》（外经贸贸发〔2001〕651号）；《海关总署、商务部关于在我国境内举办对外经济技术展览会有关管理事宜的通知》（署监发〔2004〕2号）。

在《海关总署、商务部关于在我国境内举办对外经济技术展览会有关管理事宜的通知》（署监发〔2004〕2号）中明确提到，根据国发〔2003〕5号文件的规定，在我国境内举办对外经济技术展览会的主办和承办单位的资格审批均已取消。

（一）境内举办对外经济技术展览会的资格审批

根据《海关总署、商务部关于在我国境内举办对外经济技术展览会有关管理事宜的通知》（署监发〔2004〕2号），国际展主、承办单位资格审批取消后，对举办1 000平方米以上的国际展实行分级审批。具体举办单位须按举办展会的性质报商务部、科技部、贸促总会等有关主管部门审批，海关凭主管部门批件办理相关手续。面积在1 000平方米以下的国际展，各单位可自行举办，但须报有关主管单位备案，海关凭主管部门备案证明办理相关手续。

（1）以国务院部门或省级人民政府名义主办的国际展览会、博览会等，须报国务院批准。对国务院已批准的以国务院部门或省级人民政府名义主办的对外经济技术展览会，如需再次举办，由商务部受理申请，对符合国家产业政策及当地产业特点，达到一定办展规模和办展水平，企业反映良好且取得较好社会经济效益的，由商务部直接审批，并报国务院备案；经审核不宜或不宜再次举办的，由商务部提出处理意见，报国务院审批后函复主办单位。

（2）国务院部门所属单位主办的，以及境外机构主办的对外经济技术展览会，报商务部审批。对在北京以外地区举办的，主办单位必须事先征得举办地外经贸主管部门同意。

（3）省级外经贸主管部门主办的和多省（自治区、直辖市）联合主办的对外经济贸易洽谈会和出口商品交易会，由商务部审批。地方其他单位主办的对外经济技术展览会，由所在省、自治区、直辖市外经贸主管部门审批，并报商务部备案。

（4）凡以科研、技术交流、研讨为内容的展览会，由科学技术部负责审批。

（5）中国国际贸易促进委员会系统举办的对外经济技术展览会，由中国国际贸易促进委员会审批并报商务部备案。对其中在北京以外地区举办的，主办单位应事先征得举办地外经贸主管部门同意。

（6）对外经济技术展览会凡涉及台湾地区厂商或机构参展的，应报商务部审批，报国务院台湾事务办公室备案。海峡两岸的经济技术展览会，由商务部会同国务院台湾事务办公室审批。

以上六类对外经济技术展览会，各单位必须报有关主管部门审批，海关凭主管部门批件办理相关手续。

（二）境内举办对外经济技术展览会的审批程序

目前关于境内举办对外经济技术展览会的审批程序依据仍然为《在境内举办对外经济技术展览会管理暂行办法》（外经贸部发〔1998〕325号）。

2007年，商务部对拟出台的《在境内举办对外经济技术展览会管理办法》公开征求意见，拟出台的《在境内举办对外经济技术展览会管理办法》第七条、第八条、第九条对申请境内举办国际展览会需提交的材料及其相关要求进行了规定。

（1）需提交的材料有：①申请文件，内容包括展览会名称、内容、规模、时间、地点等。②展览会总体方案。③招商招展方案。④可行性分析报告。⑤处理突发性事件的紧急预案。⑥主办单位之间的协议（两个以上主办单位提供）。⑦境外机构与境内单位联合主办的，需提交境外机构资信证明；境外机构委托境内单位举办的，需提交其委托办展协议。⑧主办单位（非中央部属法人单位）所在地省级商务主管部门意见（主办单位如跨省市区举办国际展览会）。⑨上一届展会会刊（首次举办除外）。⑩知识产权保护方案。⑪审批部门需要的其他材料。

（2）申请单位应在国际展览会开幕前1年不晚于6个月提交申请。

（3）审批管理部门在接到完整申请材料后应当受理，在受理申请之日起20日内作出批准或不予批准的决定。审批管理部门将每月在政府网站上公示审批信息。

（4）批准举办国际展览会的文件应包括：①展览会名称；②主办单位（境外机构应注明国别或地区）；③展览会内容、规模、举办地点、时间；④其他需要批准或备注事项。

（三）境内举办对外经济技术展览会的许可流程图

境内举办对外经济技术展览会的许可流程图如下图所示：

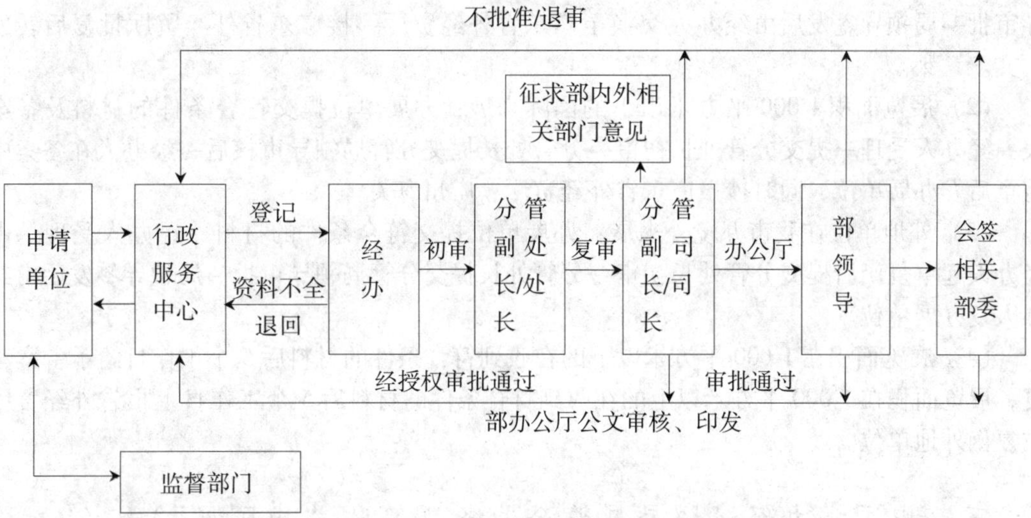

境内举办对外经济技术展览会许可流程图（对外贸易司）

（资料来源：境内举办对外经济技术展览会许可系统 http：//egov. mofcom. gov. cn/dzzwxt/jndwzl. wms/tu. shtml）

以我国会展大省广东省为例，广东省对外经贸局针对境内举办对外经济技术展览会的申请，提出了以下管理办法：

1. 办事依据

（1）《海关总署、商务部关于在我国境内举办对外经济技术展览会有关管理事宜的通知》（署监发〔2004〕2 号）。

（2）《国务院办公厅关于对在我国境内举办对外经济技术展览会加强管理的通知》（国办发〔1997〕25 号）。

2. 申报条件

办展单位营业执照的经营范围中必须有展览经营权。

3. 申报材料

（1）办展单位的申请报告，报告的主要内容是：展览名称、展览主办单位、承办单位或协办单位、展览时间、展览地点、展览面积、展览内容。如外地单位在我市举办对外经济技术展览会需提供外地来我市办展单位申请函。

（2）办展单位营业执照复印件（必须有展览经营权）。

（3）主办单位授权承办单位办理的协议书。

（4）申办国际性展览会需提交 15 家以上的国外厂商名单。

（5）申办博览会应提交 20 家以上名牌厂商名单。

（6）以国际展为名称的对外经济技术展览会，境外参展商必须占 20% 以上。

（7）实施展览的方案和计划。

4. 申报程序及期限

（1）展览面积1 000平方米以上的国际来展：办展单位提交符合条件的材料→经办人受理→由经办人起草上报广东省外经贸厅请示提交分管处长初审→分管处长提交分管局领导审批→局领导签发后由经办人交换至广东省外经贸厅→接广东省外经贸厅批复后转发批文。

（2）展览面积1 000平方米以下的国际来展：办展单位提交符合条件的材料及备案表→经办人受理→提交分管处长初审→分管处长提交分管局领导审核后→经办人在备案中盖章后发办展单位，同时抄报广东省外经贸厅、广州海关。

（3）外地单位在我市办境外来展：办展单位提交符合条件的材料→经办人受理→由经办人起草复函后提交分管处长初审→分管处长提交分管局领导审批→局领导签发后由经办人复办展单位。

（4）展览面积在1 000平方米以下的在收到符合条件的材料后5个工作日给予备案答复，展览面积在1 000平方米以上的在收到符合条件的材料后5个工作日上报省外经贸厅或复函外地单位。

三、出国举办经济贸易展览会业务（简称“出国展”）

（一）出国举办经济贸易展览会审批的历史变迁

出国举办经济贸易展览会的审批，在我国经历了几次变迁：

2000年11月《国务院办公厅关于出国举办经济贸易展览会审批管理工作有关问题的函》要求，从2001年起，各地区、各单位出国举办经贸展览会，一律由中国贸促会会签外经贸部后审批；中国贸促会必须坚持公平、公正的原则，做好出国办展的审批工作，并切实加强对出国办展活动的管理。为履行好国务院赋予的职责，中国贸促会会同原外经贸部于2001年2月联合印发了《出国举办经济贸易展览会审批管理办法》（以下简称《办法》），成立了专门机构展览管理办公室，依照《办法》规定审批出国办展项目并对出国办展活动实施了有效管理。

2004年，为贯彻实施行政许可法，国务院对行政审批项目进行了清理，并在行政许可法施行前夕以国务院令第412号公布了《国务院对确需保留的行政审批项目设定行政许可的决定》。在该项国务院决定中，“出国举办经济贸易展览会审批”予以保留，并设定为以中国贸促会（会签商务部）为实施机关的行政许可项目。

2004年6月17日，由中国贸促会、外交部、商务部、公安部和海关总署五部门会签的《关于进一步加强出国举办经济贸易展览会管理工作有关问题的通知》，目的是进一步加强出国展览的审批管理工作。该文件明确规定，国际展主、承办单位资格审批取消后，对举办1 000平方米以上的国际展实行分级审批。具体举办单位须按举办展会的性质报商务部、科技部、贸促总会等有关主管部门审批，海关凭主管部门批件办理相关手续。面积在1 000平方米以下的国际展，各单位可自行举办，但必须报有关主管单位备案，海关凭主管部门备案证明办理相关手续。

2006年5月14日中国国际贸易促进委员会、中华人民共和国商务部贸促展管〔2006〕28号文件重新修订并公布了《出国举办经济贸易展览会审批管理办法》。新修订的《办法》结合出国办展活动的实际，依照行政许可法的规定对出国办展项目审批的条件、依据、受理和审查程序、期限以及批准项目的通报、公示、监督管理等作出具体规定，明确了审批机关的义务和权限，引入综合执法体制，将出国办展纳入行政许可、工商、海关、外事等综合管理体制的框架。与2004年的《办法》相对照，《办法》修正本具有以下特点：

第一，明确了出国办展审批管理机关的职权范围。《办法》修正本对出国办展行为作出了具体定义，并特别指出境内企业和其他组织独自赴国外参加经贸展览会（即企业和其他组织自行出国参展）以及赴我国香港、澳门、台湾地区举办、参加经贸展览会不是中国贸促会审批管理工作的管辖范围。

第二，扩展了出国办展组展单位的范围。《办法》修正本取消了关于组展单位资格的有关规定，对组展单位应当具备的条件作出水平式规定。这意味着，组展单位已经扩展到所有具备条件的境内法人。

第三，取消了出国办展备核管理制度。

第四，明确了对违法出国办展行为的查处办法。

第五，强化了对出国办展活动中知识产权保护工作的监管。

第六，明确了中国贸促会对出国办展组展单位、出国办展组展单位对参展单位的义务。

（二）出国举办经济贸易展览会审批管理办法

出国举办经济贸易展览会审批管理办法

2001年2月15日中国国际贸易促进委员会、中华人民共和国对外贸易经济合作部贸促展管〔2001〕3号文件公布，2006年5月14日中国国际贸易促进委员会、中华人民共和国商务部贸促展管〔2006〕28号文件修订并重新公布。

第一章　总　则

第一条　为了加强对出国举办经济贸易展览会（以下称“出国办展”）的管理，规范出国办展市场秩序，维护参展单位的合法权益，促进出国办展健康有序进行，根据《中华人民共和国行政许可法》、中华人民共和国国务院令第412号《国务院对确需保留的行政审批项目设定行政许可的决定》和相关法律法规，制定本办法。

第二条　出国办展是指符合本办法规定的境内法人（以下称“组展单位”）向国外经济贸易展览会主办者或展览场地经营者租赁展览场地，并按已签租赁协议有组织地招收其他境内企业和组织（以下称“参展企业”）派出人员在该展览场地上展出商品和服务的经营活动。

境内企业和其他组织独自赴国外参加经济贸易展览会，赴我国香港（特别行政区）澳门（特别行政区）台湾地区举办、参加经济贸易展览会等活动，不适用本办法。

第三条　出国办展须经中国国际贸易促进委员会审批（会签商务部）。组展单位应当向中国国际贸易促进委员会（以下称“贸促会”）提出出国办展项目（以下称“项目”）申请，项目经批准后方可组织实施。

第四条　贸促会负责协调、监督、检查组展单位实施经批准的项目，制止企业和其他组织未经批准开展出国办展活动，并提请有关行政管理部门依法查处。商务部负责对出国办展进行宏观管理和监督检查。

第二章 审批的条件和依据

第五条 组展单位应当具备以下条件：

（一）依法登记注册的企业、事业单位、社会团体、基金会、民办非企业单位法人，注册3年以上，具有与组办出国办展活动相适应的经营（业务）范围；

（二）具有相应的经营能力，净资产不低于300万元人民币，资产负债率不高于50%；

（三）具有向参展企业发出因公临时出国任务通知书的条件；

（四）法律、法规规定的其他条件。

第六条 以地方人民政府名义出国办展，由有关省、自治区、直辖市、计划单列市、副省级市、经济特区人民政府商务主管部门提出项目申请。除非友好省州、友好城市庆祝活动所必需，同一地方商务主管部门申请的项目1年内不应超过2个。

第七条 以商务部名义出国办展，由受商务部委托的组展单位或商务部委派的机构提出项目申请。

第八条 项目审批的依据是：我国外交、外经贸工作需要，赴展国政治、经济情况，我国驻赴展国使领馆商务机构意见，赴某一国家、城市、展览会项目集中程度，展览会实际效果，组展单位上年度项目实施情况，对本办法的遵守情况以及组展单位的资质等。

关于组展单位的资质及评定办法，由贸促会会同商务部另行制定。

第三章 项目申请的受理与审查程序

第九条 组展单位应以书面形式逐个提出项目申请。项目申请包括以下材料：

（一）项目申请报告；

（二）按规定填写的“出国举办经济贸易展览会申请表”原件及电子文本；

（三）我国驻赴展国使领馆商务机构同意函复印件。首次提出项目申请的组展单位，除应提供前款规定的项目申请材料外，还应提供以下材料：

1. 项目可行性报告及与国外展览会主办者或展览场地经营者联系的往来函件复印件；

2. 法人登记证书复印件（验证原件）；

3. 会计师事务所出具的验资报告、财务年度报告、资产负债表复印件；

4. 税务机关出具的完税证明原件；

5. 事业单位批准成立机关或社会团体、基金会、民办非企业单位业务主管单位出具的同意事业单位或社会团体、基金会、民间非企业单位出国办展的批准件原件；

6. 有因公出国任务审批权的部门和单位出具的同意向参展企业发出因公临时出国任务通知书的证明函原件。

第十条 组展单位可在每年2月、5月、8月、11月的最后一个工作日前向贸促会递交项目申请。每年3月、6月、9月、12月的第一个工作日为贸促会受理的起算日。项目开幕日期距受理起算日不足6个月的，不予受理。

对于连续举办五届以上的或因展览会筹备周期长需提前审批的项目，贸促会可提前予以批准并核发《出国举办经济贸易展览会批件》。

第十一条 贸促会自受理起算日起，原则上只对6~12个月以后开幕的项目集中审核，并在20个工作日内作出是否批准的决定。符合条件的，核发《出国举办经济贸易展览会批件》，抄送相关部门；不符合条件的，说明理由并告知申请人享有依法申请行政复议或者提起行政诉讼的权利。

第十二条　贸促会在核发《出国举办经济贸易展览会批件》前，将拟批准的项目送商务部会签。商务部在收到会签函后10个工作日内回复会签意见。

对于赴未建交国家的项目，贸促会同时送外交部会签。外交部在收到会签函后10个工作日内回复会签意见。

第十三条　对于经批准的项目，组展单位还须至迟在展览会开幕前2个月向贸促会提出出国办展人员复核申请，包括以下材料：

（一）人员复核申请报告；

（二）按规定填写的“出国举办经济贸易展览会人员复核申请表”原件及电子文本；

（三）国外展览会主办者或展览场地经营者出具的展览场地使用权确认函复印件；

（四）保护知识产权工作方案和国外突发事件应急处理预案。贸促会在收到申请后10个工作日内作出是否复核的决定。符合规定的，核发《出国举办经济贸易展览会人员复核批件》，抄送相关部门；不符合规定的，说明理由。

第十四条　项目一经批准，组展单位不得随意变更、取消；如确需变动，组展单位须在展览会开幕日期3个月前连同变动理由通报贸促会和有关驻外使领馆商务机构。

第十五条　贸促会及时公示经批准的项目，并依法通报有关行政管理部门。

第四章　展品和人员出境监管

第十六条　有关监管部门凭贸促会核发的《出国举办经济贸易展览会批件》，核发展品出境所需单证。

出入境检验检疫机构凭贸促会核发的《出国举办经济贸易展览会批件》，办理展品查验手续。

海关根据出口展览品监管的有关规定，凭贸促会核发的《出国举办经济贸易展览会批件》及有关监管部门核发的展品出境所需单证，办理展品查验放行手续。

各级外汇管理部门和外汇指定银行凭贸促会核发的《出国举办经济贸易展览会批件》办理场地租用和展品运输外汇使用手续。

第十七条　各级商务、外事、外汇管理部门和外汇指定银行凭贸促会核发的《出国举办经济贸易展览会人员复核批件》，办理参展人员出国、外汇使用手续。

第五章　展览团的管理

第十八条　组展单位应向相关企业提供准确、全面的展览会信息，与参展企业签订正式参展合同，严格遵守我国法律、法规，信守承诺，合理收费。

第十九条　展览团人员按照每个标准展位（9平方米）2人计算，在外天数按照实际展出天数前后最长各加4天计算，不得擅自增加人员和延长在外天数；与参展业务无关的人员不得参加展览团；如有省部级人员参加展览团，必须按照有关规定履行报批程序。

第二十条　组展单位应鼓励参展企业选择高新技术、高附加值和适销对路的商品参加展出，严禁假冒伪劣、侵犯知识产权的商品参展。

第二十一条　组展单位应制定严格的展览团管理方案和保护知识产权工作方案，组织出国前外事纪律、保密制度、知识产权保护、涉外礼仪等方面的学习，组织参展企业做好布展工作并积极开展市场调研和贸易洽谈。展出期间，参展人员不得擅离展位。

第二十二条　组展单位必须协调展览团接受我驻展出国使领馆的领导，遵守展出国法律、法规，及时向使领馆汇报办展情况。

第二十三条　对参加同一展览会组展单位多、展出规模大的展览团，由贸促会会同商务部制定相应管理办法。

第二十四条　组展单位须在展览会结束后1个月内向贸促会提交出国办展总结和按规定填写的“出国举办经济贸易展览会情况调查表”原件及电子文本。

出国办展总结中须专题汇报组展单位实施保护知识产权工作方案的情况，如实提供展出过程中涉及知识产权争议的参展公司名称，描述有关争议情节。贸促会将经过司法程序判定为侵犯知识产权的参展公司名称及相关信息向社会公示，被公示的企业在3年内不得参加出国展览团。

第二十五条　贸促会汇总出国办展有关情况，定期向商务部、外交部等部门通报，并于每年3月底以前会同商务部向国务院报送上一年度出国办展审批管理工作总结。

第六章　法律责任

第二十六条　境内个人不得从事出国办展活动，企业和其他组织未经批准不得从事出国办展活动。境外个人、企业和其他组织不得在中国从事出国办展活动。

境内企业和其他组织在代表国外展览会主办者或展览场地经营者与境内其他企业和组织联系过程中，应遵守国家有关法律、法规，不得扰乱市场秩序，包括强迫境内其他企业和组织接受展位搭建、人员食宿行安排等服务，接受超出场地和展位国际通行定价的销售价格等。

第二十七条　贸促会应将境内个人、企业和其他组织以及境外个人、企业和其他组织违反本办法第二十六条规定的有关情况通报有关行政管理部门，由有关行政管理部门依法予以查处。

第二十八条　组展单位有如下行为之一的，贸促会予以警告，同时，提请有关行政管理部门依法查处：

（一）涂改、倒卖、出租、出借批件，或者以其他形式转让批件的；

（二）违反本办法第十八条、第十九条规定，或者未严格执行保护知识产权工作方案和国外突发事件应急处理预案，在外造成严重影响的；

（三）隐瞒有关情况、提供虚假材料或者拒绝提供反映其活动情况的真实材料的；

（四）其他违反本办法的行为。

第二十九条　组展单位有提供虚假材料，涂改、倒卖、出租、出借或以其他形式转让批件，或者严重违反本办法规定的行为，一经发现，贸促会可撤销批件。

第三十条　组展单位工作人员在出国办展中构成犯罪的，由有关部门依法追究刑事责任。

第三十一条　主管或经办出国办展审批和管理的工作人员未履行法律、法规、规章规定义务的，依法给予行政处分；构成犯罪的，由有关部门依法追究刑事责任。

第七章　附　则

第三十二条　贸促会代表国家的出国办展项目，由外交部、商务部、财政部会签后报国务院审批。

第三十三条　本办法中有关期限的规定，未指明为工作日的，均为自然天数或月数。

本办法第十一条规定的期限，不涵盖本办法第十二条规定的会签时间。

第三十四条 本办法自公布之日起30日后施行。贸促会会同原外经贸部于2001年2月15日印发的《出国举办经济贸易展览会审批管理办法》同时废止。

【本章小结】

本章主要介绍了会展项目管理的第一个阶段——会展项目启动阶段，包括会展项目启动阶段的项目调研、构思、立项策划、可行性分析、立项与报批等基本知识点。主要内容有项目调研的定义和内容、项目构思的内容、立项策划的基本要素、可行性分析的步骤与内容、立项与报批的程序等。

【思考与练习】

1. 会展项目调研的主要内容有哪些?
2. 会展项目立项策划的基本要素有哪些?
3. 会展项目可行性研究的主要内容是哪些?
4. 境内举办对外经济技术展览会，需要提供哪些材料?

【拓展阅读】

2007年青岛汽车产品博览会项目立项可行性研究报告

一、项目概况（略）

二、市场环境分析

（一）宏观产业分析

新中国成立以来，我国汽车工业得到了长足的发展，尤其是改革开放二十多年，我国汽车工业的发展更加迅速，而我国汽车零部件行业的发展在其中起到了很重要的推动作用。

近年来，随着我国经济的发展，我国汽车零部件市场发展速度保持了较快的增长。目前，国内零部件企业规模较大的有5 000家左右，而每月产品销售收入在5 000万以上的企业占到15%左右。在汽车的生产总成本中，零部件占据了总成本的70%以上，只有汽车零部件产业发展了，才能保证汽车产业的发展，汽车零部件销售收入的连年递增，造就了我国汽车产业的繁荣。根据有关调查，2001年中国汽车售后市场已经形成了370亿元的规模，2002年为500亿元，2003年达到了650亿元左右的规模，2005年以来，以轿车为代表的整车利润和销售速度持续下滑，中外汽车巨头纷纷将投资重点转向汽车电子等毛利润较高的汽车零配件产业，因此也再次带动了汽车零部件产业的繁荣，同时我国汽车零部件的出口也在不断增长，但增长速度呈下降趋势。

入世以来，我国的汽车行业受到了一定的冲击，外资零部件厂商看准了中国这片广阔的市场，尤其是汽车市场完全对外资放开后，跨国零部件巨头却加紧了在华扩张步伐。目前，外商在我国投资的零部件企业已达500多家，跨国零部件巨头在中国的市场份额已达20%以上。面对激烈的市场竞争的格局，我国的汽车零部件行业规模小、集中度低的局面急需得到改善。

山东省汽车用品市场:（略）

（二）政治法律环境

《汽车产业发展政策》2005年6月1日颁布实施。该政策共十三章，七十八条，力图营造公平竞争的市场环境，努力做到管理制度公开透明，体现宏观调控和市场竞争相结合。与1994年《汽车工业产业政策》相比较，新的政策主要有六大变化：第一，取消了与世贸规则和中国加入世贸组织所做承诺相违背的部分，如取消了要求外贸平衡、国产化比例等政策；第二，大幅度减少行政审批，该放的放开，该管的管住，强调依靠法规、技术标准引导产业；第三，提出了品牌战略，鼓励自主开发具有自主知识产权的产品，为汽车工业自主发展明确政策导向；第四，促进国内汽车企业集团做大做强，引导现有企业兼并重组；第五，要求汽车企业重视建立品牌销售和服务体系，免除消费者的后顾之忧；第六，对创造更好的消费和使用环境提出了指导性意见。新政策力求具有创新性、前瞻性、科学性和指导意义，新政策的公布实施，必将担负起引导中国汽车产业走上长期、持续、健康发展道路的重任。新《汽车产业发展政策》首次将汽车工业产业政策与汽车消费政策合二为一，提出培育以私人消费为主体的汽车市场，改善汽车使用环境，维护汽车消费者权益。新《汽车产业发展政策》还明确提出，除国家规定的收费项目外，任何单位不得对汽车消费者强制收取任何非经营服务性费用。新华社讯国家发展和改革委员会产业政策司产业协调二处处长卢希近日在广西桂林说，我国将加快汽车零部件工业发展，建立强大的零部件支撑体系。

在近日举行的全国产业结构调整工作座谈会上，国家发改委产业政策司这位负责人说，我国汽车零部件与整车未同步发展，影响整车技术水平提高。通过合资、合作，整车产品制造工艺和质量已经接近国际水平，但零部件生产落后于整车发展。零部件企业整体配套能力不强，专业化水平较低，自主开发系统集成能力薄弱，跟不上整车开发步伐。这位负责人说，我国将加快汽车零部件工业发展，建立强大的零部件支撑体系。引导和支持汽车零部件工业做大做强，支持有条件的地区发展汽车零部件产业集群，鼓励汽车生产企业与零部件企业联合开发整车产品，鼓励零部件企业提高产品的研发能力与技术水平，引导零部件优势企业实现规模生产并进入国际汽车零部件采购体系，积极参与国际竞争，提高国际市场的占有份额。

（三）微观环境分析

1. 办展机构

（1）广东博昌展览服务有限公司：凭借成功举办青岛国际烘烤工业及烘焙原辅料博览会、青岛国际玩具及孕婴童用品博览会、青岛国际打印技术文具及办公用品博览会、青岛国际酒店用品及设备博览会、青岛国际礼品工艺品及家庭用品博览会、青岛国际洗涤设备技术博览会等许多国际性大型会展的经验，广东博昌展览服务有限公司对在青岛的会展事业已经驾轻就熟，选择青岛作为博昌会展事业的重地也体现了博昌长远的眼光，山东近年来经济的高速发展，吸引了大量日韩客商的投资，也成了对外经济贸易主要通道。作为山东省经济发展龙头，青岛有着得天独厚的优势。作为2008北京奥运的伙伴城市，青岛被赋予了无限的商机，青岛不仅仅发挥了展览展示和形象宣传功能，在经济辐射、旅游拉动、吸引投资等方面也同样展示了其巨大的能量。

（2）青岛市汽车行业协会：荣获2004年度青岛市“诚信民间组织”荣誉称号，为青岛汽车产业链的健全和发展做了大量工作，贡献突出。

（3）目标客户：包括青岛本地和山东省内各大汽配厂商和汽车经销商以及河北、河南、天津、江苏等周边省乃至全国范围内的汽车用品制造和经销商。

（4）竞争者：可分主要和次要两类，主要竞争者是在2007年国内举办的所有汽车用品、配件、服务展览会。

	2007第二届中国（广州）国际汽车安全技术及用品展览会	2007年中国（北京）国际汽车用品及汽车服务业展览会	2007上海国际汽车工业展览会
展出时间	2007年3月13日至2007年3月15日	2007年4月27日至2007年4月30日	2007年4月22日至28日
周期	1年/届	1年/届	1年/届
主办方	亚太汽车后市场装备零部件产业协会、全国汽车用品行业联合会	中国汽车保修设备行业协会、中国汽车维修行业协会中国国际展览中心集团公司、中展集团北京华港展览有限公司	中国汽车工业协会、中国国际贸易促进委员会上海市分会、中国国际贸易促进委员会汽车行业分会
承办方	广州巴斯特展览有限公司	中展集团北京华港展览有限公司	世博集团上海市国际展览有限公司、德国慕尼黑国际博览集团/IMAG国际展览会与交易会有限公司
展会地址	广州·中国出口商品交易会流花路展馆	北京·中国国际展览中心	上海新国际博览中心
展会网址	www.84t.cn/aq	http://www.aftermarket-auto.com	暂未公布

次要竞争者包括所有国内的汽车用品品牌展会。

（四）市场环境评价：SWOT分析法

1. 内部优势

经过几年的发展，国内汽车用品行业格局和发展趋势有了可喜的变化，“集约化”服务和“一站式”销售的连锁经营体制渐渐成为国内汽车用品市场的主流。中外企业都在围绕这一点以上海、广州、北京等大中型城市为基地，加快资源的整合和国内的布局，调整和创新成为主旋律。汽车用品行业的整体走势将呈现下面几种趋势：汽车安全市场的兴起，TPMS（轮胎气压检测系统）成为汽车安全类的一个热点；汽车音响市场繁荣，发展方向依然是汽车影音类和汽车音响改装类，车载DVD等影音类产品市场将进入繁荣时期；汽车防爆膜的透明化，防爆膜行业逐步走向规范化；汽车美容行业的提升，竞争机制使优质的汽车美容企业浮出水面，这其中也包括了不少国内美容企业，而且扩张的趋势还在随着需求不断被拉大。

2. 内部劣势

虽然中国汽车用品行业较早几年前混乱无序的状况有所发展，但依然存在不容忽视的问题。主要体现在：①有规模，但多而不精，知名品牌少，产品普遍知名度不高，假冒伪劣产品横行。汽车用品行业门槛较低而利润空间巨大使得众多投资者在无规范引导下纷纷加入汽车用品行业的生产销售大军。②总的来说产品同质化严重，创新程度低。个性化的产品太少，单调的产品很难满足消费者的需要。③汽车用品市场的价格缺少透明度也是目前汽车用品行业存在的另一缺陷。④行业专业化程度不高，人才已经成为制约行业发展的瓶颈。⑤忽视企业文化和企业形象的建设，导致企业没有灵魂，无法做大做强。

3. 外部机会

在经济高速平稳发展的大环境下，近五年来我国汽车制造业以平均24.5%的速度高速增长，带动与之配套的汽车用品市场成为一个庞大的“黄金”市场，汽车消费市场的持续升温，尤其是中国轿车私有化的不断攀升，将为汽车装饰业的发展提供巨大商机，也会给汽车用品商带来巨大利润。

随着中国对加入世贸组织的承诺不断兑现，中国汽车用品市场取得了长足的发展，呈现出十大商机：①售后维修服务；②汽车养护；③配件和精品零售；④汽车保险；⑤汽车融资；⑥汽车资讯；⑦汽车广告；⑧智能交通；⑨汽车娱乐；⑩汽车俱乐部。在法律法规上也出现了有利于中国汽车用品市场发展的好消息，新颁布的《汽车产业发展政策》第三十三条明确提出：“国家鼓励汽车、摩托车、零部件生产企业和金融、服务贸易企业借鉴国际上成熟的汽车营销方式、管理经验和服务贸易理念，积极发展汽车服务贸易。”

以“引领汽车生活风尚”为主题的第六届青岛国际车展将于2007年5月18~22日在青岛国际会展中心隆重举行。这次展览会的举行无疑给2007年青岛汽车用品博览会的举行注入了一剂强心针，因为这次展览会拉动了汽车销售，也自然会给同时期举办的汽品博览会带来强大的销售刺激。

4. 外部威胁

然而巨大的市场已经引起国际汽车服务业巨头的关注，日本、美国等大规模的汽车服务用品连锁企业已经相继进入或是即将进入中国市场参与竞争，意图利用其技术服务和资金上的巨大优势与国内汽车服务业抢占中国汽车用品这个巨大的市场。

三、展会项目生命力分析

（一）项目发展空间

首先，汽车用品产业本身是“钱”途无限的职业，尤其是在中国这个还未完全开发和成熟的巨大市场，汽车的消费人群不断增长，使得汽车用品行业对任何一个商家都意味着巨大的商业诱惑和经济利益。而汽车工业销售全国排名第四的山东作为全国汽车工业发展极其迅速的地区，下定决心把汽车工业建成本省的支柱产业，有理由也有条件来承办这样一届汽车用品展览会，而青岛作为山东经济发展的桥头堡和2008奥运北京的伙伴城市，就汽车用品产业在与其他城市相比较时具有更多优势，而且青岛也有过多次承办大型展览会的经验，其中就包括了多次的大型汽车用品博览会。从政府的政策上来说，《汽车产业发展政策》的颁布，体现了政府对汽车产业发展的支持，它提出培育以私人消费为主体的汽车市场，改善了汽车使用环境，更好地维护了汽车消费者权益。山东省经贸委也在《关于公布山东省汽车工业重点企业名单的通知》中明确表示要加快培育一批具有较强竞争力的汽车工业企业，依托龙头企业，尽快把汽车工业发展成为山东经济的支柱产业，并提出各市要加强对重点企业的指导和政策扶持，各重点企业要围绕“把汽车工业建成我省的支柱产业”努力做大做强，并要加强对省重点企业经济运行情况的调度管理。所以从产业、市场、地域和政策上来说，2007年青岛汽车用品展览会有巨大的依托空间，而且是可行的。

（二）项目竞争力

展会定位于全国范围内的汽车用品展览会，由于山东省和青岛市在汽车产业方面的影响力在全国来说是比较大的，而且由于青岛有了很多成功举办汽车工业博览会的经验，如今年举办的第六十届全国汽车配件交易会和2006第五届青岛国际车展，作为会展举行地给消费者留下了良好的印象。作为多次在青岛成功承办大型展览会的广东博昌展览服务有限公司在企业和消费者心中有了良好的品牌形象。而山东省汽车行业协会山东省汽车工程学会和青岛市汽车行业协会都是拥有多次汽车产业博览会的经验的权威机构，加上各大知名企业的参展和中等的展会价格以及周到的服务，使得2007年青岛汽车用品展览会拥有强大的竞争力。

四、财务评价（略）

五、风险预测

主要的市场风险主要来自于竞争对手的压力，同年举行的2007第二届中国（广州）国际汽车安全技术及用品展览会，2007年中国（北京）国际汽车用品及汽车服务业展览会以及2007上海国际汽车工业展览会具有很大的竞争力，而且实际地说，2007年青岛汽车用品博览会的规模和品牌的影响都不及这三大会展，所以在策略上不宜与之硬拼。

六、存在的问题

经过网上调研，2007年青岛汽车用品在展出时间上还有待商榷，经过市场的SWOT分析，可以利用优势而避开威胁，建议把会展时间推迟至2007年6月，由于第六届青岛国际车展将于2007年5月18~22日举行，选择6月既可以避开先前3、4月份的三大展会的影响，又可以借青岛国际车展之势加强会展的效果。

第八章　会展项目的现场管理

【学习目的】

通过本章的学习，了解展览和会议现场管理的流程，把握展览和会议现场管理的工作要点。

【学习要点】

报到接待管理、布展管理、开幕活动组织与管理、展场服务管理、闭幕与撤展管理、会议现场注册、会议开幕管理、会议相关活动管理、会议工作人员现场管理、会议闭幕工作。

【关键词】

展览　会议　现场管理

第一节　展览现场管理

展览现场是一次展览会经历策划、申报、审批、招展、招商等一系列工作之后的成果展现，是人流、展品流、信息流交汇的载体和平台，是展览质量的集中体现。因此，对展览的现场管理是非常重要的。

展览现场管理是一个系统工程，按照展览进行的流程，如图 8－1。

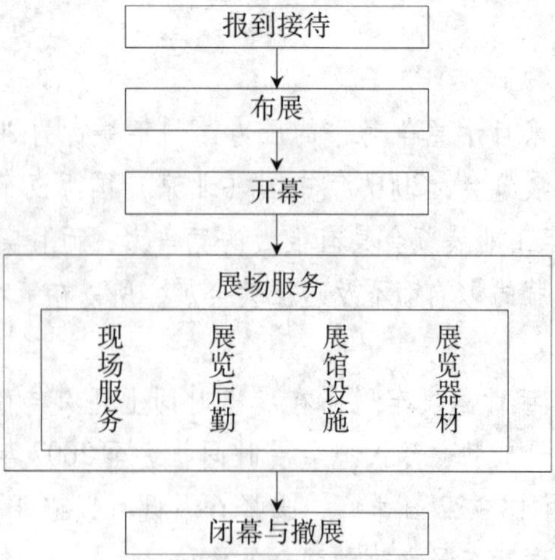

图 8－1　展览现场管理流程图

一、报到接待管理

参展商对报到接待的第一印象会影响其在展出期间的行为及其对展会质量的评价，因此，要做好报到接待的管理。

（一）报到前的准备

1. 报到处的设立及布置

报到处是参展商在获得布展通行证之前与组展者进行交接的地方。不同的展会设置报到处的位置也会有所不同。有的设置在展馆专门的报到、休息厅，有的设置在主馆前厅或门口，有的设置在主要参展商下榻的宾馆，有的可能在不同的地方设置多个报到处。但无论在哪里设置报到处，都应该以方便参展商为原则，尽量选择在比较显眼的位置，并进行适当的包装和标志，沿途有清楚的引领指示牌。

报到处的布置应该满足以下一些基本功能：休息等候、咨询接待、办理手续、交费等。在休息等候区，应准备一定数量的桌子、休息椅、饮用水及一次性杯子。咨询接待台是为参展商提供商旅、餐饮、娱乐等咨询的地方，布置时可摆放一些城市地图、旅游小册子之类的资料。办理报到手续的台面布置要清爽、干净，可以根据需要选择搭配台布，配齐纸、笔。所有报到所需资料要整齐地摆放好。交费的区域设计一方面是为了与参展商结算某些现场产生的费用，另一方面是与尚未交齐所有款项的参展商进行结算，最后是有些展会接受现场订位的在现场交纳参展费用。因此，交费区域的布置应该满足收银结算的功能。

2. 报到处的人员安排

报到处通常是由组展商设立，除了有一名组展商负责人进行现场指挥调控、处理各种临场事件之外，还会安排一名财会人员负责收费，还有部分服务承包商（如酒店、商务旅游等）的接待人员等。所选人员应该具备较好的语言沟通能力，对各自业务非常熟悉，应变能力强，外在形象较佳。相关部门应在对其进行集中培训，让他们熟悉报到接待流程，明确各自的任务职责。

3. 报到所需用到的文件和资料

（1）报到簿。不同的组织者对报到簿的设计不一样，有的设计得较复杂，目的是为了收集到齐全的参展商信息；而有的设计得比较简单，而且一些已有的参展记录是事先填好的，只需要参展商签字确认，为的是简化其报到手续。

（2）展览现场管理规定，如布展管理规定、展览秩序管理规章等。

（3）展览现场服务手册，如现场服务项目的简介及联系电话等。

（4）展场相关证件，如参展证、布展证、专业观众证、工作证等。

（5）办展城市介绍及旅游资料。

（6）其他相关资料。

（二）报到流程

报到流程如图 8－2 所示。

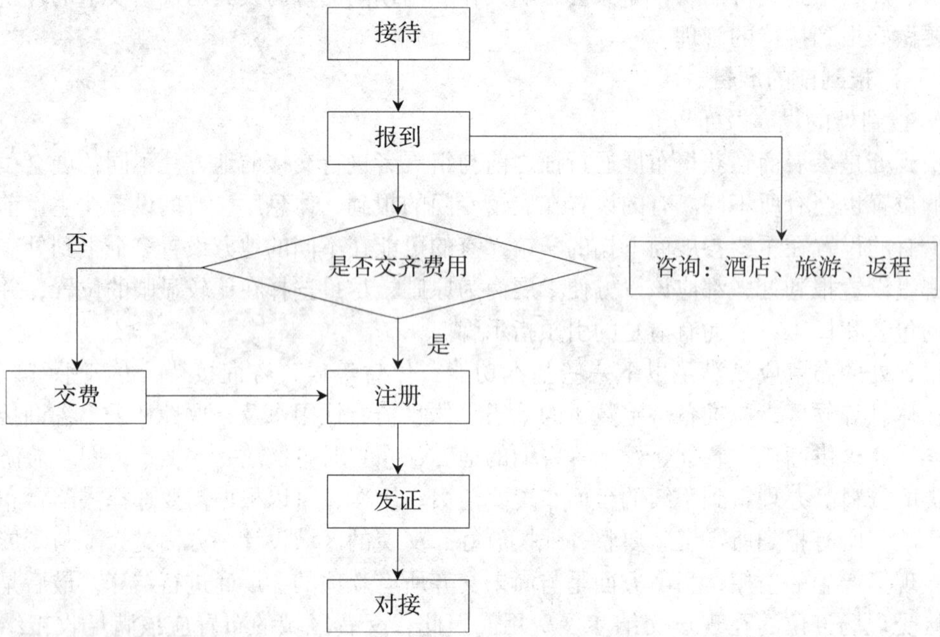

图 8－2　报到流程图

（三）报到常见问题处理

（1）参展商内部沟通出现问题。由于参展商内部办理参展手续者和具体参展者有可能是不同的人，而且沟通存在问题，可能在报到时参展者提出一些参展协议之外的要求。此时，作为组展者，应该在安抚参展者情绪的同时主动与之前联系的办理手续者联系，协助他们进行沟通，以达到解决问题的目的。

（2）展览营销人员失误导致的问题。比如部分营销人员招展时对展会规模、效果等进行了夸大，导致参展商报到时闹情绪。此时，组展者应该尽量安抚其情绪，并用更优质的服务来获得参展商的信任。

（3）组展者与参展商沟通出现失误。例如参展商向组委会预订酒店，而组委会工作失误没订成，导致参展商到来之后不知道入住哪里。此时，组展者应想办法为其解决问题，如为其联系其他附近的酒店。

（4）展览现场与展位图有出入，导致其产生不满情绪。现场工作人员应该与其进行沟通，解释出现不同的原因，保证报到现场的秩序。

（5）企业现场订位。由于目前会展市场还没有完全规范，因此部分商家对某些招展人员不信任，但到了报到现场证实了展会的真实性后，有可能要求现场订位。现场工作人员应该在参展规则的指导下对其进行资格审查，在许可范围内为其提供高效服务，确保展会的正常开展。

除了以上一些常见问题之外，还可能会有很多突发事件，这就要求报到现场的工作人员必须具备过硬的专业素质和心理素质。

二、布展管理

由于有些展会的报到时间、地点和布展时间、地点相同，因此，一定要在布展正式开始的前一天准备好所有资料，并且将展会现场布置好，如挂上条幅，安放好指示牌，布置好现场咨询台。一定要避免出现参展商已到现场报到布展了，组委会还没把准备工作做好的情况。

特装展位的展位搭建期应该比展品进馆及摆放期提前，具体提前天数视展会规模及展出性质决定，一般是提前2~4天。

有时由于参展商或其委托的展品运输者失误，导致展品不能及时到达展场，而不能按时完成布展。作为组展者，一方面应该为其提供帮助，另一方面，也应该提醒其注意事项，如布展加班需要申请，又如到了正式展出时间展品不能再进入展场等，保证展出现场秩序井然。

由于布展施工所涉及的技术参数、安全性要求等都非常高，因此大多数展会都对布展施工有严格的规定。下面，我们通过一个具体的案例——《第100届广交会布展施工管理规定》来对布展工作要点进行了解。

第100届广交会布展施工管理规定

第100届广交会继续设立特殊装修布展区域（以下简称特装区）与标准摊位布展区域（以下简称标摊区），具体实施办法及布展施工管理规定如下：

一、特装区与标摊区的范围

（一）划入特装区的展位包括：

(1) 保证性展位，包括品牌展位和名优新特展位。

(2) 分配性、招展性展位单一参展商2个以上位置相连、并自愿进行特装布展的展位。

划入特装区的展位必须全部实行特装布展，即单一参展商2个以上位置相连的标准展位不采用标摊装搭的形式，而是申请预留空地，委托通过广交会特装布展资质认证的布展施工单位进行的木结构装修布展或使用其他与广交会标摊装搭材料不同的制式材料进行的复杂装修布展。

（二）标摊区

除列入特装区外的其他展位布展模式为标摊区，全部展位一律不得安排特装布展，由大会统一进行标准展位搭建。

各展区标摊均设指定的标准展具配置模式。在不改变标摊围板、楣板及主体框架的前提下，参展商可申请对指定的展具配置模式进行改装（简称展具改装），即委托标摊搭建部门（外贸中心展会服务部）增减、更换、取消标摊内指定配置的展具，或拆除标摊间的隔板。

二、布展单位

（一）特装布展施工单位

确定实行特装布展的参展企业必须选用通过广交会特装布展资质认证的特装布展承建

单位具体实施。凡未获广交会特装布展施工单位资质认证的单位，一律不得在广交会承接或进行特装布展施工。广交会审图组不接受未通过资质认证的特装布展施工单位报图。

承建两层展位的布展施工单位除具备广交会特装布展资质外，还必须符合以下条件：

（1）注册资金在人民币300万元以上（含300万元）。

（2）具有从事大型展览特装施工3年以上的经验，并在广交会从事特装施工3年以上。（须提供相关证明材料）

（3）过去3年内在广交会无违规施工记录。

（4）施工图纸（包括结构、节点等）必须由具有结构设计资质的建筑设计院（室）出具。

（5）有能力并承诺愿意承担因此而发生的一切事故责任。

（二）标摊装搭单位

广交会指定外贸中心展会服务部为标摊搭建单位。所有标摊的搭建及展具配置及相应的水电设备安装工作由外贸中心展会服务部（以下简称服务部）负责，其布展行为同样受本规定约束。

三、申报时间及联系电话（略）

四、展位特装、标摊展具改装申报办理程序

▲特装部分

（一）单层展位特装布展

第100届广交会特装区布展图纸均由各交易团（联合分团）负责初审，初审合格后统一送交广交会审图组。

1. 布展风格

为规范各展区的布展风格和基本形象，突出品牌和各类参展商品特色，提高广交会布展水平，广交会确定了“各展区的总体布展风格”并在广交会网站（www.cantonfair.org.cn）上公布。特装企业必须遵照所在展区的总体布展风格要求进行布展设计、施工。

2. 报审内容

（1）特装布展图纸申报及初审意见表。

（2）设计方案的立体彩色效果图。

（3）设计方案的平面图、立体图（包括详细尺寸和材料说明）。

（4）有关用电资料。具体要求：

①清晰详尽的配电系统图。注明总功率、总开关额定电流值、总开关电压（220V/380V），注明所采用电线型号和敷设方式。

②准确的配电平面图。注明展位的总配电箱位置、灯具的种类、功率和安装位置。

③特装布展如涉及用电，须附上施工单位电工有效操作证明的复印件，开幕期间值班电工的名单、电工操作证号码、联系电话、《第100届广交会特装展位用电安全责任承诺书》等资料。

④琶洲展馆特装用电，将根据申报功率，预装相同用电规格的配电箱，并由施工单位交纳电箱押金。

⑤报图申报功率与实际用电功率应尽量一致，因预装电箱与现场实际用电功率不匹配

需展馆方更换电箱的，由施工单位交纳更换电箱手续费。

⑥《广交会特装用电申报表》、《第100届广交会特装展位用电安全责任承诺书》。

以上所有设计图纸和文字说明须使用A4规格，要求图表清晰，并按此顺序编号装订。一律采用快递邮寄或送交方式，不接受传真图纸资料。

3. 申报截止时间

特装图纸报审图组审批的截止时间为2006年8月15日（指寄至或送达审图组时间）。

在此时限规定前报审特装布展图纸的参展单位，大会将为其预留空地，并退回预收的展位搭建和展具配置费，该费在结算时统一退至交易团，参展单位可向所属交易团查询领取。超出此时限送交审图组的特装报审图纸，展位搭建及展具配置费一律不予退回。

4. 申报及审核程序

（1）特装区参展商取得展位图后，立即组织特装资质单位进行展台设计。

（2）特装区参展商准备申报资料，填妥“特装布展图纸申报及初审意见表”后报所属交易团（分团）进行初审。

（3）交易团（分团）对本团特装区企业的布展方案进行初审，并填写“特装布展图纸申报及初审意见表”、加盖公章。

（4）7月15日至8月15日，交易团（分团）将初审合格的特装图纸统一报广交会审图组审核。

（5）审图组在收到特装申报资料后，按照登记—审核特装范围—审核用电安全—预留空地—核校费用的程序进行复审。

（6）如报送资料不符合有关规定，审图组将审核意见通知交易团（分团）按整改要求5日内（即8月20日前）重新申报，逾期未能通过审核的，不得进场施工。

（7）审图组实时将申报情况和结果在网上公布，特装布展施工单位、参展企业、交易团、商会均可在广交会网站查询。

5. 布展单位进场施工程序及须办理的手续

（1）在网上或直接向审图组查询，确认报审的特装图纸已获批准。

（2）凭介绍信到审图组领取“特装展位布展确认书”和“消防批文”。

（3）到审图组交纳施工管理费、清场押金和电费。

施工管理费收费标准为25元/期/平方米（展位净面积）（包括简易装修的标准展位）；清场押金收费标准为每9平方米500元（包括申请拆空配置的标准展位）；特装展位的用电按用电开关大小收费。

（4）提交布展人员名单（从事技术工作的要同时提供相关技术资格证件正本复印件等资料，如电工、焊工证正本和复印件、联系电话等）和施工所用工具清单。

（5）提交《第100届广交会特装展位用电安全责任承诺书》。

（6）办理施工证。

（7）办理筹展证。根据核定的布展人员名额，在证件服务中心办理筹展证。

（8）按规定的筹展时间进场施工。由现场保卫工作人员按“消防批文”和《展馆防火规定》对装修工程进行监管。

（9）装修完成后，由现场保卫人员和大会检查组会同广州市公安消防局人员验收合格后方可投入使用。特装展位施工完毕并经检查合格，广交会派电工到展位与特装布展单位签认“特装用电登记表”，指导布展单位电工引线到指定配电箱，广交会电工负责开箱接电。

(10) 对展位装修工程中遇到的疑难问题，本着安全第一的原则，由展馆保卫科协同解决。

6. 有关要求

(1) 所有特装布展展位的设计与布展，其垂直正投影不得超出预留空地的范围。

(2) 须按照外贸中心与各商会联合确定的各展区布展总体风格和要求进行设计和施工，配合协调和管理。

(3) 展馆内布展须注意的空间参数：流花路展馆内装饰、布展装搭物最高上限为距天花面80cm，距设备层面50cm，悬空装搭物最低下限为距地面2.5m。具体布展最大高度详见本《手册》第五部分《第100届广交会展馆各展厅限高、楼面负荷一览表》。

(4) 布展单位对所有已通过审批确定的申报内容，一律不得自行更改；如确需更改的，须经现场保卫同意。对擅自更改的，广交会将不予供电，并给予警告直至处罚。

(5) 布展单位施工时须将施工证挂在展位醒目位置。施工须严格按《展馆防火规定》，不得超出施工证规定范围，并随时接受广交会检查组的监督和检查。一经发现布展单位超出规定范围施工，广交会检查组可口头警告直至取消其施工证，由此引起的一切后果由该布展单位负责。

(6) 布展单位不得在现场使用切割机、电锯，不得在现场喷漆。施工需要使用电焊和风焊须向广交会保卫办申请，并提供有效操作证办理施工动火证手续。手续完备后，由广交会电工指定接电点，方能接电动火施工。

(7) 特装展位电气部分具体要求：

①须配备设置有30mA漏电保护器的配电开关箱（自带或租用），要安装在展位明显和安全的位置，便于操作和检查。

②电线须选用ZR－BVV（难燃双塑铜芯电线）和护套电线。禁止使用花线和铝芯线。

③电箱内总开关额定电流值应与申报用电的开关电流值一致，不得超出申请用电的电流值，否则视为少报多用。

④三相负荷超过20A电流的非机械动力用电，应设分开关分级保护。单相负荷超过16A电流，应采用三相电源设计，并三相平均分配展位负荷。

(8) 特装展位送电前须作安全检查，施工单位电工应先自检；隐蔽电气部分封闭前，应主动联络广交会电工协助安全检查；对不符合安全要求的展位，广交会电工不予送电。

(9) 特装展位的施工和维护工作由特装布展单位负责，相关的交易团和商会负责监管。

（二）两层展位特装布展

1. 适用范围：

必须同时具备以下条件，方可申请搭建两层展位。

(1) 展位所在展馆的高度（地面至设备层）高于8.5米（含8.5米）。

(2) 属特装区域内的展位。

(3) 展位净面积在72平方米以上（含72平方米），即8个标准展位以上（含8个）。

(4) 与其他展位不直接相连（即独立成岛型）的展位或三面开口的展位。

2. 特别要求

(1) 二层展位搭建面积限于展位地面面积的1/2以内，搭建高度限8米。

(2) 必须由具有结构设计资质的建筑设计院（室）出具详细的施工图纸（包括结构、节点等图），在图纸上标明设计恒载及活载值，设计恒载及活载的总和不得超过展厅的核定承载值，并加盖设计院（室）的出图章。

(3) 用料与用电：搭建两层展位的承重结构须采用钢材搭建并做好防漏电保护接地，装饰材料必须采用不燃或难燃材料，电器部分须严格按照用电要求施工。

(4) 灭火器配置：由于搭建两层展位遮挡了消防喷淋，为确保安全，一层展位必须自行配置悬挂式6公斤干粉灭火器，每20平方米配置一个，20～30平方米配置2个，依此类推。

(5) 第二层必须具备如下条件，方能摆放展样品，以及进行业务洽谈，以确保安全：

①展位所摆放的展样品及洽谈人员的总重量和单位面积重量均不得超过施工图纸所标注的总活载值和单位面积活载值。搭建的第二层展位每平方米范围内洽谈人员不得超过0.5人。

②搭建的第二层展位严禁使用任何电热器具。

③搭建的第二层展位严禁开展公安和消防部门认为不安全的其他活动，不得从事任何演示活动。

④大会保卫办部门安排保安人员每2小时巡查二层展位一次，如发现参展企业违反以上规定，擅自摆放超重展样品或人员过于密集等，将提出警告，必须立即整改；对不服从管理、造成安全隐患的，即时清理展品，封闭二层，并予通报批评。如因违反规定而造成坍塌事故的，将根据大会与特装企业签署的安全责任书追究参展企业和特装施工单位的安全责任（扣除特装施工单位的全额安全保证金），并要求赔偿大会相应的经济损失。

3. 申报和进场施工程序（略）

（三）综合展区布展

布展要求如下：

(1) 全部进行单层特装，总体高度统一为5米。

(2) 特装结构布局合理、安全。

(3) 突出品牌、突出展区产品特点、突出企业形象。

(4) 展台布展设计风格简洁、大方、明亮。

(5) 展品布置要突出重点、提高档次，摆放整齐、有层次，切忌繁杂堆砌。

(6) 综合展区公共地毯的统一基调色为红色，请注意保持展位的布展色调与周围环境和谐。

▲标摊改装部分

对位于标摊区内、在保留标摊楣板和三面围板前提下，申请取消其他所有指定配置的展具设备、自行携带展具布展的企业，凡涉及用电的，必须参照单层展位特装布展的有关规定办理申报和进场手续：由特装施工资质单位承建、交纳施工管理费和清场押金、办理施工证，按大会指定的时间（换展期22日19：00以后）进场施工。

其他仅更换、增减标摊内展具设备的，按以下规定由参展商向审图组直接申报办理。

(10月7日后在两馆现场一条龙服务点办理)

1. 报审内容

(1) 标准展位展具改装申报表。

(2) 改装方案的平面图。

(3) 改装要求文字说明。

(4) 如涉及用电设备，须填报《广交会标摊用电传真格式表》。

2. 申报时间及改装费用（略）

3. 提前和逾期申报改装受理程序

(1) 审图组在收到施工单位报送的参展单位改装报审资料后，进行登记审核。

(2) 审图组计算展具（含用电设备）改装发生的费用，传真通知参展商并在网站上公布。

(3) 参展商确认费用并将款项汇入指定账户。

(4) 审图组通知服务部、技保部实施。

4. 现场申报改装受理程序

参展单位直接到现场一条龙服务点办理申请和交费即可。

5. 有关要求

(1) 对广交会统一搭建的展位、配置的展具，未经审图组许可或未到现场一条龙服务点办理手续的，参展商和布展单位不得擅自拆装改动，否则，广交会有权强制恢复原状，所产生的费用及后果全部由参展企业自行承担。

(2) 为保证标摊用电安全，大会对安装在标摊内的电箱不作任何位置上的移动，展商在悬挂网片、摆设自带展具配置时请注意避开。

(3) 流花路展馆标摊高度为2.40米，布展限高2.33米；琶洲展馆标摊高度为2.50米，布展限高2.43米。

五、布展须知

所有布展须符合《安全保卫规定》、《展馆防火规定》及《展馆用电安全规定》的要求。特别需提请注意的事项有：

(1) 所有参展、布展单位未经审图组确认同意，进场时一律不准带展具进馆布展。

(2) 严禁锯裁展馆的展材、展板或在展材、展板上油漆、打钉、开洞。

(3) 不得在展厅人行通道、楼梯路口、电梯门前、消防设施点、空调机回风口等地段随意乱摆、乱挂、乱钉各类展样品、宣传品或其他标志；不得使用双面及单面胶等粘贴材料在展馆通道的柱子上粘贴任何物件。

(4) 不得在展馆天面上打钉或利用天面管线悬吊展架、灯箱及各类装饰物件。

(5) 展样品拆箱后，包装箱、碎纸、泡沫、木屑等易燃包装物须及时清出，不得在展位背板后存放包装箱等杂物。剩余的展览样品运出展馆大门，一律凭交易团开出的放行条，经门卫验核放行；装修剩余的物料、工具、脚手架等，一律凭施工证正本，经门卫验核后方可运出展馆门口。

(6) 特装展位背板必须作美化双饰面处理，其中外饰面不得含广告内容，维护展厅整体美观。

(7) 展馆内严禁吸烟。

（8）第一期在10月12日17：00后，不得有未布展的空展位；10月20日下午18：00前不得撤展。第二期在10月24日12：00后，不得有未布展的空展位；10月30日下午18：00前不得撤展。

六、监管机构

广交会现场服务指挥部为广交会布展施工的监管机构，对参展商、施工单位的布展施工进行全程监督和管理，并对违规单位进行处罚。

七、违规处罚

凡在布展施工过程中有违规行为的，一律按照《违规处罚条例》进行相应的处罚。对特装资质单位的违规行为，还可依据外贸中心与之签署的合同书中的有关规定予以处理。

（资料来源：根据www.cantonfair.org.cn提供资料整理）

三、开幕活动组织与管理

（一）开幕活动的作用

展览开幕活动要起到向参展商、观众和公众概括全面地宣传介绍展览和营造气氛的作用。

（二）开幕活动的内容

我国展览的开幕活动通常包括开幕仪式、开幕酒会、开幕文艺晚会、开幕主题报告会等内容。其中，乐队表演、致辞、剪彩是最常见的开幕仪式内容。根据展览的性质和办展者的具体需求，对开幕活动的内容进行设计和组织，应做到形式灵活。

（三）开幕仪式的组织

（1）确定开幕式的邀请范围并发出邀请。开幕式的邀请范围包括政府官员、工商名流、新闻界人士、外交使节、参展商代表、专业观众代表等。一方面，可以借助其影响，加强展览宣传，提高展览会的知名度并扩大展览会的影响面，吸引更多的观众参观展览；另一方面，这些人物都有一定的购买决定权和建议权，对展会的贸易效果有着直接的或者间接的重要影响。邀请函或请柬要提前准备好。领导的请柬宜提前3日送达，参展商、专业观众代表宜提前1天送达。

（2）确定开幕式的时间。通常情况下，开幕式被安排在开展的第一天早上举行。如果是面对普通观众开放的展览会，开幕式可以安排在周末或节假日举行；若是贸易展览会，则宜安排在工作日里举行。

（3）设计开幕式程序。典型的开幕式程序有：①会展工作人员引领国内外嘉宾至开幕式主席台就位；②开幕式主持人主持会展开幕并介绍到会嘉宾，请有关领导讲话；③相关开幕表演开始；④剪彩，某位重要嘉宾宣布展会正式开幕；⑤主持人宣布开幕式结束并请各位嘉宾和观众进场参观。

（4）相关资料、文稿准备。展览开幕式通常会发给与会嘉宾展会的整套相关资料，事先应准备好这些资料袋。

开幕式上需要起草一些文稿，如主持辞、领导致辞、新闻通讯稿等。主持辞是供主持人使用的脚本，应提前给主持人并与之进行沟通，如果开幕式前临时改变议程，应及时告知主持人。组委会最了解展览的实际情况，知道如何对展览作出评价，对舆论进行哪方面的导向，因此，领导致辞和新闻通讯稿等应该由组委会负责拟定。代拟致辞稿件，应提前送有关方面审定。新闻通讯稿应在开幕式上第一时间提供给媒体，充分发挥其舆论导向的优势，引导消费。

四、展场服务管理

（一）现场注册

现场注册是在与会者正式入场时收集有关人员基本信息的过程，所有参会人员都必须进行现场注册。由于展会现场人流较大，可将观众分类接待，根据观众类别采用不同的登记方式：①对于嘉宾和 VIP 观众，采用绿色通道，由主办方负责引导；②对于外宾、记者海外，设媒体通道，提交名片或填写调查表；③对于网上预登记观众，设预登记通道，出示预登记验证号码；④对于团体观众，设快速通道，提交名片；⑤对于普通观众、专业观众，设一般通道，提交名片及填写调查表。

现在的很多大型展会都采取网上注册，事先在网上填好相关信息，获取注册号，然后到现场直接用条码技术或编号输入获得数据，大大简化了现场注册的手续。

第十届高交会专业观众在线登记

（标注＊号的选项为必填项）

＊单位名称			
＊姓　名		＊身份证号码	
＊职　务		＊电　话	
＊地　址			
＊邮　编		＊传真	
＊E－mail			
＊国家/地区	中国	＊省/市	请您仔细选
＊所从事行业（单选）	□信息产业　□生物、医药　□能源与材料　□农林牧渔　□制造业（电子电工、人工智能及数控数显、机电一体化、仪器仪表、通信设备、计算机机其他设备制造等）　□科研院所、教育　□进出口贸易　□金融业、政府机构、行业协会、商会、国际组织会展业　□其他（请说明）		
＊公司业务性质（可多选）	□原材料供应商　□生产制造商　□服务提供商　□科研设计开发机构　□代理分销商　□贸易公司　□政府采购　□单位用户　□个人用户　□其他		
＊参会目的：	□寻找项目　□寻找投资　□寻找合作伙伴　□采购　□收集资料　□考虑下次参展　□其他（请说明）		
＊您想参加/参观：（可多选）	□信息技术与产品展　□电子展　□光电子及平板显示技术与产品展　□高新技术成果交易　□高新技术人才与智力交流会　□世界科技与经济论坛　□super－SUPER 专项活动		

（续上表）

*您如何知道高交会：（可多选）	□宣传资料 □报纸 □杂志 □电视 □电台 □搜索引擎 □网站链接 □高交会网站 www. chtf. com □各类展会 □推介会 □朋友推荐 □其他（请说明）
选择参观日期：（单选）	□10. 12 □10. 13 □10. 14 □10. 15 □10. 16 □10. 17
您是否希望收到高交会或我中心举办其他展会的动态信息电子邮件（单选）： □希望收到 □不希望收到	
提交 重填	

（资料来源：http：//www. chtf. com/web/TIC/zygz_ sq2006. jsp？catalogId =2982&selfId =2982&menu =4）

（二）现场服务

现场服务人员必须非常清楚以下事情：会展活动的日程表；各种活动的次数；工作人员的分配；一些必需场所的位置，如电话间、洗手间等。现场服务人员要充足，在注册高峰要按照 1：75 ~1：100 的比例配置工作人员。如果以前举办过此类会展，可以参照以往的经验和资料。现场服务人员要乐于助人，开展前应该经过专门培训。每个工作人员人手一份急用电话号码表，保证在有需要的时候能第一时间联系到负责人。

现场服务对象主要是参展商和观众，具体的项目内容如下：

（1）展览器材的租赁。展览场馆会提供展览器材租赁服务。会展组织者应该为参展商租赁展具提供协调。由于参展商对组展者比较熟悉，所以现场需要租赁服务的时候通常第一时间会找组展者，因此现场服务人员要热心为其提供服务。

（2）翻译人员。国际性的展览会通常需要在展会现场设立翻译席，一般情况下是展会组织者安排，免费为客户提供翻译服务的，有时候会使用学生志愿者。翻译人员要经过选择和培训，因为一些与展会相关的专业术语或名词一般翻译人员可能并不能第一时间掌握。

（3）公关和重要接待活动。会展展览期间，会展主办者往往会安排一些重要的公关活动以及媒体参观采访，如邀请重要领导参观和视察会展、接待外国参展和参观代表团、接待行业协会和商会的考察、接待外国驻华机构代表的访问等。这些公关接待活动和媒体采访对扩大会展影响、树立会展良好形象有重要作用。

（4）会展相关服务及活动的协调管理。展览期间，办展机构要到各参展商的展位进行拜访，或者邀请参展商座谈，与其联络感情，了解参展商的需求，征求其对会展的意见和改进建议，及时为其提供需要的各种服务。对于会展展览期间举办的会议、比赛、表演和其他相关活动，需要安排和协调，避免现场发生冲突和混乱。

（5）知识产权保护。根据中国商务部等部门联合发布的《展会知识产权保护办法》的规定，参展商不得展示或出售假冒商品、商标和侵犯专利等违反知识产权的行为。越来越多的品牌展会专门设置展会知识产权保护办公室，接受知识产权权利人的投诉，暂停涉嫌侵犯知识产权的展品在展会期间展出。

(6) 安全保卫、秩序管理。展览期间的安全保卫工作主要是防止可疑人员进入会展、防止展品丢失和被盗、会展消防安全保护、协助参展商处理一些安全保卫方面的工作等。

(7) 现场保洁。展览现场人流量大，宣传资料多，保洁工作做得不好将会直接影响会展服务质量。展览期间以及每天闭馆后应派出相关人员清洁和打扫展场公共区域的清洁卫生。由于展位里通常堆放有展品和宣传资料，因此展位里面的清洁卫生工作通常由各参展商自己负责。

(8) 休憩洽谈服务。要为参展商观众设立休息区、洽谈区、餐饮区、吸烟区，并配套提供坐椅和供水、供餐服务。尤其是午餐的供应，在展览现场是非常关键的。因为通常中午是不闭馆的，因此无论是参展商还是观众，都有可能需要在现场就餐。有的展会除了餐饮区之外，还有提供盒饭的服务点，在没有硬性规定的情况下，吃盒饭的人遍及展馆四处，不仅不雅，而且也不卫生。应该划定就餐的范围地点，以方便管理。

(三) 展台工作

对于参展商而言，展台工作是展会现场最关键的环节。展台工作内容主要有：

(1) 展台接待。展台接待工作的主要内容是发现新客户并与之建立联系，以及保持、巩固与老客户的联系。新老客户可能预约到现场拜访，也可能是随意性的，要安排好时间和人员，做到两者兼顾。展台接待中还有一个重要任务就是进行资料的发放和管理。参展商通常会准备大量宣传资料在展会上散发。展台工作人员要做好资料的添加、替换等工作，要控制好散发资料的数量，要注意判断和识别索取资料的观众，要将有价值的资料发放给有价值的专业观众。

(2) 信息记录。要做好展会现场参观者、洽谈者的信息记录。通常可以采用收集名片、填写观众登记簿或者记录表格等方式。现在有很多厂商提供这些专业展览用具。展台工作人员要主动积极地与观展者接触，对那些嫌麻烦的观展者也应该有耐心，尽量收集最多的信息，这是公司潜在的客户资源。

(3) 贸易洽谈。洽谈工作的重要内容之一是推销，推销公司产品和服务，推销公司形象。有效的推销会使潜在客户对展出公司产生信任，对展出的产品、服务产生兴趣，会使现有客户对新产品产生兴趣和购买意向。但是对新客户的大宗买卖以及投资项目要谨慎，必须在彻底调查之后才能作出决定。

(4) 操作示范。在展会上操作演示的展品更容易引起参观者的兴趣和注意，能使客户更加了解产品的性能而使其更快地作出购买决策。若安排了操作示范，要事先反复检查产品，确保在操作演示时万无一失。操作安排次数要适当，如果有音响设备，使用时要控制音量，调整好屏幕角度，不要影响周围展台。

(5) 现场调研。展会现场调研可以以展台为阵地，针对参观者做调研，了解参观者对产品和服务的需求以及参观者对市场和发展趋势的看法等；可以参观其他展台，尤其是竞争对手的展台，主要针对竞争对手做调研，收集资料、询问情况，了解竞争对手的展示手段、销售方式、宣传方式、新产品、新技术、产品质量、价格、包装、性能等方面的情况；可以参加展会期间的研讨会，主要是针对市场做调研，寻找发现重要的潜在客户。

(6) 现场销售。现场销售需要办理相应的手续并遵守相应的管理规定，一定要保证展销产品的质量。

五、闭幕与撤展管理

（一）闭幕管理

会展闭幕标志着展会现场工作的结束。不同的展会，闭幕方式可以各有特色。通常采用的展会闭幕方式有：

（1）举行颁奖仪式。大会组办方设置奖项，如“最佳支持者”、“最佳展台”，在闭幕时举行颁奖仪式，一方面可以调动参展商的积极性，另一方面也可以为下届展会进行招展。

（2）相关领导人致闭幕辞。展会组办方将第一时间统计好的展会相关信息，如专业观众人数、成交额等数据，通过相关领导人的闭幕辞公布于众，有效地展现该展会的成果。

（3）答谢晚宴。这是参展商与展会组织者以及当地相关行业的主管部门进行沟通和交流的好机会。

（二）撤展管理

现场还有一项非常重要的工作——撤展管理，其主要工作内容有：

（1）撤展时间控制。由于提前撤展会给展会带来很多不稳定的因素，因此很多展会对撤展时间有严格的规定，如昆交会撤展时间为6月11、12日，大会规定在6月10日17：00之前严禁撤展。

（2）展品下架、打包、搬运。展台工作人员要将展品从展架上撤下来，进而打包搬运。打包和搬运过程中都要对展品进行清点，保护好展品。有的展会组办方会安排现场搬运服务，身着“大会搬运”的制服，这种管理是比较规范的，而且能够有效地防止不法之徒浑水摸鱼。

（3）租用展具的退还。参展商在展出过程中有租用展具的，应在撤展时归还，拿回押金。

（4）展品出馆控制。展样品及各种参展器材运出展馆大门，由参展单位到组办方的服务台开具放行条，经门卫验核放行。

（5）展位拆除。主办方要监督各参展商或承建商按规定的程序进行展位的拆除工作，注意安全。搭装特装展位的单位，须自行清理所有特装板材及废弃物，要爱护馆内一切设施，不得夹带，不得损坏。

（6）撤展安全保卫及保洁工作。由于撤展时往往比较杂乱，而且会产生很多垃圾，因此撤展时应注意安全保卫及保洁工作。

第二节　会议现场管理

会议经过一段较长时间的策划、筹备、会议征文等工作之后，进入现场阶段，其现场管理工作主要包括如图8－3所示的环节：

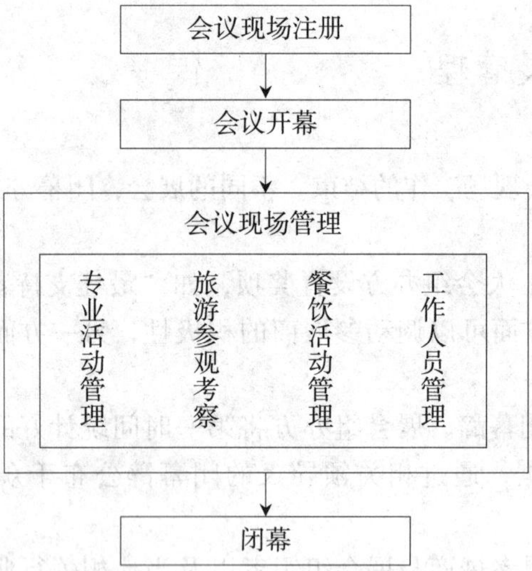

图 8－3　会议现场管理流程图

一、会议现场注册管理

（一）注册材料的准备

应在正式开会之前为与会代表准备现场注册资料，一方面要保证注册数据的最新性，另一方面也要预留够准备时间，因此提前 3～5 天为宜。通常的会议会将所有资料装入一个袋子中，以便注册时发放。

1. 会议日程安排

会议日程安排是对会议内容、时间、发言人、发言内容、活动等的详细计划，一般的会议都会在注册时发给与会代表，让其能对会议总体情况有个很好的把握。

2. 会议相关资料

会议相关资料通常包括论文、重要发言稿、会刊、宣传资料等。除此之外，还有很多会议会将一些小礼品连同资料一起发放，如 U 盘，可以拷取发言者制作的幻灯片，非常人性化。

3. 胸卡

通常的会议都会为与会代表发放胸卡。胸卡的内容和制作都因会而异。有的会议只在胸卡上写上会议名称，有的还写上姓名、国籍等详细信息。

4. 请柬

为了郑重、正式，很多会议会向与会者发放各种活动的请柬，如开幕式、招待会、宴会等。通常与会费用都包括了大部分活动的费用，如果有需要另外交费的项目，在发请柬时要特别注意区别。

5. 票证

会议通常会安排吃饭、参观等，这些都需要票证，如餐券、学术参观票等。要注意盖上大会公章以防伪。

6. 参会证书

很多国际会议会给与会人员印发参会证书，作为参会证明或纪念。

7. 资料领取清单

在与会代表领取上述资料时，一般情况下工作人员要与其逐项核查所发放的物品，交接清楚后双方签名，以保障双方权益。

（二）注册现场工作

一般而言，与会者可以提前1～2天到达会议现场报到并注册，但也有些会议与会人开会当天才到达会议现场。因此，要保证会议的顺利进行，就要明确现场工作任务，提供热情、高效的服务。

1. 注册及相关物品发放

会议注册也主要有预先注册和现场注册两种。在注册现场应划分不同的区域为不同的与会人员服务。由于90%的与会代表都可能同过网络等工具进行了预先注册并交费，因此预先注册这个区域应该有足够大的空间，甚至还要按照一些标准对与会者细分，才能保证现场不发生拥堵。如果是现场注册，要先填写注册表，然后缴纳参会费用。注册完成之后发给与会者相关资料及物品，即可入场。

2. 会议服务

会议代表可能对会议的相关活动进行咨询，有的可能要求改动预先安排的报告时间，或者提出需要某些特殊仪器设备。因此，可以专门设置一个服务台为这些与会者提供专业的相关会议服务。

3. 旅游、票证服务

有的与会者可能需要会后的旅游服务，而机票、火车票等票证也是很多客人需要代办的事项。因此，可以专门设置旅游、票证服务台，由熟悉该项业务的工作人员负责或者外包给专业的旅游公司。

4. 信息管理

现代的会议基本上采用的是计算机管理信息的方式，进行信息管理主要的任务就是保证数据库中数据的完整性和准确性，要将现场的数据及时输入并发布，若有影响会议及活动的变化要及时提供给旅游组、交通组、会务组等。

二、会议开幕管理

会议开幕式是会议活动中一项很重要的活动，有的开幕式甚至有重要的国家领导出席，需要认真策划和仔细安排。

（一）开幕式的时间、地点

会议的开幕式可以安排在会议专业交流活动正式开始前一天下午，或者是正式开始的第一天早上。

开幕式的地点取决于会议代表的人数，如北京国际会议中心，从可以容纳200～300人的会议室到可容纳2 500人的会场共有几十个，会议组织者可以根据代表数量进行选择，不能显得太空旷，也不能太拥挤。

（二）开幕式会场布置

无论开幕式简单还是复杂，一般都要布置背景板、横幅、主席台和代表席。

1. 背景板、横幅

背景板通常由三部分组成：一是会议的会徽和有关组织的徽章；二是会议的中英文名

称、会议举办的时间和地点；三是会议的主办、承办单位。背景板的设计要简洁、色彩明快。当然，中国一些政治性会议的背景板有专门的样式，如横幅一般用红色的居多，字体使用白色，比较显眼。

2. 主席台

根据不同会议的要求，主席台也有多种布置方式，如在主席台中央正前方摆放长条桌，桌上摆放桌签、矿泉水、鲜花或茶杯等，桌后摆放椅子，桌前摆放花草。通常会场主席台会采用红色地毯、桌布，突出隆重、喜庆的气氛。

3. 代表席

会议代表席可以分为贵宾席、代表席和记者席。分区之间要有指示标牌，写明“贵宾席”等。贵宾席一般安排在前2~3排，桌上摆桌签和饮料。

除此之外，若会议要接待贵宾，应该设置贵宾室。贵宾室最好有专用的大门、电梯以及通道，一方面安全，另一方面可避免围观。贵宾室安排在离主会场较近的房间，一般贵宾室和主席台之间应该有专门的通道。室内摆放沙发茶几、饮料、小茶点、鲜花等。

（三）开幕式程序

不同会议的开幕式程序也不同。由于天气等原因，可能导致原定开幕式程序有变化的，应该有应急预案。

我们以《财富》论坛开幕式程序来对其有个了解。

《财富》论坛开幕式程序

18：00~19：10：丹陛桥酒会；

19：10~19：40：与会代表祈年门入场，在宴会区就座；

20：00~20：22：开幕仪式。时代华纳集团董事长帕森斯简短致辞，胡锦涛总书记发表重要演讲；

20：25~21：15：开幕式晚宴；

21：15~21：45：文艺演出；

21：45：文艺表演结束。

如果当天天气情况欠佳，会议将及时启动备选预案，将晚会改在人民大会堂进行。

18：00~19：00：人民大会堂中央大厅酒会；

18：55~19：45：胡锦涛总书记在人民大会堂东大厅会见VIP来宾；

20：00~20：25：开幕仪式。时代华纳集团董事长帕森斯简短致辞，胡锦涛总书记发表重要演讲；

20：25~21：25：人民大会堂大宴会厅举行开幕式晚宴；

21：25~21：55：文艺演出；

21：55：文艺表演结束。

（资料来源：http：//news. tom. com/1002/20050513－2126919. html）

三、会议设施设备管理

1. 会议室

组委会应该根据会议的规格、参加人数的变化、活动内容等，对会议室进行选择。开幕式、闭幕式、大会全体会议或报告的地点，一般选择较大的会议室，采用教学式或剧院式对场地进行布置。如果需要分场进行专题讨论，最好在能够选择大小不同会议室的地方进行，否则太过空旷或拥挤都会影响会议效果。

专题报告会议室一般需要有投影仪，不只是一般在会议室一侧悬挂屏幕，屏幕前摆放设备。侧面摆放长条桌，供主持人使用。会议组织者应该根据每个并行专题会议的论文数量、专题的冷热程度、报告人的知名度等来确定会议室的大小。

2. 张贴论文场地

有时会议组织者会提供一个专门的场地供会议代表张贴论文，可以租用单独的场地也可以安排会议室附近的走廊进行论文展示。我国通用的张贴论文的标准展板规格是宽 1m，高 2. 4m。应该对展板进行编号，方便识别。

3. 会议视听设备

经常使用的会议视听设备包括投影仪、音响、计算机、激光笔、同声传译设备等。应该选择质量较好的视听设备，并且在开会之前进行检查，确保在会议现场能够顺利使用。会议现场应该有专业人士对视听设备进行管理，若出现故障，能够第一时间修理或更换，不能因为设备问题影响会议的召开。

使用同声传译的价格相当昂贵，因此更是应该加强管理，保证使用效果。接收机的租用和发放要有专人管理，最好让借用者填写借用卡，填写所租用接收机的编号、代表注册号、姓名、国籍、会议期间所停留的饭店和房号，并且在会议结束后及时回收。另外，对翻译员的挑选和培训工作也必须到位，才能保证会议现场同声传译的效果。

4. 电话、网络服务

会议现场的电话和网络服务可以是收费的，也可以免费提供。基本上与会代表如果要打国际长途电话，都需要付费，国内长途和市话可以免费。如果要提供网络服务，则应该确定会议举办地点是否有因特网电缆接入口。

四、会议相关活动管理

(一) 专业活动

会议的专业活动主要指大会报告、主题演讲、专题研讨（并行）等。专业活动的安排要清晰有条理。严格按照事先安排好的会议日程开展活动，尽量减少变动，但如果有突发事件，也要灵活应对，保证会议的顺利进行。

在会议现场要有人提供茶水服务，服务员应该经过培训，熟悉礼仪要求，服务热情周到。

(二) 餐饮活动

会议期间的餐饮活动通常是会议组织者要安排的重要事项之一。主要的餐饮活动安排主要包括午餐、茶歇、开/闭幕酒会/晚宴等。这些餐饮费用通常是包含在会务费当中的，参加者一般凭票或请柬入场。

1. 午餐

午餐的安排通常比较简单，用餐标准可以不用太高，菜式也以简单可口为主。通常会采用自助餐的形式，不供应酒类，但应该有汤水或饮料。午餐时间安排应长短适中，可以让与会代表有午休的时间。

2. 茶歇

茶歇一般是上下午各安排一次，在会议举行一个半到两个小时左右开始，持续时间15~30分钟。目的是让与会代表能够有充分的休息、吃茶点的时间。除了休息和稍微补充能量之外，与会代表还可以在茶歇期间互相沟通、交流。为了避免出现拥挤、排队的现象，可以在几个地点同时设立饮料、点心台。现场应该有工作人员维持秩序。

3. 开/闭幕酒会/晚宴

开/闭幕酒会/晚宴虽然有各自的功能，丰富的内容和形式，但主要目的在于交流。因此，无论怎么策划，都应该首要考虑为与会代表营造一个良好的交流环境和氛围。

如果采用冷餐自助的形式，可以安排在室外的草坪、花园中间，独具一格的特色能给与会者留下深刻印象。如果用桌餐的形式，就必须在宴会厅。要提前落实好参加的人数，选择规模足以容纳与会代表的宴会厅。

在菜肴的选择上，应该以众人都能够接受的口味为主，辅以一些当地的特色菜肴。服务应该处处体现人性化，在有需要的时候设立“穆斯林”、“素食者”专席，并设立明显的指引标志。

宴会致辞应言简意赅，宴会服务要及时周到，上菜时间不宜过长。

很多会议组织者还会在晚宴上或饭后安排特色表演，让与会代表深入体验当地文化。演出时间在1小时左右，不宜过长。演出节目应该经过挑选，选择水平较高的节目，必要的时候应该经过彩排。

（三）旅游参观考察

大型会议通常会配套旅游参观考察活动。此项活动费用一般不包含在会务费中，愿意参加的会议代表必须事先报名并交纳相关费用。

会议后旅游参观考察与一般旅游不同。首先，会后旅游参观考察不完全是游玩，可能带有考察交流的性质。比如在广西召开北部湾经济的相关会议，那么会议后的旅游可能带有考察当地海口、经济等的目的。其次，与会代表可能具有较高的文化修养，旅游过程中应提供更有文化的产品。再次，与会代表可能行程比较紧张，有时还会临时要求改变行程，接待人员要有充分准备。最后，与会代表可能来自不同的国家不同的地方，风俗习惯、社会文化背景等千差万别，需求自然也会有很大差异，因此接待起来也要有针对性。

作为会议旅游参观考察的现场组织，要安排好参与人员的吃、住、行、游、购、娱等要素，尽可能让参加者有所收获。比如开一个环保主题的研讨会，会后安排参观一些当地的环保型企业，给与会代表与实际企业交流的机会。

我们以“第四届中国旅游论坛议程”为例来说明会议相关活动管理。

第四届中国旅游论坛议程

11.20

上午 A. M.

Forum Venue:	Science Hall, Yunnan University
会议地点:	云南大学科学馆
8: 15	Board shuttle bus at the entrance of the Harbour Plaza Hotel 昆明海逸酒店正门乘穿梭巴士往云南大学科学馆
8: 30~9: 30	Registration 注册
9: 30~10: 20	Opening Ceremony 开幕典礼
10: 20~10: 50	Photo Session and Refreshment Break 合照、茶歇
10: 50~12: 30	Keynote Presentation I 主题演讲 I
12: 30~14: 00	Lunch at Yunnan University Hotel & Visit the site for Ancient Imperial Examination/Huize Building/The Lab of Business and Tourism Management School in Yunnan University 云南大学宾馆午餐及参观云南大学、贡院、会泽院及商旅学院试验室

下午 P. M.

14: 30~15: 45	Panel Discussion I Community—based Tourism 专题讨论 I——旅游业与民族地区发展
15: 45~16: 15	Refreshment Break 茶歇
16: 15~17: 30	Panel Discussion II—Emerging Issues In the Hospitality and Tourism Industry In China 专题讨论 II——中国酒店及旅游业的新兴问题
17: 30~18: 00	Get on the shuttle bus In front of the Science Hall to World Expo Garden Hotel 在科学馆前乘穿梭巴士往世博花园酒店
18: 00~20: 30	Opening Reception / Dinner & Student Show 开幕酒会/晚宴及学生表演

11.21

上午 A. M.

Forum Venue:	Science Hall, Yunnan University
会议地点:	云南大学科学馆
8: 15	Board shuttle bus at the entrance of the Harbour Plaza Hotel 昆明海逸酒店正门乘穿梭巴士往云南大学科学馆
8: 30~9: 00	Registration 注册
9: 00~10: 15	Keynote Presentation II 主题演讲 II
10: 15~10: 45	Refreshment Break 茶歇

10：45～12：15	Concurrent Session 分组专题会议
12：15～13：45	Lunch at Yunnan University Hotel & Visit Anthropology Museum, Yunnan University 云南大学宾馆午餐及参观云南大学人类学博物馆
下午 P. M.	
Forum Venue：	Science Hall, Yunnan University
会议地点：	云南大学科学馆
14：00～15：15	Panel Discussion III—Ecotourism & Sustainable Development 专题讨论Ⅲ——生态旅游及可持续发展
15：15～15：45	Refreshment Break 茶歇
15：45～17：15	Workshop 工作坊
17：15～17：30	Closing Ceremony 闭幕式
17：30～18：00	Board shuttle bus In front of the Science Hall to Kunming International Convention & Exhibition Centre 在科学馆前乘穿梭巴士往中国昆明国际会展中心
18：00～20：00	Concluding Dinner & Conferment of "Lifetime Achievement Award In Tourism Education and Research In China" and "Best Research Paper Award" 晚宴及颁发"中国旅游教育与研究终身成就奖"及"最优秀研究论文奖"
20：00～21：00	Enjoy the local dancing performance "The Garden of Eden" at Yunnan Theatre 云南大剧院观看演出《走进伊甸园》
11.22～11.24	会后考察旅游

（资料来源：《第四届中国旅游论坛议程》）

五、会议工作人员现场管理

会议工作人员现场管理流程如图 8－4 所示：

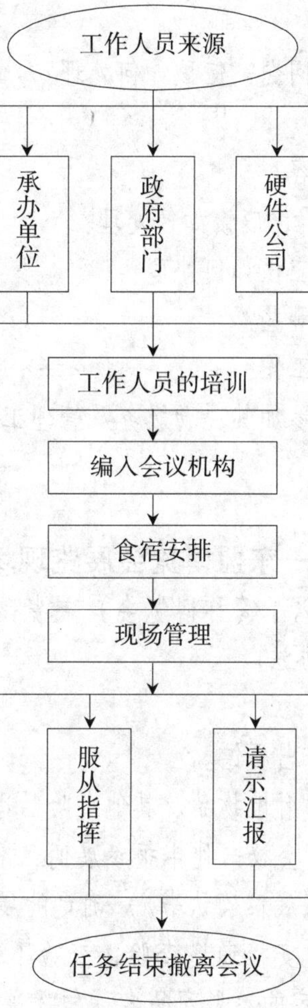

图 8－4　会议工作人员现场管理流程图

六、会议闭幕工作

由于部分与会代表在会议未结束就已经离开，因此很多会议在闭幕这个环节比较弱化。通常情况下，闭幕仪式上会进行颁发参会证书、奖项等活动。很多闭幕式和晚宴相结合，经过闭幕致辞—晚宴—表演—结束的流程。由于这是会议服务的最后一个环节，因此不管采用什么形式，应该力图给与会者留下一个较好的印象。

【本章小结】

本章对展览和会议的现场管理工作进行了总结。主要阐述了报到接待管理、布展管理、开幕活动组织与管理、展场服务管理、闭幕与撤展管理、会议现场注册、会议开幕管理、会议相关活动管理、会议工作人员现场管理、会议闭幕工作的相关知识点和技术点。通过大量的举例、流程图等，提高本章内容的可操作性。

【思考与练习】

1. 展览报到通常会出现什么问题？应该如何处理？
2. 布展需要注意哪些事项？
3. 展场服务管理包括哪些内容？
4. 如果展览现场出现“闹展”，应该如何处理？
5. 如果有参展商提前撤展，应该如何处理？
6. 会议的注册材料主要包括哪些？
7. 如何做好会议的现场管理工作？
8. 联系一个展览或者会议，参加其现场服务及管理工作，并撰写实践报告。

【拓展阅读】

第四届中国—东盟博览会展览现场管理办法

为做好中国—东盟博览会（以下简称博览会）展览现场管理工作，为广大客商提供良好的展览环境，特制定本管理办法。

一、进出馆管理

（一）所有人员凭有效证件进出展馆。

（二）严禁携带易燃易爆、放射性物品及其他危险品进馆。

（三）参展企业须提前向博览会秘书处申报参展商品名称和数量，根据《中国—东盟博览会展位确认书》（以下简称《展位确认书》）确定的展品和数量参展。

（四）展品进入展馆必须经过安检通道查验，查验不合格的物品一律不得进入展馆。安检人员根据《展位确认书》确定的参展商品名称和数量予以放行。

（五）展品须于布展期内送达展位，正式展览期间，不得进入展馆。

（六）参展企业须按规定时间撤展。

二、展位及场地管理

（一）参展企业名称须与《展位确认书》及楣板名称相符，不得转售、倒卖展位。

参展商品须与《展位确认书》中确认的展品一致。

（二）参展企业须携带《展位确认书》及企业营业执照（复印件）等资格证明材料参展，积极配合现场管理人员查验。

（三）参展商及其他参会人员不得占用公共场所（包括楼梯、通道等）摆放展样品及其他物品。

对展位以外摆放的各类展样品和物品，由相关执法部门予以暂扣。经产品质量监督部门检验核实合格的产品予以退还，凡核实属假冒伪劣产品由工商部门予以销毁。在对违规摆放的物品处理中造成的任何损失和产生的费用由物主承担。

（四）不得利用公共场地搭建广告牌，不得在自己展位以外的区域散发各类广告和宣传资料，不得在现场进行高音宣传、大声喧哗等影响展览环境和秩序的行为。

三、现场销售管理

除东盟国家不复运出境的展样品经博览会秘书处同意可现场销售外，其余参展商一律不得在现场销售展览样品。

四、知识产权保护

参展商不得展示或出售假冒商品和商标，不做侵犯专利等违反知识产权的行为。

根据中国商务部等部门联合发布的《展会知识产权保护办法》的规定，博览会秘书处接受知识产权权利人的投诉，暂停涉嫌侵犯知识产权的展品在展会期间展出。

知识产权权利人投诉时应当提交以下材料：

（一）合法有效的知识产权权属证明：涉及专利的，应当提交专利证书、专利公告文本、专利权人的身份证明、专利法律状态证明；涉及商标的，应当提交商标注册证明文件，并由投诉人签章确认，商标权利人身份证明；涉及著作权的，应当提交著作权权利证明、著作权人身份证明；

（二）涉嫌侵权当事人的基本信息；

（三）涉嫌侵权的理由和证据；

（四）委托代理人投诉的，应提交授权委托书。

五、消费者权益保护

参展商及其他与会人员不得展示或出售伪劣产品。

（一）工商管理部门博览会现场办公点为现场观众提供消费者权益保护方面的服务。

（二）为维护博览会客商及观众的合法权益，根据《中华人民共和国产品质量法》的规定，产品质量监督管理部门博览会现场质检小组为客商及观众提供产品质量检验服务，对涉嫌产品质量问题的展样品进行现场检验，对产品质量不合格的展样品立即予以没收。

（三）根据《中华人民共和国药品管理法实施条例》的规定，禁止展示无审批文号的药品和医疗器械及以个人名义展示药品和医疗器械，禁止现场销售药品和医疗器械，违者由药品监督管理部门立即予以没收。

六、违规处理

违反本办法有关规定的博览会秘书处视情况予以警告，暂扣、没收违规展样品，查封展位，取消参展参会资格。

对违反中国法律法规的企业或个人，中国—东盟博览会秘书处将通报相关执法部门作出处罚，并保留诉诸法律的权力。

七、本管理办法的解释权属中国—东盟博览会秘书处。

（资料来源：中国东盟博览会官方网站 http://www.caexpo.org/gb/zhuanti/choubeihui/guiding/t20070525_71991.html）

第九章　会展项目控制

【学习目的】

本章主要介绍会展项目实施控制过程，包括项目控制的定义及特点、会展项目的主要内容、会展项目跟踪和信息系统以及会展项目控制系统的设计。

【学习要点】

1. 了解会展项目控制的定义及其特点；
2. 掌握会展项目控制的主要内容，包括会展项目的范围控制、进度控制、成本控制、质量控制和沟通控制等；
3. 了解会展项目跟踪和信息管理系统；
4. 了解会展项目控制系统的设计。

【关键词】

会展项目控制　项目跟踪　信息管理系统　会展项目控制系统

第一节　会展项目控制概述

一、会展项目控制

会展项目控制是会展项目管理的基本职能之一。在会展项目实施的过程中，由于种种不确定因素的干扰，使得项目实施可能会偏离预先设定的计划轨道。为了保证会展项目成功和各项目标的实现，有必要对会展组织内部的管理活动及其效果进行衡量和校正，以确保会展组织的目标和计划的实现，此过程即为会展项目的控制过程。

会展项目控制是对项目目标及其控制对象和控制方法的总称。项目控制贯穿于会展项目的整个实施阶段，是一个动态的过程，在不断获取项目跟踪所得的信息的基础上，要对所发现的问题及时采取措施解决。项目控制的基本方法是将跟踪到的项目计划信息同原计划相比，寻找偏差，然后仔细分析偏差产生的原因，并对未来发展趋势进行分析，最后采取针对性的纠偏措施。可见，有效的项目控制的关键是定期并及时估量项目实际进展情况，同时需要管理者有敏锐的洞察力，善于发现和解决问题。

会展项目的临时性、不可逆性等特征，使得会展项目控制有别于其他管理控制。由于会展项目的独特性，其目标和要求难以完全按照计划进行，即使事先经过缜密的计划，在实施过程中难免会受到种种意想不到的情况和困难的干扰，事先制定的控制标准往往由于各种内外因素的变化需要调整。而且会展项目受人为因素影响较大，随着项目的进行，会展项目的利益相关者对项目的利益和权力的诉求会不断发生变化，使得会展项目面临着极大的不确定性。因此，会展项目应根据所投入的费用、人力或其他资源的数量来评价实际实施结果，通过与基准计划的比较、判断和协商，监视和测量项目实际进展。若发现实施过程偏离了计划，就要找出原因，采取行动，使项目回到计划的轨道上来。如果偏差很显著，则必须对计划作出相应调整。项目控制要根据具体情况使用适当方法，对项目进度进行持续的监测，注重采取预防性控制措施。

二、会展项目控制特点

1. 会展项目控制具有过程的特点

为了达到项目目标，管理人员对项目行为状态进行全面控制，由于项目建设程序具有明显的阶段性，使项目控制具有过程控制的特点。

2. 会展项目控制具有多目标控制的特点

项目控制包含有投资控制目标、进度控制目标、质量控制目标，投资成本、进度和质量彼此之间存在密切的内在联系，将直接或间接地影响项目控制的负责性。

3. 会展项目控制具有一定的相对性特点

由于会展项目建设的复杂性，影响项目目标的诸多因素又具有复杂的可变性或不确定性，对会展项目目标的控制难以达到最优的境界，建设目标的规划值与实际值之间会有一定的偏差。项目控制的目的是使实际达到的目标值与规划值的偏差在允许范围内。

第二节　会展项目控制的主要内容

一、会展项目的范围控制

（一）会展项目的范围控制

会展项目范围是构成会展项目目标的最重要的一个要素。会展项目范围包含了成功实现项目目标所需完成的全部工作，如项目范围概述（包括举办会展项目的理由，活动目标，参会者、参展商的确定，会展后勤服务提供者的确定，会展现场管理以及会展总结、评估，项目的工作分解结构等）、会展项目的假设前提条件（如项目可用资源及其配备情况、会展项目工期估算、会展项目的成本预算、会展项目的产出情况等）、会展项目的限制条件（项目的工期与日程限制、项目的资源限制、范围限制等）。会展项目的范围控制是指项目组织在动态的条件下，对项目范围计划的内容进行跟踪、检察、监督和纠正。

项目的内外部环境总是在不断的发展变化之中，项目难免也发生各种各样的变化，这些变化包括项目范围、进度、质量、费用、风险、人员及合同等方面，并会对其他方面产生一定的影响。

（二）会展项目范围变更分析

项目范围发生变更，会影响到项目的成本、进度、质量等计划。项目范围变化后，要分析范围变更的因素，根据其所造成的影响适当调整原有的项目计划，出现偏差时采取对应的纠正措施使项目回到正常轨道上来。

会展项目范围变更的因素主要包括五个方面：

1. 项目要求发生变化

项目要求发生变化属于一种常见的情况，主要源于会展项目主办方对项目的需求和期望发生变化。例如，某城市会展中心主办一项庆典活动，原计划包括开幕式、大型演出等活动，但为了配合该城市的招商引资，决定增加体现城市变化和实力为主题的一个展览会。

2. 工艺技术变化

在项目的实施过程中出现了新工艺、新技术。例如，某展览会在展台搭建时出现一种新型环保节能材料，并可降低材料成本。

3. 人员变化

在项目的实施过程中组织机构发生变化、人员发生调整，如项目经理工作调整，或会展项目总指挥的调整。

4. 项目设计变化

在项目的实施过程中出现各种困难，项目工作人员或设计人员不断改进方案，提出更好的方法。例如，大型节事活动项目受天气的影响，出现困难，影响项目进程，项目组织者应调整方案，以减少天气对项目造成的影响。

5. 经营环境发生变化

会展项目的开放性，决定了其易受外界因素的影响。例如，在国际展览招展过程中，出现了汇率的大幅度变动，使预先确定的国外参展费用发生变化。

（三）会展项目范围管理计划的更新

会展范围变更需要对项目范围管理计划进行更新。将这些变更记录到项目范围管理计划中，项目利益相关者通过相关会议得知变化的内容及其造成的影响。项目管理计划更新是项目范围变更控制过程的输出。

一般来说，对于计划的调整可能包括以下三种情况：

1. 重新设计项目范围管理计划

如果发现原计划的某项工作环节或程序不需要，或者需要在原计划的基础上增加新的工作内容，就要进行重新设计，重新界定项目范围。

2. 重新安排项目进度

对项目的各环节工作进行重新安排。

3. 重新分配资源

在项目实施中对未来各环节所需的资源重新分配。

（四）会展项目范围控制的具体内容

1. 参与人员范围控制

会展活动中，既要有展出产品、技术的参展商，也要有来参观与洽谈的观众。国际上衡量一个展会是否成功的标志，就是参展商与专业观众的数量和质量，展会的品牌和观众质量是成正比的。

参会者、参展商是会展活动的核心，他们是会展存在的前提，如果没有足够的参会者或参展商，会展活动就不可能开展，他们的参与规模与质量决定着本次会展活动的成败。因此，会展的主办者要充分利用各种宣传广告手段，营造招展氛围，并利用各种关系和途径，寻求有关单位支持和合作，建立起有效的营销网络，开展声势浩大的市场推广，不仅要尽可能地邀请行业内知名的、有影响力的企业参与，还要尽可能多地使潜在客户参展。

专业观众是展会活动的主要参与者之一，他们是参展商商品的目标市场，是吸引参展商前来参展的根本原因。因此，会展的主办者必须切实有效地开展专业观众的组织工作，提高专业观众的参展质量，才能为会展的成功举办打下坚实的基础。

2. 营销战略控制

在确定了参与人员范围后，会展项目的实施进入了营销阶段。为了吸引国际知名企业并使他们将最好的产品参与展会，会展项目所在地区应该加强同有关部门、国际组织、行业协会的联系，取得这些部门的支持，努力提高展会的国家参与度。同时通过制定一系列的营销战略，实现会展产品的顺利销售，确保会展组织者的收入来源。但在积极进行营销的过程中，还必须对参展企业实行资格审查，确保参展企业的信誉和品牌以及参展商品的质量。

3. 后勤服务控制

会展活动为参展商和观众提供交易和贸易的平台，为使他们最大限度地达到参展目的，获得最大效益，活动的主办者就应该为其提供优质、完善的后勤保障服务，包括物流服务、展位搭建、食宿服务、旅游服务、票务服务、交通管理、安全管理等工作。由于后勤保障服务具有系统性、复杂性、专业性的特点，会展项目组织者往往不可能独自承担，通常情况下，由主办者选择信誉好、有实力的专业展览服务机构，并与之签订合作协议，共同完成会展项目的后勤保障工作。

4. 现场控制

会展期间主办者现场控制的主要目的是协调好参展商、观众和服务商之间的关系，确保展会顺利进行。为此必须做好人员进出的控制、展位及展品的管理、宣传品的管理、噪音控制等工作，并做好成交统计、成交项目签约仪式的安排。

二、会展项目的进度控制

会展项目进度是指在项目工作分解结构的基础上对项目活动作出一系列时间安排，用来表示工作预计计划和完成的时间。而会展项目进度控制是指对会展项目各建设阶段的工作内容、工作程序、持续时间和衔接关系编制计划，在实际进度出现偏差时进行纠正，并控制整个计划的实施。进度控制在项目实施中与质量控制、成本控制相互影响、相互制约。

在会展项目实施过程中，需经常检查项目的实际进展情况，并与项目进度计划相比较。如实际进度与计划进度相符，则表明项目完成情况良好，进度计划总目标的实现有保证。如发现实际进度已偏离了计划进度，应分析产生偏差的原因和对后续工作及项目进度计划总目标的影响，找出解决问题的办法和避免进度计划总目标受影响的切实可行措施，并根据解决措施和办法，对原进度计划进行修改，使之符合现在的实际情况并保证原进度计划总目标的实现。

（一）会展项目进度控制的过程

会展项目进度控制的重点是对实施阶段进行监督控制，主要包括事前、事中、事后进度控制。

1. 事前进度控制

在会展项目正式实施前准备阶段的进度控制，具体任务是客观地编制会展阶段进度控制工作细则，编制或审核会展总进度计划和日程安排，审核各部门工作实施进度计划，编制年度、季度、月度工作进度计划。

2. 事中控制

在会展项目实施过程中进行的进度控制，是会展计划能否付诸实现的关键过程。在此阶段，进度控制人员应要求各部门定期汇报工作进展情况，视具体情况定期或不定期召开各部门工作会议，一旦发现实际进度与目标偏离，必须及时采取措施纠正偏差，以保证各项工作沿正常轨道顺利进行。

3. 事后控制

在完成整个会展项目任务后进行的进度控制，具体内容包括：及时组织评估工作；处理工程索赔；整理本次会展有关资料，及时将有关信息向客户通报；将客户档案、总结评估报告及时整理归档；根据实际实施进度，对有关人员进行答谢，以保证下一阶段工作的顺利开展。

项目进度控制必须明确，计划不变是相对的，变化是绝对的，知道项目进度计划所依据的条件也在不断变化。影响项目进度原计划的因素很多，既有人为的因素，也有自然因素，因此，控制者即使制订了一个科学合理的进度计划也不能放松对进度计划实施的控制。同时也不能因进度计划肯定要变，而对进度计划的制订不重视，忽视进度计划的合理性和科学性。应该采取正确的态度来看待计划与控制调整的关系，一方面在确定进度计划制订的条件时，要具有一定的预见性和前瞻性，使制订出的进度计划尽量符合变化后的实施条件；另一方面，在项目实施过程中，也要依据变化后的情况，在不影响进度计划总目标的前提下，对进度计划及时进行调整。

（二）会展项目进度控制的步骤

1. 记录项目的实际进度

会展项目的实际进行是否与计划相符，先要做好基础的记录工作，了解会展项目的每项活动的时间进度，包括各项活动的实际持续时间、实际开始和结束时间、已经完成的活动、尚未完成的活动等。例如，展览会的招展工作，原计划 1 月 1 日至 2 月 1 日结束，结果推迟至 2 月 15 日结束，时间比计划延迟了 15 天。对会展项目的实际进度跟踪可采用日常观测法和定期观测法，如对项目周期短的项目（如短期会议），通常采用日常观测。

2. 进度偏差分析

将项目的实际进度与计划进度进行比对，若发现出现偏差，应对产生偏差的原因进行分析。基本方法可采用横道图比较法，该方法是将在项目进展中通过观测、检查和搜集到的信息，经整理后直接用不同的颜色或不同粗细的实线横道线并列于原计划的横道图上，进行直观比对，如下表所示，经分析，会议接待时间超过原计划，主要原因是天气影响参会人员的交通。为保证会议不延期，将市外参观考察改为市内参观考察，缩短一天。

进度偏差分析示例表

工作编号	工作名称	工作时间/天	项目进展								
			1	2	3	4	5	6	7	8	9
A	会议筹备	2									
B	会议接待	2									
C	正式开会	2									
D	会议参观	2									
E	会议结束	1									

注：细线为计划进度，粗线为实际进度

3. 项目进度计划更新

项目进度计划更新包括分析进度偏差的影响和进行项目进度计划的调整。首先分析进度偏差的工作是否为关键工作，并计算出偏差的大小，判断对项目总周期有无影响。根据以上分析，对项目进度计划进行调整，特别是关键工作的调整，因为该关键工作没有机动时间，其中任何一项活动持续时间的延长或缩短都会对整个项目产生影响。因此，关键工作的调整是项目进度调整的重点。另可通过改变某些活动的逻辑关系，增减工作项目和调整非关键活动来调整项目进度，当以上方法都不可行时，可通过重新编制计划来满足要求。

三、会展项目的成本控制

会展项目成本是指会展项目全过程中所耗用的各种费用总和，包括人工费、材料费、设备折旧费、管理费、税金等。会展项目成本控制即项目组织为保证在变化动态的条件下实现其预算成本，按照事先拟订的计划和标准，通过采用各种方法，对项目实施过程中发生的各种实际成本与计划成本进行对比、检查、监督、引导和纠正，使项目的实际成本控制在计划和预算范围内的管理过程。随着项目的进展，根据项目实际发生的成本额，不断修正原先的成本估算和预算安排，并对项目的最终成本进行预测的工作也属于项目成本控制的范畴。

有效成本控制的关键是经常及时地发现成本绩效，尽早发现成本差异和成本执行的无效率，以便在情况变坏之前能够及时采取纠正措施。成本控制的内容包括：

第一，识别可能引起项目成本基准计划发生变动的因素，并对这些因素施加影响，以使该变化朝着有利的方向发展。

第二，以工作包为单位，监督成本的实施情况，发现实际成本与预算成本之间的偏差，查找出产生偏差的原因，做好实际成本的分析评估工作。

第三，对发生成本偏差的工作包实施管理，有针对性地采取纠正措施，必要时可以根据实际情况对项目成本基准计划进行适当的调整和修改，同时要确保所有的有关变更都准确的记录在成本基准计划中。

第四，将核准的成本变更和调整后的成本基准计划通知项目的相关人员。

第五，防止不正确的、不合适的或未授权的项目变动所发生的费用被列入项目成本预算。

进行成本控制的同时，应该与项目范围变更、质量控制等紧密结合，防止因单纯控制成本而引起项目范围、进度和质量方面的问题，甚至出现无法接受的风险。

四、会展项目的质量控制

会展项目的质量控制是指为满足项目的质量要求（如适用性、可靠性、安全性等）而采取的作业技术和活动。确定控制对象，规定控制目标，制定具体的控制方法，明确所采用的检验方法，说明实际和标准之间产生差异的原因，为解决差异而采取的行动等。

（一）会展项目不同阶段的质量控制

项目质量是伴随着项目实施过程而形成的，项目的不同阶段对其质量起着重要的、不同的影响，所以其质量控制的重点也不尽相同。

项目决策阶段是影响项目质量的关键阶段，其可行性研究直接影响项目的决策质量和设计质量，所以应进行方案比较，提出对项目质量的总体要求，使项目的质量要求和标准符合项目所有者的意图，并与项目的其他目标相协调，与项目环境相协调。在项目决策过程中，项目决策的结果应能充分反映项目所有者对质量的要求和意愿，在决策过程中，还应充分考虑项目费用、时间、质量等目标之间的对立统一关系，确定项目应达到的质量目标和水平。

项目设计阶段是影响项目质量的决定性环节，没有高质量的设计就没有高质量的项目。在项目设计过程中，应针对项目特点，关键决策阶段已确定的质量目标和水平，使其具体化。项目设计阶段所实现的质量是一种适合性质量，即通过设计，应使项目质量适应项目使用的要求，以实现项目的使用价值和功能；应使项目质量适应项目环境的要求，使项目在其生命周期内安全可靠；应使项目质量适应业主的要求，让业主满意。

项目实施是项目形成的重要阶段，是项目质量控制的重点。项目实施阶段所实现的质量是一种符合性质量，即实施阶段所形成的质量应符合设计要求。项目实施阶段是一个从输入转化为输出的系统过程。项目实施阶段的质量控制，也是一个从对投入品的质量控制开始，到对产出产品的质量控制为止的系统控制过程。根据项目实施的不同时间阶段，可以将项目实施阶段的质量控制分为事前控制、事中控制和事后控制。事前质量控制是指在项目实施前所进行的质量控制，其控制的重点是做好项目实施的准备工作，且该项工作应贯穿于项目实施全过程。其主要工作内容包括技术准备、物质准备、组织准备和现场准备等。事中控制是指在项目实施过程中进行的质量控制。事中质量控制的策略是全面开展实施过程，重点控制工序和工作质量。事后控制是指一个工序或工作完成，形成成品或半成品的质量控制，其控制的重点是进行质量检查、验收和评定。

项目最终完成后，还应进行全面的质量检查评定，判断项目是否达到其质量目标。

（二）会展项目质量控制的方法

会展项目可采用排列图法和因果图法进行质量控制。

1. 排列图法

搜集一定时期内的质量数据，将影响质量的因素进行排列，统计出各种因素出现的频率和累计频率并绘制帕累特曲线。

2. 因果图法

确定需要分析的质量特性，并分析影响质量特性的各种因素，可用大枝表示大原因，中枝表示中原因，小枝表示小原因，并找出关键因素用文字说明或作出记号。

五、会展项目的沟通控制

会展项目的沟通是指确定会展项目利益相关者的信息交流和沟通要求，内容主要包括信息搜集渠道的结构、信息分发渠道的结构、信息分发的形式、日程表以及随着项目进展而不断更新和细化的方法。因此，会展项目的沟通控制为对项目实施过程中发生的沟通进行对比、检查、监督、引导和纠正。

第三节　会展项目跟踪与信息系统

为了保证项目能够按照预先设定的计划轨道行驶，需要在项目实施的全过程，对项目加以跟踪和控制。项目的跟踪和控制是两个不同性质但密切相关的活动。项目跟踪是项目控制的前提和条件。跟踪工作做得不好，控制工作难以取得理想成效；控制工作做得不好，跟踪工作也难以有效率。

一、会展项目跟踪

项目跟踪，是指项目管理者通过建立完善的项目管理信息系统，在项目实施的全过程对项目进展的有关情况以及影响项目实施的内外部因素进行及时的、连续的、系统的、准确的记录和报告的一系列活动过程。它的根本目的是为项目管理者提供项目计划执行情况的相关信息。项目跟踪工作的基础是项目管理信息系统，它的基本原则是要保证跟踪的及时性、连续性、系统性和准确性。

会展项目跟踪的工作内容有两个：①对会展项目计划的执行情况进行监督。保证项目的实际实施工作是按照预先制订计划的要求来做的，但是由于项目的特殊性（即一次性和独特性），项目计划的许多条件是基于假设判断得来的，其不确定性程度很大，实际情况肯定会同所做的这些假设判断有所偏差，几乎没有一个项目是完全按照项目初始计划完成的，同时鉴于项目成员的素质、管理方法和水平的逐步提高，管理观念的变化，项目跟踪工作的这个内容已经逐步弱化。②对影响会展项目目标实现的内外部诸因素的发展情况和趋势进行测量和预测。随着科技的进步，项目管理水平的提高，项目管理中的定量测量成分越来越多，所获取的信息也越来越准确，越来越丰富，越来越及时。这一切使得对项目未来发展趋势作出准确判断的可能性大大增加，十分有利于提高项目成功的概率。因此，现阶段项目管理的跟踪控制工作重心逐渐向该方向倾斜，以项目管理信息系统作为平台，对跟踪收集到的信息进行及时的加工处理，以便对项目未来的发展趋势作出科学的预测。

可见，收集信息是项目跟踪工作的基础。项目实施的客观背景极其复杂，产生的信息无穷多，项目在有限的资源条件下既不可能也没有必要对所有发生的这些信息进行全部收集处理。因此，我们有必要先探索影响项目实施的因素有哪些，确定的这些因素就是信息收集的主要内容。通常影响项目实施和目标实现的客观因素主要有内部因素和外部因素两个方面。

影响会展项目实施的内部因素主要是来自项目系统内部，大多情况下可以被会展项目所控制的因素。包括会展项目资金的来源和运用、花费的成本、实施的进度、产品的质量、人事的安排等情况，这些因素对项目目标的实施至关重要。对于这类因素，跟踪的主要目的是收集信息，寻找实际与计划发生的偏差，并分析其原因，为项目的控制作准备。

影响会展项目实施的外部因素主要是来自项目系统外部，不为会展项目所控制的因素。包括国家政策、法律法规、市场价格、利率、汇率、项目所在地的自然条件、人文环境等情况。对于这类因素，跟踪的主要目的是大量收集资料，尽早作出预测，尽管不能避免其发生，但是可以采取有效的预防措施，减少其对项目实施造成的损害。例如，通过大量收集气象信息资料，预测出可能在短期内会发生暴风骤雨，项目组织就应该做好防洪抗灾的准备，在狂风暴雨真正来临时，项目组织不至于措手不及，造成巨大的损失。

二、会展项目管理信息概述

会展项目管理信息是指参与会展生产过程，能帮助制造产品并能交换的知识，即消息、情况、信号、指令、情报等。控制论创始人、美国数学家威娜认为，信息是人们在适应客观世界，并且使这种适应反作用于客观世界的过程中，同客观世界进行交换的内容和名称。目前，信息已成为管理会展生产和运行等经济活动必不可少的作用依据。

（一）会展项目管理信息的特点

会展项目管理信息的特点有：①分散性；②共享性；③庞杂性；④加工的多样性；⑤传递的及时性；⑥管理的社会性。

（二）会展项目管理信息的分类

在会展项目管理中，涉及的信息数量庞杂分散，十分复杂，因此需要从不同角度对信息进行分类。

1. 根据学科内容分类

（1）经济信息。经济信息是指反映经济活动特征及其发展变化情况的各种消息、情报、资料等的统称。

（2）科技信息。科技信息是指关于自然科学、数学、技术科学和应用科学等范围内的信息。它是研究会展开发活动成果的有价值的资料，是含有最新科技知识内容的情报。它由高度的知识及多种投资集合而成，其特点是来源于科技的实践，反过来又服务于科技。

2. 根据信息的来源分类

（1）外部信息。外部信息是指反映会展项目所处环境特征的数据、资料、文件等信息，涉及上级要求、指示、市场变化、业主意见、技术经济情报。

（2）内部信息。内部信息是指反映会展项目内部生产、运行和经营活动的特征的数据、资料、指令等涉及技术经济活动的各种信息。

3. 根据信息本身的形态分类

（1）数值信息。数值信息是指可以数量化的信息，如产值、产量等。

（2）非数值信息。非数值信息是指只能用文字、图表、字符等形式表示，不能用数值表示的信息，如技术性能、员工素质等。

4. 根据信息的变动状况分类

（1）固定信息。固定信息是指在一定时间内不发生重大变化，在会展项目管理过程中可以重复使用的信息，是经过人们长期观察和分析不断变化的大量经济信息，揭示经济过程的内在联系和活动规律，形成各项规章制度、工作标准、定额、系数等的信息，又被称为相对稳定的信息。

（2）流动信息。流动信息是指随会展经济生产、运行和经营活动而产生，经常发生变化的信息。

5. 根据信息的管理层次分类

（1）国民经济信息。国民经济信息是反映整个国民经济的信息。

（2）部门信息。部门信息是来自部门内部的信息。

（3）会展业信息。会展业信息是关于会展业生产、运行和经营活动的信息。

6. 根据信息的等级分类

（1）战略信息。战略信息是指会展项目管理中高层管理者所需要的有关全局和长远利益的信息，如国民经济和社会发展规划、第十一个五年计划等。

（2）策略信息。策略信息是指会展项目管理中中层管理人员所需要的有关局部和中期利益的信息。

（3）执行信息。执行信息是指会展项目管理中基层工作人员所需要的日常业务信息，如考勤记录等。

7. 根据信息的处理过程分类

（1）原始信息。原始信息是指未经加工的信息，如基层单位的记录。

（2）经过加工的信息。经过加工的信息是指经过加工、归纳、整理的信息。

8. 根据信息反映问题的性质分类

（1）常规性信息。常规性信息是指反映正常经济活动的信息，它按照一定的程序以经常不断的形式进行收集和处理。

（2）突发性信息。突发性信息是指会展活动中特殊的、偶然的信息，即非正常事件所产生的信息。

除此之外，信息还可根据其获取的方式和渠道分为按照制度和规定收集的信息、从正式渠道以外获取的信息、外部环境信息、特定经济信息、特定技术信息、特定产品信息，以及政府提供的信息、私人提供的信息、商业提供的信息、公众提供的信息等。

三、会展项目管理信息的处理流程

项目管理信息系统是为收集、分析、储存和报告描述项目完成情况的信息而建立的一套信息处理流程。该系统包含以下最基本的要素：信息的收集、输入；信息的加工、处理和储存；信息的报告、输出。

（一）信息的收集、输入

信息的收集输入过程指收集描述项目完成情况的原始数据并将其输入至信息系统。为提高信息的运作效率，必须要明确三个问题：信息收集对象、信息收集时间和信息收集方式。

1. 信息收集对象

在项目的实施期间，凡可能对项目实施和项目成功产生影响的因素都是信息收集的对象。但是由于资源的有限性，信息系统应该集中优势，把对项目的影响概率最大、影响程度最深的因素进行连续跟踪收集。其收集对象主要有：项目实施的范围、项目实施过程发生的变更、项目计划的关键假设、项目的资源的供给情况、项目的关键目标、项目的工期进展和任务完成情况、项目的预算耗用以及项目的所有总结性报告，另外还有影响项目实施、来自项目系统外部的因素等。具体来说，信息收集的这些对象可以分为五大类：

（1）项目投入的有关信息，包括资金、工时、各阶段成本及总成本等。

（2）采购活动的有关信息，包括采购量、供应量、库存量以及供应商的有关情况。

（3）实施活动的有关信息，包括项目进度、采用的技术、成员的努力情况、出现的各种问题、发生的变更等。

（4）项目产出的有关信息，包括项目产品的数量、质量、收入和利润等。

（5）项目的外部因素信息，包括国家的宏观经济政策、利率政策、汇率政策、相关法律法规、项目所处的地理环境、人文情况等。

2. 信息收集时间

信息收集的速度自然是越快越好，最好是在情况和变化一开始就抓紧，当然这需要收集者具有敏锐的观察力和判断力，能够随时随地地跟踪项目实施出现的各种情况，并对其能否对项目成功产生影响作出准确而迅速的判断，从而决定是否将该信息输入系统。要做到快速准确地收集信息，需要事先确定符合项目特点的信息收集标准，需要收集者具有丰富的经验，需要信息系统具有先进的跟踪观测设备。

3. 信息收集方式

项目实施的过程就是不断生成信息的过程，项目活动中的信息载体丰富多样，因此项目信息收集的方式也是多种多样。无论采用何种方式收集信息，最关键要保证两点：其一要保证信息收集的可靠性，即要保证通过该种方法收集到的信息客观、准确、真实；其二要保证信息收集的经济性，即要保证通过该方法收集信息花费少、成本低廉。本着这两点原则，在项目实施过程中可以采用以下几种方法收集信息。

（1）进程登记。指以凭证、票据等形式收集信息。

（2）间接记录。指广泛阅读各种报刊，对有用的信息进行摘录，以便分类储存。

（3）市场调查。市场调查收集信息的基本方法有观察法、询问法、实验法等。观察法如参加会展项目管理，实地考察市场行情和销售情况，参加专业会议等，既可以典型调查，也可以抽样调查。询问法的方式有采访、通信、会议和展览会调查等。实验法就是向市场投放一部分产品，了解销售信息的一种方法。

（4）参加情报网交流。参加各界各地组建的情报网，搜集与本部门有关的信息，特别要注意参加同行业的情报网。

（5）参加各种形式的信息发布会。信息发布会通常由政府部门、科研单位等举办，作为会展项目管理中的信息管理人员应积极参加。

（6）参加产品销售订货会。通过参加销售订货会可以收集这个行业的市场情况，了解供需情况及其有关信息。

（7）收听电视广播。电视、广播传递信息最快，可以从中捕捉各种信息。

（8）科学预测信息。

（9）购买信息。向信息服务单位有偿索取所需信息。

（10）采集信息。配备专职或兼职的信息员，如聘请技术顾问、市场预测顾问组成智囊团，由他们提供信息或通过出谋划策来获取信息。

在收集信息的活动中，除了要确定以上四个问题之外，还要具体安排负责信息收集工作的责任人以及如何将收集的信息输入系统，所有这些因素都会影响到所收集数据的及时性和准确性，进而会影响对项目实施情况的跟踪效果和质量。

（二）信息的加工处理和存储

收集的信息输入至管理信息系统之后，经过汇总、处理，分析实际完成情况同计划完成情况的比较，为出现的问题提出合理的解决方法，并对项目的未来发展趋势进行科学的预测，以便及时发掘潜在的问题，建立适当的预警机制，采取有力措施加以防范。

1. 信息的加工处理

信息的加工处理是指将收集来的信息按照一定的程序和方法，进行分类、计算、判断、编写的过程。其加工处理方法主要有：

（1）集中归纳法。集中归纳法就是把信息按一定的目的集中在一起，并加以分类归纳，以反映某一个会展项目问题。

（2）横向比较法。横向比较法就是围绕某一个会展项目问题，把杂乱无章的众多信息从横的方面加以连接，并作出比较分析。这种方法有利于增强信息的对比鲜明性，使人一目了然。

（3）纵深排列法。纵深排列法就是围绕某一个会展项目问题，把信息按照事件发生的过程及变化趋势逐一排列，以搞清来龙去脉。这种方法能使信息变得有序，便于人们采用。

（4）图表示意法。图表示意法就是将收集到的信息，按其内在规律绘制成图表来示意。这种方法描绘的结果形象、具体、有感染力。

2. 信息的储存

对各种有价值的信息，要采取各种方法把它存储起来，以便查阅备用。常用的方法有：

（1）卡片制。卡片制就是用人工的方式把信息记载在卡片上，分类保管。

（2）电子计算机存储。在信息处理工作中，应用电子计算机存储既能保证严密性，又能减轻信息管理人员的工作量和劳动强度，还能对会展项目进行准确的计算和经济效益的评价，及时反映会展项目管理过程，进行有效的控制，以取得良好的经济效益。在信息处理过程中，应用电子计算机存储的内容主要有：市场信息系统、质量信息系统、生产信息系统、工艺信息系统、设备信息系统、物资信息系统、财务信息系统、统计信息系统、人事信息系统等。

（三）信息的报告、输出

将分析、整理后的信息结果以特定的形式，向项目管理者以及其他有关人员汇报，为其行动、决策作准备。输出的信息成果应该包括两个部分：其一，项目实际进程的资料信息，主要是占用的时间和花费的成本；其二，有关项目的变更方面的资料信息，主要是范围变更、进度变更和成本变更的有关情况。信息报告、输出有很多形式，可以是定期报告和不定期报告；可以是日常报告或意外报告；可以是会议报告、口头报告和书面报告；可以是文字报告或图表报告。

项目信息报告应该采取定期报告和不定期报告相结合的形式，这样既有利于有规律地比较实际完成情况同预定计划的偏差，又有利于及时向管理者汇报项目实施过程中所发生的重大问题，及时采取解决措施。

四、会展项目管理信息系统的建立

由于项目管理信息系统是一个大系统，复杂程度高，因此必须在项目启动初期确定这个系统的总目标和主要功能，也就是从总体上把握系统的目标功能框架，提出实施的解决方案，继而研究论证这个总体方案的可行性。信息系统的建立不可能一蹴而就，必须有步骤地加以实施，主要包括以下工作：按照项目的具体要求，进行初步调查、分析以确定系统的目标；制订出实施的策略与具体方案；进行系统的可行性研究并编写可行性报告。

（一）确定系统目标

为了确定系统的目标和功能，先要进行初步的对策研究，旨在从总体上了解概况。初步调查的内容有：

（1）项目组织的概况，包括规模、历史、系统目标、人力、物力、设备和技术条件、管理体制等。

（2）组织的对外关系，与哪些外部实体有联系，哪些环境条件对本组织有影响。

（3）现行系统的概况，包括功能、人力、技术条件、工作效率、可靠性等。

（4）各方面对现行系统的情况及新系统持怎样的态度。

（5）新系统的条件，包括原始数据的完整和准确、计算机方面的设备和人员情况、开发新系统的经费来源等。

（二）制订实施策略与方案

1. 实施策略

会展项目管理信息系统的实施策略主要是：

（1）要以项目信息门户网站作为项目管理信息系统的战略目标。

（2）建立不同项目生命周期信息系统之间的数据流程和接口是项目信息系统规划的核心任务和目标。

（3）项目管理信息系统的规划设计必须列入项目概念阶段方案拟订和认证的必备内容。

（4）以概算、合同、财务管理为主线和重心构建项目管理信息系统。

（5）建立进度项目划分、费用项目划分和质量项目划分三者之间编码的统一或对应关系是项目管理信息系统开发的重点和难点。

2. 实施方案

实施方案主要是两个方面，即总体技术构架与实现方式：

（1）总体技术构架、项目管理信息系统包含了计算机技术、网络技术、通信技术、数据库技术等几乎所有尖端 IT 技术，它是非常庞大的综合应用系统，只有在设计开发过程中采用模块化设计，才能有条不紊地完成整个系统的开发与研制。

（2）实现方式主要有两种，即购买商品化的软件和重新定制开发。重新定制开发又可以分为自行开发与完全委托开发，一般大多介于两者之间。

3. 可行性研究

可行性研究主要从以下三个方面考虑：

（1）技术方面。根据系统目标衡量所需要的技术是否具备，如硬件、软件和其他应用技术，以及从事这一工作的技术人员及水平。

（2）经济方面。估算系统开发所需要的投资费用和将来的运行费用，包括设备费用、人员费用、材料费用、网络布线施工费用及其他费用等，并同估计的系统收益进行比较，看是否有利。

（3）运行方面

评价系统运行的可能性及运行后所引起的各方面变化，包括组织机构、管理方式、工作环境等，将对社会或人的因素产生何种影响。

第四节　会展项目控制系统的设计

要实现对会展项目的有效控制，应建立项目控制系统。一个控制循环系统可以明确地分为四个步骤，即建立绩效标准，实施绩效观察，对比实际绩效与标准，采取纠偏措施。

项目控制系统的工作流程设计，如下图所示：

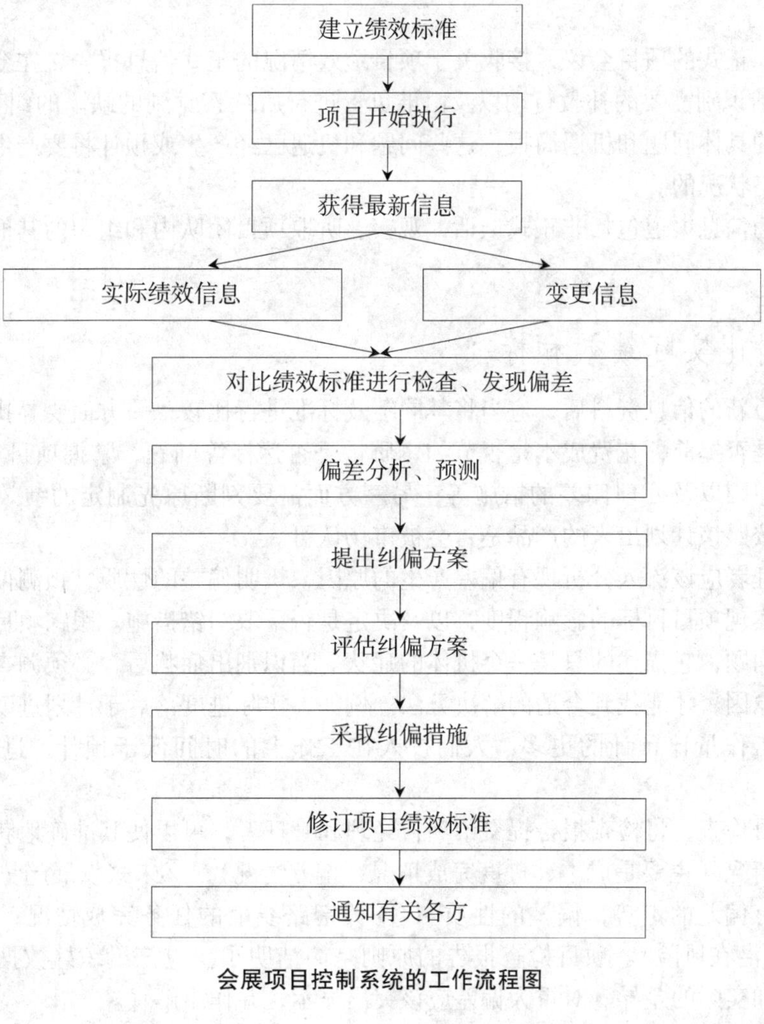

会展项目控制系统的工作流程图

一、建立绩效标准

项目绩效标准是由项目计划派生而来的，其要旨是正确的计划促进正确的控制，它是项目初始计划的现有版本，用来指导项目执行并与之对比的实际项目执行情况，此标准表明项目范围怎样才能按时在预算范围内达到规定的质量标准并顺利地完成。项目业主与项目组织就项目控制标准达成一致后，项目就可以开始实施了。

在项目控制中，一些重要的标准包括工作范围、项目规格、工作分解结构、工作包、成本估算和预算、进度计划、质量、项目所有者的满意、项目团体的满意、资源利用、生产率、可靠性等。

二、实施绩效观察

在项目实施的过程中，要对其完成情况进行持续的跟踪，不断获得项目执行有关情况的最新信息。绩效观察就是收集充分的项目信息，对计划实施的绩效情况作出正确的比较。项目绩效的信息来自多种渠道，绩效观察的过程也可以采取正式和非正式的多种形式。

定期的、正式的项目会议，接收关于项目绩效情况的正式信息报告，在会上讨论项目的进度（包括识别需要的补救行动以及由谁负责进行后续察觉到的缺陷的纠正等），以及和项目有关的具体问题和机遇简报，这些问题和机遇已经产生或预计将要产生，是关于项目开展的战略状况的。

非正式的信息渠道包括非正式谈话，观察、听取项目团队内和组织的其他部门的议论和闲谈等。

三、对比实际绩效和标准

收集到最新的信息资料后，应当将其同绩效标准进行比较，一方面要寻找偏差，以确定工期进度是否提前，花费成本是否节约，质量是否达标等问题，掌握项目实施的现状、偏差产生的原因以及处理偏差的措施等；另一方面需要判断原先制定的绩效标准是否科学、可靠，按照该计划出来的产品是否会被市场认可。

项目管理者应该深入分析现有偏差产生的原因，辨明偏差的性质，预测偏差的未来走势，评价对实现项目目标的影响程度，以及决定是否采取纠错措施。跟踪项目的完成情况并不能识别问题，它描述的只是一个机体的症状。当识别出症状后，必须调查研究，判断问题的实质原因，才能找到合适的解决方法。例如，实际进度落后于计划进度，可能出于以下原因：工作量比预计的更多，人们投入在工作上的时间低于预计，进度记录不准确等。

通过项目检查，将检查报告提交给项目经理和管理者，可以使其准确地获悉：①项目的当前执行情况（主要是成本、进度完成情况，偏差情况）；②未来发展趋势（是否会出现偏差，现有偏差的走势，偏差的性质）；③关键路线上的任务完成情况；④风险状况（现有风险、潜在风险）。项目检查报告的原则是简洁明了。应该组织好数据信息，以便于比较计划和实际的差异。对重大偏差应该突出显示，并作出解释。

四、采取纠偏措施

识别出偏差产生的根本原因后，项目管理者就应该对症下药，及时提出纠偏方案。通常偏差越大，对项目成功的威胁就越大，纠正难度就越大，纠正成本也越高。在真正采取纠偏行动之前，应对拟实施的纠偏措施进行评估，以确保该措施可以使项目回到原先的范围、时间和预算约束之内。但是，一般来讲，一旦项目发生偏差，需要采取措施加以纠正，一定会导致项目的进度计划和成本计划发生变化，从而导致基准计划也要发生相应的变动，因此对于所有采取的纠偏措施应该慎重对待。

改进绩效有两种方式：一是纠正；二是预防。所谓纠正是把现有的问题纠正到正确的轨道上；预防是从根源上解决问题，避免以后类似问题的再发生。管理者如果只是纠正，而不去真正地解决问题，容易造成“救火式”管理的恶性循环。

调整后的项目绩效标准将作为后续项目控制活动的基础，并应该及时通知项目成员、项目业主以及其他利益相关者，获得他们的同意和支持。

【本章小结】

本章主要介绍会展项目实施控制过程，介绍了项目控制的定义及特点，详细阐述了会展项目的主要内容，包括会展项目的范围控制、进度控制、成本控制、质量控制和沟通控制等，并介绍了会展项目跟踪和信息系统的定义及步骤，最后介绍了会展项目控制系统的设计。

【思考与练习】

1. 什么是会展项目控制？其特点有哪些？
2. 简述会展项目控制的内容。
3. 如何设计一个会展项目控制系统？

【拓展阅读】

美国 Alticor 公司会议项目控制

五年前 Alticor 制定了一项会议政策，新政策规定，每 10 或 10 人以上的会议，需要在外住宿的，一定要在公司的会议部门登记并由会议部门作出安排，就像每个设法制定会议政策的人所知道的那样，这是一个夸张的规定。

在会议中得到利益的人以及固有的习惯都会妨碍会议的统一管理。有些公司通过制定政策把会议集中到指定的场所去举办，统一管理会议合同，将问讯表格标准化，或者干脆对每次会议进行登记，使开销有据可查，但他们通常会遇到执行难的问题。嘲笑这种改革的员工并不罕见，因为他们不想放弃对于会议的控制权。

观察家们把事情搞得更复杂了，他们说，如果没有一种单一的最好的办法让人们顺从这种规定，还不如让各企业根据自己的文化特点来制定不同的管理方法。有些公司发现行政命令很好使，而其他单位则更多地依赖于内部宣传和激励。“公司的政策在文化上要有一定的连续性”，位于美国密歇根州 Novi 的 Conferon 全球服务公司的场地销售副总裁 Rick Binford 说。他的工作是与客户共同制定会议政策。“当我们制定会议政策并考虑如何更好地执行它们的时候，我们需采用试探性的方法。”

一、99%的执行率

对于直销公司安利和 Quixtar 的母公司 Alticor 公司来说，统一管理就是一种好方法。“公司的公告声称，每一个会议都要经过公司的特别活动部。”位于密歇根州阿达市的 Alticor公司的全球特别活动部主管 Craig Ardis 说：“促使我们这样做的一件重要事情，就是我们公司的总裁在一次员工大会上说：‘这是我们的新规定，每个人都要遵守，包括我自己。’”

行政命令很简单可收效却很好。自从该政策在 2000 年生效以来，大约有 1 500 个会议在公司统一的会议管理部门进行了登记和安排。

Alticor 的总裁 Doug Devos 说：“会议费用是一项很大的开支，并且也是公司取得业务成功的一个重要因素。因此，对我来说，关注会议的过程是非常重要的。”“我们通过会议进行培训教育，讨论业务问题，以及发布新产品等。因此，召开简单的、划算的、成功的会议才有意义，才是我们的优先之选。”

Alticor 确定了会议政策之后，公司便开始努力将之付诸实施。“我们着眼于精简我们的操作流程，使成本最小化，集中管理并衡量我们的会议开销。每个人都知道目标是什么，他们知道必须要遵守这些规则——这就是当时的情况。”

在 2000 年之前，Alticor 的会议管理是杂乱无章的，主要的会议是通过全球特别活动部来完成，其余的会议则是由不同的发起部门来操作。“错误的是，我们让一些非专业的人士去从事专业的会议策划工作，我们还认识到了非会议专业人士签订合同所带来的责任问题。”

一旦公司的专业团队掌握了公司每年举办会议的权力，Ardis 就向公司领导层证明，组会单位不去权衡公司的购买力，而经常使用那些不恰当的、相同的会议场所和供应商，由此产生的损失很大。“没过多长时间，我们就发现我们错失了很多机会。”在一年多的时间里，这项计划已经为公司节省了数百万美元。今天，Ardis 的工作范围变得更宽了，公司在世界各地的会议都由他们来运作。

在 Alticor，会议方面的花费是公司前三项最大的支出之一。Devos 说：“在我们的销售预算中，会议作为一个重要的组成部分，从全球范围内统一管理还是很重要的。每一个人都以相同的标准来工作，将有助于节省时间和金钱。”自从政策制定以来，只有少数的会议会绕过公司的会议统一管理部门。对那些不遵守规定的人，公司并不给予任何处罚，而只是严厉地提醒他们注意公司的会议管理程序，并告诉他们通过公司会议专业人员去权衡开支、洽谈，并使用指定的供应商、会议场所对公司是很有益的。“他们会看到其间的利益关系。”

二、贯彻执行

Weyerhaeuser，一家位于华盛顿州的木材产品公司也采用了行政命令的方法，而且效果也不错。“这家公司执行制度的能力很强——这正是我们的文化”，公司旅游及会议、餐饮服务和运输部门的主管 Suzanne Fletcher 说。

Fletcher 在 2001 年制定了一个政策，该政策规定：有会议合同而且人数在 15 或 15 人以上的会议一定要通过她的部门进行安排，这成了公司中最基本的规定。Fletcher 和她的五位同事，每年要组织 800 次以上的会议。

她说：“公司管理部门对我们这个部门很支持，这是问题的关键。”负责监督会议与旅游的公司首席财务官，通过增加彼此间的交流与发放印刷材料的方式给 Fletcher 予以大力的支持，来落实这项政策。

如果会议主办方不通过公司的会议统一管理部门来预定会议，会议的支出是不能入账的。“我们的财务部门是不会把这部分开支直接入账的，”她说，“每次会议必须在公司的会议卡上登记。”而只有公司的会议策划人员才有这样的登记卡。

未付账单会被返回给会议主办方，并附带一个条子，告诉他们没有遵守规定。这时候，会议部门就会介入进来，把会议登记在会议卡上并把账单付掉。几年来，这种事情只发生过几次，并没有成为惯例，Fletcher 解释说。因为一旦他们受到过批评，这种事情就不会再发生了。

三、宣传推广

在 Alticor 公司，一个良好的压缩会议成本的环境以及总裁 Devos 的支持，使这个计划得以实施。然而，传达的力度与实际执行的效果对于这项规定是否能够长久坚持很关键。“我们向所有我们接触的人宣传这项规定。我们的宣传方式之一，就是公布年度会议开支总量的有关数据。”他们通过面对面的会议、群发邮件以及企业内部网络宣传等方法来传达公司的这项规定。

对于 Fletcher 来说，情况也是一样。这是一项长期的推广性工作。公司每月的新闻通报中会介绍这项政策，企业内部网也会对此进行宣传。“建立信任感是非常重要的。要说服那些规模较小、距离总部较远的部门，让他们理解这项政策。他们会说：‘为什么我在街对面开个会还要给西雅图打电话?’可一旦他们熟悉了这种工作程序，并认识到这样做可以减轻他们的工作负担还能省钱，他们会很高兴这么做。”她说。

Todd Zint，位于纽约的全国金融合作伙伴公司的营销交流副总裁，正在创建一个企业内部网络营销与品牌战略计划来推广他的公司会议政策。他们编印了一个小册子，名字叫《如何将好会议办成卓越的会议》。在书中，他向使用者介绍了政策的内容、程序、公司会议统一管理部门提供的服务以及这项政策给公司带来的益处等。“这有点像一场广告宣传活动，”他说，“如果他们想省时省钱，就会来找我们，我们可以帮他们把会议办得更好、更快、更有效率。”

这家公司每年在会议方面的花费大约为 500 万美元。他们希望通过统一管理的方式，减少多余开支，节省50万美元，也就是10%。

虽然会议政策执行率的目标是100%，但Zint知道这不可能在一夜之间完成。“你一定要建立信任感，而你每次只能搞定一个。”

四、权限设定

“会议政策的条款如果对会议管理的权限设定清楚了，就会得到人们的支持，”芝加哥世界旅游会议与奖励活动公司的副总裁Michael Malinchok说，“条款中好像暗示着要减少会议的数量，可实际情况并不是这样。”他说，制定会议政策并不是要合并会议或减少会议，这只是想管理会议产品与服务的购买行为。会议政策的含义应该是，“我们只是想帮助你购买更好的产品和服务，而且最终能够通过我们的帮助，使你的团队更有效率。我们并不想干涉会议的内容。”

Fletcher也同意上述观点。面对组织过多年会议而不想把会议主办权交上去的会议主办方，她明确表示：在公司会议统一管理部门对会议进行了登记并实施了统一采购之后，会议主办方仍然可以策划自己会议的内容。“我们并不想剥夺人们的参与感，我们想做的只是洽谈会议的合同。”

在Fletcher起初制定出公司新的会议管理制度时，她并没有时间向大家解释清楚。之后她承认：“如果你的时间很紧，来不及和大家作解释，你就会很被动，因为在最开始执行的时候，人们并不容易接受它。”她说：“如果你时间充裕，我强烈建议你把一些大的会议组织部门叫到一起，召开一个委员会会议，向他们说明这些政策的好处。”

当两年前Kari Knoll Kesler加入明尼苏达的St. Louis Park公司担任会议与活动全球经理的时候，她所做的工作和Fletcher做的完全一样。管理人员把充满改革热情的会议部门交给了她，并让她来执行公司的会议制度。她工作的第一步就是要成立一个由15个最大的会议组织部门组成的指导委员会。她说：“会议权限的设定在会议制度制定之前就要确定下来。”

五、Kari Knoll Kesler

Kesler所在的公司每年有600个不同的部门组织大约5 000个会议，花费近9 000万美元。因此，在正式推出这项计划之前，她意识到这个计划成功的关键在于就新计划的内容与大家进行沟通。她主动与公司内部的主要会议组织者们取得联络。在2006年元月正式发布这项政策之前，她几乎花费了一年的时间收集资料、与会议组织者们进行交流、编制政策的具体内容以及做好政策发布之前的准备工作等。

在就新计划与大家交流的过程中，她了解到了第一线人们的真实想法。她每年召集指导委员会的成员，在公司之外举办两次高峰会，讨论公司的政策，举行头脑风暴以及分享知识的活动等。“我们准备在这儿成立一个会议策划社区，社区的理念是很宏大的。在会议期间大家没有官衔之分，在这么一个平等的环境里，他们尤其相信他们现在所做的事情，是一个很宏大的事业的一个组成部分。”

Kesler建立了一个分散式会议管理模式。在这个模式中，公司内部的会议申请通过一个在线技术平台传递给她和她的四人团队，这些会议就会获得他们的服务支持——从会议策划到会议场所选择再到采购等。上个月，他们聘请了一家第三方会议管理公司，来协助处理内部的会议申请。

当新的会议管理软件今年投入使用的时候，Kesler计划举行一些“路演”活动，向600名新的使用者介绍这个计划，展示这个软件，宣讲计划的好处以及回答大家的提问等。她还将每月就会议计划发表一个新闻通讯，并使用奖励的方式，例如折扣或奖金等，对各部门取消的自己预定的会议场所进行补偿。

所有的团队都要在线登记自己的会议，但是他们并不强制人们都使用Kesler和她的团队为他们策划会议。如果一个部门想要把会议外包给一个第三方公司，她将会为他们分析外包和公司内部提供会议服务的成本差异。

不管怎么说，Kesler还是希望人们使用他们部门提供的服务，这些服务包括会议策划、采购以及使用指定的供应商等。“我们的会议策划大部分是由非专业人员做的。在大部分情况下，他们都希望知道谁来帮他们作策划。这就是为什么我没有太强制他们使用我们的服务的原因。不过，我们营造了一种环境，让他们觉得他们愿意从我们这儿获得帮助。”

如果他们没有登记自己的会议，这些会议将会被列入公司的批评名单之中。“我们将会有一个月度报告，向大家通报该月公司总共召开了多少次会议，在我们这儿登记的会议有多少，以及差距在哪儿等。”

六、对执行者的奖励

在瑞士的制药企业Novartis公司，Paul Tomaszeski面临的挑战与Kesler的大致相同。Novartis公司与其他制药企业一样，他们的成功是因为其企业家的开拓精神和那些与随意性决策的文化对着干的规章制度。

2003年，负责业务支持服务的执行董事Tomaszeski，在公司位于新泽西东汉诺威的美国总部建立了一个会议集中采购部门，用来管理公司的会议场所选择和合同洽谈事宜。为了在没有行政命令的情况下鼓励人们使用他们的会议管理部门，他有一个策略，那就是：激励。

当一个公司给各个部门的开支确定了预算目标之后，对于完成这些指标或开支低于这些指标的部门，公司并没有什么奖励。某个部门的负责人还可能会发现，如果她的部门成功地控制了开支，那么，第二年她的部门的预算指标会被压得更低，因为事实证明她可以做得更好。

按照Tomaszeski的做法，他们的小组给了各部门的头头们一个机会，使他们能够支配自己从预算中节省的一部分钱。“这里没有太多的硬性规定，他们可以不必把钱都花在与会议相关的服务上面。”

“我们的做法被公司各部门的负责人所关注，各个部门都在寻找降低开支的办法，而不是只坐在那儿看着钱被浪费掉。一旦这种做法进入了良性循环的轨道，它就有了自己发展的生命力。”

七、PWC公司的六西格玛

如果你对美国公司中不断增长的会议的重要性有什么疑问的话，了解一下PriceWaterhouse Coopers公司的做法就清楚了。PriceWaterhouse Coopers是一家位于纽约的咨询公司，它将六西格玛原则运用到了它的会议管理部门当中。

六西格玛是一种用资料和数据来分析、衡量和改进人们操作行为的方法。在PWC，六西格玛用来检测人们如何更好地执行公司的会议政策。会议与活动服务主管Debi Scholar说：“六西格玛程序帮助我们了解了为什么人们不愿意通过我们的部门进行会议策划。”

到目前为止，这个程序显示了54%的会议开支没有通过会议部门。“我们认为我们已经准备好了一套会议管理办法，等大家来使用，可事实上有一半多的会议却没有经过正当的途径。经过我们部门的会议超过900个，这是一笔很大的开销。你可以设想那些没有经过我们的会议部门会议的开销是多少。”（那些没有经过登记的会议的开销，通过公司财务的付款纪录就可以查到）

分析发现会议主办者不愿意通过公司会议管理部门的两个主要理由是，他们不了解这个部门，或者了解它但选择忽略它。

会议主办者中存在后一种情况而不使用公司统一会议服务的原因有以下几个：

（1）他们认为会议策划是他们自己工作的一个组成部分。

（2）他们相信自己不这么做也可以。

（3）他们担心会失去对会议策划的控制权。

（4）他们在试图回避会议确认程序。

（5）会议服务没有满足他们预期的需求。

六西格玛的下一步工作就是针对这些问题拿出解决方法，以提高执行的效果，来挽回和平衡会议的多余开销。目前，对不执行公司制度的部门还没有处罚措施。

会议部门要向首席财务官报告，专家每月要与负责不同业务领域的财务负责人通电话，了解会议的总量、节省的费用、会议筹备周期等情况。“定期与这些财务负责人沟通是非常有意义的，因为这样做增加了行政管理层中的透明度。”

（资料来源：http：//www.meetingschina.com/dispNews.aspx？id=161《会议》杂志文章）

第十章　会展项目收尾与评估

【学习目的】

通过本章的学习，了解会展项目收尾阶段的主要工作，掌握会展项目评估的程序及内容。

【学习要点】

1. 了解会展项目收尾阶段的主要工作；
2. 了解会展项目评估的意义和过程；
3. 掌握展览会项目评估的程序、内容和方法；
4. 掌握会议项目评估的内容。

【关键词】

项目收尾　项目评估

第一节　会展项目收尾阶段的主要工作

会展项目收尾阶段包括项目终止、项目验收、项目费用决算、项目总结等。

一、会展项目终止

会展项目终止包括会展项目达到预期目标而成功结束，也包括项目因为种种原因而提前终止。

（一）会展项目终止的原因

通常，会展项目终止的主要原因有以下几种：

（1）会展项目达到预期目标而成功结束。

（2）会展观众的参与程度不高。

（3）参展商提前撤展。

（4）资源不足。

（5）对项目期望值过高以致无法达到。

（6）外部环境剧变。

（7）项目被无限期地延长。

（二）会展项目终止计划

当项目处于终止阶段时，应编制详细的项目终止计划，使项目终止有计划、有序地进行。项目终止计划包括所要进行的主要活动、时间计划、成本和质量要求等。

会展项目终止计划主要包括：致谢、会展后的后续跟踪、建立参展商和观众或与会者的信息数据库、搜集客户意见和建议、财务结算、编写总结报告、向项目利益相关者发布相关信息、召开总结会、加强与客户沟通等。

（1）致谢。向所有参展商、重要观众和支持单位、合作单位以及有关媒体致谢。

（2）跟踪报道。对展览会进行回顾性的报道，并将有关情况、统计资料通过新闻媒介等方式公布，进一步扩大展览会的影响力。

（3）建立参展商和观众的信息数据库。将参展商和观众的相关信息进行整理分类，建立完善的客户资料库。

（4）征求客户的意见和建议。征求客户对展览服务、场所、效果等问题的意见和建议，以便在未来的工作中加以完善和改进。

（5）财务结算。与相关合作单位核对有关数据，包括饭店的总住房数、交通运输部门的用车情况，收集账单和支付账款，并及时追缴欠款客户的账款。对项目收支情况进行统计分析，并向有关人员通报财务状况。

（6）编写总结报告。整理展览项目的相关资料，编撰项目总结报告。

（7）向项目利益相关者发布相关信息。及时将本次会展所取得的经济和社会效益向参展商、观众、媒体等利益相关者通报，扩大项目的影响力。

（8）召开总结会。对会展项目活动的情况做全面的介绍，总结经验、教训，分析存在的问题及其原因，并提出相应的改进意见和建议。

（9）加强与客户的沟通。加强与参展商和重要客户之间的联系沟通，培养忠诚客户，并不断推进会展业务的拓展，发现和获得新的商机。

二、会展项目验收

会展项目验收是指由主要利益相关者对已经完成的项目产品或服务进行检查及验收，如检查项目计划范围内和各项工作是否已经完成，应交付的成果是否达到预期要求。会展项目验收是项目实质性工作的结束，内容主要包括工作成果和项目文件。

三、会展项目费用决算

会展项目费用决算是指项目从筹备开始到项目结束为止的全部费用的确定。从会展项目的财务预算编制开始到结算编制，再到决算编制，所依据的是会展项目的计划、合同及变更等相关内容。

会展项目收尾阶段还要对项目全过程的费用进行审计，包括会展项目计划期的费用审计、会展项目实施过程中的费用审计和会展项目结束时的费用审计，审计的依据是成本估算与成本预算、进度报告与质量报告，并最终形成审计报告。

四、会展项目总结

会展项目总结是会展项目收尾工作的重要组成部分，通过对项目全过程的回顾，记录其中的经验和教训，分析原因，提出改进的方法和建议，以更好地指导未来的工作。

会展项目总结包括主要工作介绍、取得的成绩、经验和体会、存在的问题和教训、提出改进意见或建议、今后的努力方向和展望未来的工作前景。

第二节　会展项目评估

一、会展项目评估的定义

会展项目评估是对会展项目的环境、效果等方面进行系统、客观、真实、深入的考核和评价，并作出权威的反馈。会展项目评估是会展整体运作管理中的一个重要环节，是对主办单位、参展商和会展主管部门三方负责的执行性活动。当前，会展项目评估在世界会展经济发达国家已经相当成熟，在这些国家通常是由全国性统一的行业机构从事展会的评估、认证工作，对各类数据进行审核认证，定期公布认证结果，为会展业内和其他相关机构提供比较分析。

德国是被公认的世界展览王国，德国会展业的成功除了组织模式、产业结构因素外，还有一个重要的因素便是德国会展的评估体制。德国的会展项目评估是由专门的第三方机构来承担的，即 FKM（Gesellschaft zur Freiwilligen Kontrolle vonMesse - und Ausstellungszahlen）公司。FKM 隶属于德国展览与博览会协会（AUMA），主要业务是制定统一的展览会相关指标统计审核标准，促进会展数据的透明度和真实性。AUMA 成员都自觉遵守相关规定，按照规则和标准申报展览会统计数据，接受 FKM 组织的专门数据审计，保证在任何场合和情况下所使用和发布的展览会统计数据均与 FKM 公布的统计数据相一致，一般德国展会推广方面都会有标记该展会是否经过 FKM 审核。

二、会展项目评估的意义

（1）对会展主办单位（包括政府部门）而言，可以根据相关的展览会项目评估结果来客观理性地分析、评价当前的展会市场环境和走向，为今后展会项目的市场开发、运营管理提出相应的建议。展会主办单位可根据每次评估的结论和建议，及时调整会展发展方向、运作管理方式等，扬长避短，从而完善自己的展会品牌。

（2）对会展行业主管部门而言，可以根据相关会展项目评估的标准、结论来制定会展行业发展的行业规章和制度，并可对一些评估良好的展会项目进行重点扶持，帮助他们做强、做大以形成品牌优势，反之，对一些评估差，缺乏市场前景甚至重复举办的展会，予以严格控制以达到规范会展市场秩序和行业竞争的目的。

（3）对于参展商而言，可以通过评估结果掌握展会的真实情况，从而对是否参展进行客观理性的判断。现在，由于办展的“门槛”相对较低，导致展会泛滥，重复办展、多头办展的现象屡见不鲜。企业每年都会接到很多展会的邀请函，选择参加哪一个展览，成了企业和商家头痛的问题，因此规范的、客观的评估报告可以为企业参展选择提供一定的依据。

三、会展项目评估的过程

（一）制订会展项目评估的计划

会展项目评估首先需制订项目评估的计划，内容主要包括：

（1）确定会展项目评估的要素。

（2）确定需要哪些数据和资料。根据确定下来的所需要评估的因子，来确定需要哪些数据和资料。其中，数据是指可以量化的部分，而资料是指需要作出主观判断的部分。数据收集表格和调查问卷都必须在会展开始之前完成设计、制作，并送至会展地点妥善保存。

（3）数据资料的收集。首先，需明确数据收集与获取的方式或途径；其次，对每项数据资料的收集还需要明确在什么时间或时间段进行；最后，还必须明确由什么人执行数据与资料的收集工作。

（4）数据分析方法的选择。对所收集的数据进行分析，分析的方法包括采用层次分析法、德尔菲法等，可依据评估的目标来选择数据分析的方法。

（5）评估报告形式。根据各个会展的具体情况来确定最终的评估报告形式。有些会展项目不需要正式的书面报告，有些会展项目则需要完整的书面报告。评估报告也可以采用定性或定量的方法来描述，定量分析的评估报告可以采用表格或图表的方式来反映结果，定性分析的评估报告则可通过描述性的报告来表现。另外，评估报告还要考虑到受众的不同需求，如一些阅读报告的人只对大致的结论感兴趣，而另一些人则希望得到相关的细节，所以在设计报告结构的时候要考虑到两类受众的需求，可以在报告的开始部分总结性地提出评估结论，然后再详细展开说明。

（二）会展项目评估的实施

1. 数据收集

会展项目中大多数量化指标数据都较容易获得。会展项目的举办次数、场馆面积的大小、参展商的数量、展馆提供商的收入这些数据在会展正式开始之前即可获得。参展商、会展举办商、会展服务商的收益可以在会展结束之后从相关单位处获得。观众的数量统计则应考虑到：如果出售门票，观众的总数即等于出售门票的数字；如果该展会不出售门票，对于观众总数可根据经验估算；如果需要统计其中专业观众的数字，可通过对现场观众的抽样问卷调查获得。媒体报道次数的数据，则需派专门人员加以监控统计。而对于满意度的数据以及其他一些需要作出判断的数据，则可采用问卷调查或者个别访问的方式获得。

2. 撰写会展项目评估报告

在数据处理与分析的基础上便可编写会展项目的评估报告了。评估报告一般应该包括以下几个方面的内容：

（1）会展项目的概述。包括本会展项目的历史，迄今为止共举办的届数，本届会展项目举办的时间、地点，主办单位名称，承办单位名称等。

（2）本届会展项目主要数据的披露。包括参展商的数量、有代表性的企业名称、观众的数量、达成的交易金额或签订的协议金额。

（3）详细的评估方案，即评估指标体系以及得出的基本结论。

（4）对于一些不宜或无法用定量方法作出的评估的因素，还应该有定性的评估。

（5）对历届会展进行纵向的比较，分析本届会展所取得的进步。

（6）对相应主题的会展进行横向的比较，分析本会展项目的特点以及优势与劣势。

（7）通过以上各方面的分析，得出最终的评估结论。结论应客观揭示本会展项目的现状，评判会展价值，预测会展的未来方向，并对会展的发展趋势、完善方式和品牌建设作出合理的建议。

（三）会展项目评估报告的应用

最后，在会展项目评估报告编写完成之后，还必须考虑会展项目评估报告的应用，即哪些人应该得到会展项目评估报告。

首先，无论会展项目评估报告是由会展项目主办方或承办方自己作出的，还是由地方会展协会或独立的专业中介机构作出的，会展的主办方或承办方都应该首先得到项目评估报告。因为对会展项目进行评估的一个首要原因就是对本次会展项目进行总结，并为会展的主办方或承办方未来举办会展提供借鉴。

其次，地方会展协会应该得到一份会展项目评估报告，以便能对本次会展项目的质量、效益与影响等方面作出判断，并为今后会展主办方再次申办会展通过审批依据。

再次，参展商也应该得到一份会展项目评估报告。参展商通过评估报告，可以得出对本次会展的全面评价，以决定以后是否继续参加同一会展。而会展主办方与承办方为了吸引参展商今后继续参加该会展项目，也应主动做好信息反馈工作，在把项目评估报告及时传达给参展商的同时，也应收集参展商的反馈意见和建议，以便进一步提高会展项目管理的质量。当然，由于参展商数量众多，如果每一家参展商都寄一份项目评估报告，成本会很高，因此可根据参展商的实际需求来决定。

最后，展馆的出租商以及会展的专业服务商可能也会希望得到会展项目评估报告，为了便于以后的继续合作，会展主办或承办方也可根据实际情况决定是否提供。

第三节　展览会项目的评估

一、展览会项目评估程序

展览会项目评估是一个有计划、有步骤的动态过程，必须循序渐进。通常，一项展览会项目评估包含以下程序：

（一）确立展览会项目评估目标

展览会项目评估的主要目标是了解展出的效率和效益。由于会展效果的评估涉及会展工作项目与工作成果之间的复杂的关系，导致了展览会项目评估目标的复杂化。所以在进行展览会项目评估时应该根据展出目标确立评估的具体目标和主要内容，并依据评估目标的主次，排列优先评估或重点评估的次序。

（二）选择规范的评估标准

会展效果的评估标准系统包括整体成效、宣传效果、接待成果、成交结果等。评估时应该根据展出目标确定展览会项目评估标准的主次。比如展出目标是推销，就应该把成交结果作为主要评估标准。划定评估标准的主次以后，还应该使其规范化。评估标准的规范化是指评估标准必须明确、客观、具体、协调和统一，也就是明确评估标准的主次、重心，客观地制定切合实际的评估标准，量化评估标准，使之具体化、可操作性强，评估标准之间必须协调并能长期统一，使评估结果更为准确。

我国最早开展系统性展览会项目评估工作的是温州市会展业协会。该协会采用百分记分法对其会员单位举办的所有展会进行评估，每年上半年和下半年各公布一次评估结果。

（三）制订评估方案

根据会展效果的评估目标及标准，确定各阶段具体的评估内容和评估方案，包括各段时间安排与抽样分布、评估的对象和方法、人员安排和经费预算等等。制订评估方案应包括以下内容：

（1）根据评估项目、对象和方法制订评估方案，明确人员分工，安排各项必要措施。

（2）设计制作各种测评问卷及情况统计表，如参展商问卷调查表、观众问卷表和展览会举办情况统计表等。

（3）小范围预测，修改测评问卷。

（4）对测评人员进行培训，考虑测评困难及问题防范措施。

（四）实施评估方案

（1）通过收集现成资料、安排记录、召集会议、组织座谈、利用调查问卷向参观者收集情况等方式收集各种信息。

（2）整理收集的信息，处理分析数据。

（五）撰写评估报告

根据不同阶段的效果测评，汇总分析，对整个展览活动过程的效果进行总体评价，写出评估报告。报告内容一般包括评估项目、评估目的、评估过程与方法、评估结果统计分析、评估结论与可行性建议及附录等。

展览会项目评估报告是一定类型的载体，反映市场状况的有关信息并包括某些调研结论和建议的形式。展览会项目评估报告是展览会项目评估活动过程的直接结果。

展览会项目评估报告撰写应该具备以下要求：①语言简洁，有说服力；②报告必须以严谨的结构、简洁的体裁将调研过程中各个阶段收集的全部有关资料组织在一起，不能遗漏重要的资料，但也不能将一些无关资料统统写进去；③注意仔细核对全部数据和统计资料，务必使资料准确无误；④报告应该对展览会项目评估活动所要解决的问题提出明确的结论或建议。

展览会项目评估报告可能因评估的具体内容而有所区别，但一般来说都应该包含以下几个部分：

（1）评估的背景和目的。在评估背景中，调研人员要对评估的由来或受委托进行该项评估的具体原因加以说明。说明时，最好引用有关的背景资料为依据，分析展览活动等方面存在的问题。

（2）评估方法包括：①评估对象，说明从什么样的对象中抽取样本进行评估；②样本容量，抽取多少观众作为样本，或选取多少实验单位；③样本的结构，根据什么样的抽样方法抽取样本，抽取样本后的结构如何，是否具有代表性；④资料采集方法；⑤实施过程及问题处理；⑥资料处理方法及工具，指出用什么工具、什么方法对资料进行简化和统计处理；⑦访问完成情况，说明访问完成率及部分未完成或访问无效的原因。

（3）评估结果。评估结果是将评估所得资料整理出来。除了用若干统计表和统计图来呈现以外，报告中还必须对图表中的数据资料隐含的趋势、关系和规律加以客观描述，也就是说要对评估结果加以说明、讨论和推论。评估结果所包含的内容应该反映出评估目的，并根据评估标准的主次来突出所要反映的重点内容。一般来说，评估结果中应包含展台效果、成本效益比、成交笔数、成交额、接待客户数量、观众质量等。

（4）结论和建议。要用简洁明晰的语言作出结论，如阐述评估结果说明了什么问题，有什么实际意义。必要时可引用相关背景资料加以解释、论证。建议是针对评估结论提出可以采取哪些措施以获得更好的效果，或者是如何处理已存在的问题，最好能提供有针对性的行动方案。

二、展览会项目评估的内容

展览会项目评估的内容通常包括：

（一）展览会项目的历史和影响

某一展览会项目举办的历史长，通常意味着知名度高、影响力大、质量高。同样，历年主要参展商的知名度及在各自行业中的代表性，也是衡量该展览会项目影响的重要指标。例如：

（1）该展览会项目已举办过几届（年）。

（2）在过去的几年中，参展商有哪些，在行业中的代表性等。

（二）展览会主题

展览会的主题是否明确，是否能较好地服务于展览会举办城市的地方经济，对此，可分别由观众和新闻媒体加以评估，通过问卷调查的方式获得数据。例如：

（1）展览会主题是否明确：①观众的意见；②新闻媒体的意见。

（2）能否服务于地方经济：①观众的意见；②新闻媒体的意见。

（三）展览会的规模

成功的展览会必然具备一定的规模，规模大的展览会可以吸引更多的专业观众，而这正是保证参展商达到参展目的的最主要因素。评估展览会的规模主要看参展商和专业观众的数量以及展览会面积的大小。例如：

（1）参展商的数量：①参展商的总数；②海外参展商的比例。

（2）观众和专业观众的数量：①观众总数；②专业观众的数量。

（3）展览场馆的规模：①展馆的面积；②展位的数量。

参展商的数据可由参展商报名材料统计获得，如果是国际性展览还需要统计海外参展商的比例；观众与专业观众根据各展览会的实际情况决定是否需要加以区分，某些展览会只有专业观众，某些展览会当地居民普遍参加，所有观众的数据根据出售门票加以统计；专业观众的数据可根据对参展商的调查加以估计，或者通过对现场观众的抽样问卷调查加以统计。

（四）展品的质量和品牌

仅对展览会的规模，也即从数量上进行评估是不够的，还必须对参展商品的质量和品牌进行评估，对此可分别由观众、新闻媒体和展览会承办商加以评定。前两者可以通过问卷调查的方式获得数据，至于展览会承办商则由专门成立的项目评估小组加以评定。例如：

（1）展品的质量：①观众的意见；②新闻媒体的意见；③承办商的意见。

（2）展品的品牌：①观众的意见；②新闻媒体的意见；③承办商的意见。

（五）广告宣传力度

举办展览会应有强大的宣传阵容，宣传力度越大，越能吸引专业的观众和购买者，可能达成的交易额和协议额也越高，这一指标是参展商较为关注的，可用广告投入的数量和金额作为评估数据。

（六）成交评估

成交评估，这里的成交是指消费成交和贸易成交两种。对贸易性的展览会而言，成交评估是展览会项目评估最重要的内容之一。

成交评估的内容一般有：①有无达到销售目标；②成交额；③成交笔数；④意向成交额；⑤实际成交额；⑥与新客户成交额；⑦与老客户成交额；⑧展览期间成交额；⑨预计后续成交额。

（七）展览会承办商的收益

展览会承办商的收益来自于以下方面：一是向参展商收取的参展费；二是向观众收取的门票收入；三是广告收入；四是其他方面的收入。并不是每个展览会项目都一定具备这四个收入来源，需要根据各个展览会项目的具体情况来确定。

（八）展馆提供商的收益

如果展览场馆属于展览会主办商自身所有，则不需这一项；如果展览场馆是由展览会主办商承租，则承租费用计为展馆提供商的收益。

（九）展览会服务商的收益

展览会服务商，指展览会主办方之外的为展览会项目提供服务的专业服务商，主要包括交通、饮食、住宿等方面，可根据实际情况进行取舍。

（十）展览会的组织水平

展览会的组织水平主要是评估展览会主办商对整个展览会项目的组织协调能力，维持良好秩序的能力、处理紧急或突发事件的能力等；展览会的服务包括展览会的主办商提供的场馆设施、展台设施等基本服务，也包括专业服务商提供的交通、饮食、住宿以及其他服务。对以上各项的评估可分别对参展商、观众、新闻媒体进行问卷调查。例如：

（1）展览会的组织水平：①参展商的意见；②观众的意见；③新闻媒体的意见。

（2）展览会的服务水平：①参展商的意见；②观众的意见；③新闻媒体的意见。

（十一）接待客户评估

（1）参观展台的观众数量。可以细分为接待参观者数，现有客户数和潜在客户数。其中潜在客户数是重点。

（2）参观展台的观众质量。按照评估内容和标准分类统计观众的订货决定权、建议权、影响力、行业、区域等，然后根据统计情况将参观观众分为“极具价值”、“很有价值”、“一般价值”和“无价值”等情况。

（3）接待客户的成本效益。计算方法是用展览总支出额除以所接待的客户数或者所建立的新客户关系数。

（十二）观众的满意度

观众的满意度可通过对现场观众的抽样问卷调查获得，视具体情况也可区分普通观众和专业观众。

（十三）新闻媒体的报道

新闻媒体的报道是对展览会项目进行评估的一个重要方面，而对新闻媒体报道的分析又可以从两个方面进行：一是媒体报道的次数，包括展览会举办当地的媒体、高一级行政区域单位乃至国家级新闻媒体、展览会专业媒体等，媒体报道的次数可以说明该展览会项目的影响力；二是媒体报道的评价，报道的正面或负面，以及正负的程度，都依赖于展览会的结果和对社会的影响。对新闻媒体报道数据的收集与分析的工作量较大，专业性也较强，因此可以请专业的媒体监控组织来进行，当然这样会导致较高的成本。

以厦门市展览会评估为例，其评估评分表如表 10－1 所示：

表 10－1 厦门市展览会评估评分表（试行）

展览会名称：

举办日期：　　年　　月　　日—　　年　　月　　日

评估日期：　　年　　月　　日

主办单位：

承办单位：

序号	评估项目	评分标准	满分	评分记录	得分
1	组织管理	组织机构健全，展览秩序良好 2 分	7		
		展馆内设立咨询报到、知识产权保护、工商投诉等管理服务机构 3 分			
		印制参展手册及会刊 2 分			
2	规模	超过 1 200 个展位 10 分	10		
		901～1 200 个展位 8 分			
		601～900 个展位 6 分			
		301～600 个展位 4 分			
		300 个展位以下 2 分			

（续上表）

序号	评估项目	评分标准	满分	评分记录	得分
3	展厅规划	展厅规划布局合理、公共布展效果好 4分	10		
		一般专业展特装面积占展出总面积40%以上 6分 （汽车、机械、房产等展览会达80%以上）			
		一般专业展特装面积占展出总面积30%以上 4分 （汽车、机械、房产等展览会达70%以上）			
		一般专业展特装面积占展出总面积20%以上 3分 （汽车、机械、房产等展览会达60%以上）			
		一般专业展特装面积占展出总面积10%以上 2分 （汽车、机械、房产等展览会达50%以上）			
4	参展商结构	境外参展规模达20%或外地参展规模达50% 10分	10		
		境外参展规模达15%或外地参展规模达40% 8分			
		境外参展规模达10%或外地参展规模达30% 6分			
		境外参展规模达5%或外地参展规模达20% 4分			
		境外参展规模5%以下或外地参展规模20%以下 2分			
5	专业观众结构	报到专业观众数与参展企业数比值达15∶1 15分	15		
		报到专业观众数与参展企业数比值 相应分值			
6	参展商满意度	参展效果、组织、服务等满意率达70% 30分			
		参展效果、组织、服务等满意率达60% 25分			
		参展效果、组织、服务等满意率达50% 20分			
		参展效果、组织、服务等满意率达40% 15分			

（续上表）

序号	评估项目	评分标准	满分	评分记录	得分
6	参展商满意度	参展效果、组织、服务等满意率40%以下 10分	30		
7	专业观众满意度	参会效果、组织、服务等满意率达70% 15分	15		
		参会效果、组织、服务等满意率达60% 12分			
		参会效果、组织、服务等满意率达50% 10分			
		参会效果、组织、服务等满意率达40% 8分			
		参会效果、组织、服务等满意率40%以下 5分			
8	连续性	1～2届 1分	3		
		3～4届 2分			
		5届以上 3分			
合计			100		
会展协会意见		年 月 日			
评估委员会意见		年 月 日			
评估委员会主任		评估委员会成员			

三、展览会项目评估值的计算

评估指标体系的设定只是完成了初步的工作，要得到最终的评估值还需要经过复杂的计算，下面以层次分析法为例，进行展览会项目评估值的计算。

（一）各指标因子绝对数值的获得

指标因子有两种情况：一种可以进行量化，如会展项目的举办次数、场馆面积的大小、参展商的数量、观众的数量、参展商、展会承办商、展会服务商的收益、展馆提供商的收入、广告投入的数量与金额等；另一种不可以进行量化，如参展商、观众、新闻媒体对展览会组织服务水平的判断，这些数据可采用问卷调查或者个别访问的方式获得。

（二）对各指标因子进行评分、确定权重

邀请会展界的专家、学者以及业界代表，组成专家组。由专家组根据各指标的绝对数

值进行评分，可按照五分制进行打分。至于各因子权重的确定，可以有三种方法：一是平均分配；二是由专家组根据经验确定；三是运用层次分析法确定。

（三）计算最终的评估值

将各因子的评分值乘以权重，得到各因子的最终得分，然后相加，即得到展览会项目评估的最终评估值（O）。为便于理解，列表如下（见表 10－2）：

$O = \sum WiPi$

表 10－2　展览会项目评估指标体系及其计算方法

目标层	指标层 Ai	因素层 Bi	因子层 Ci	因子权重 Wi	因子评分 Pi	因子得分 $WiPi$
展览会项目评估值 O	展览会项目的历史和影响 A1	展览会的届数 B1	展览会的届数 C1			
		参展商代表性 B2	参展商代表性 C2			
展览会项目评估值 O	展览会主题 A2	展览会主题是否明确 B3	展览会主题是否明确 C3			
		能否服务于地方经济 B4	能否服务于地方经济 C4			
	展览会的规模 A3	参展商的数量 B5	参展商的总数 C5			
			海外参展商的比例 C6			
		观众和专业观众的数量 B6	观众的总数 C7			
			专业观众的数量 C8			
		展览场馆的规模 B7	展馆的面积 C9			
			展位的数量 C10			
	展品的质量和品牌 A4	展品的质量 B8	观众的意见 C11			
			新闻媒体的意见 C12			
			承办商的意见 C13			
		展品的品牌 B9	观众的意见 C14			
			新闻媒体的意见 C15			
			承办商的意见 C16			
	广告宣传力度 A5	广告投入的数量 B10	广告投入的数量 C17			
		广告投入的金额 B11	广告投入的金额 C18			

（续上表）

目标层	指标层 Ai	因素层 Bi	因子层 Ci	因子权重 *Wi*	因子评分 *Pi*	因子得分 *WiPi*
展览会项目评估值 *O*	参展商的收益 A6	有无达到销售目标 B12	有无达到销售目标 C19			
		成交额 B13	成交额 C20			
		成交笔数 B14	成交笔数 C21			
		意向成交额 B15	意向成交额 C22			
		实际成交额 B16	实际成交额 C23			
		与新客户成交额 B17	与新客户成交额 C24			
	承办商的收益 A7	展费收入 B18	展费收入 C25			
		门票收入 B19	门票收入 C26			
		广告收入 B20	广告收入 C27			
		其他收入 B21	其他收入 C28			
	展馆提供商的收益 A8	展馆提供商的收益 B22	展馆提供商的收益 C29			
	服务商的收益 A9	交通服务商的收益 B23	交通服务商的收益 C30			
		饮食服务商的收益 B24	饮食服务商的收益 C31			
		住宿服务商的收益 B25	住宿服务商的收益 C32			
		其他服务商的收益 B26	其他服务商的收益 C33			
	展览会的组织和服务 A10	展览会的组织水平 B27	参展商的意见 C34			
			观众的意见 C35			
			新闻媒体的意见 C36			
		展览会的服务水平 B28	参展商的意见 C37			
			观众的意见 C38			
			新闻媒体的意见 C39			

（续上表）

目标层	指标层 Ai	因素层 Bi	因子层 Ci	因子权重 *Wi*	因子评分 *Pi*	因子得分 *WiPi*
展览会项目评估值 *O*	接待客户的评估 A11	参观展台的观众数量 B29	接待参观者数 C40			
			现有客户数 C41			
			潜在客户数 C42			
		参观展台的观众质量 B30	参观展台的观众质量 C43			
		接待客户的成本效益 B31	接待客户的成本效益 C44			
	观众的满意度 A12	所有观众的满意度 B32	所有观众的满意度 C45			
		专业观众的满意度 B33	专业观众的满意度 C46			
	新闻媒体的报道 A12	媒体报道的次数 B34	媒体报道的次数 C47			
		媒体报道的评价 B35	媒体报道的评价 C48			

四、展览会项目成功性评价的标准

展览会项目成功性评价的标准可以展览会实际效果与预期目标之间的差距来衡量。一般分为完全成功、成功、部分成功、不成功、失败。

1. 完全成功

项目取得了巨大的效益和影响，项目目标完全实现或超过。

2. 成功

项目实现了预期的效益和影响，项目大部分目标已经实现。

3. 部分成功

项目只取得了一定的效益和影响，项目实现了原定的部分目标。

4. 不成功

会展项目几乎没有产生什么正效益和影响，项目没有实现目标。

5. 失败

会展项目不得不终止，项目目标无法实现。

第四节　会议项目评估

一、会议项目评价的程序

与展览项目评估的程序相似，会议项目评估的程序也分为：确立评估目标、选择评估标准、制订评估方案、实施评估方案、撰写评估报告。

一份完整的会议项目评估应该包括会议项目的背景（包括会议的主题、时间、地点等）、会议项目的目的、主办者和承办者的基本情况、与会者的情况、发言人的情况、会议活动的基本情况、会议的成本、效益情况、存在哪些问题、需要改进和完善的地方等。评价一个会议项目是否成功，可以从三个方面来加以考量：一是会议项目是否达到了预期目的；二是会议项目的质量评价；三是会议的效益评价。然后据此三个评估目标，选择一个评估标准，确定所要评估的要素。

二、会议项目评价的要素

伦纳德·纳德勒和泽西·纳德勒在《成功的会议管理：从策划到评估》一书中给出了一个可以进行评估的会议要素的表格，如表10－3所示：

表10－3　会议项目评估的要素

• 承办者	• 相关活动	• 展览
• 策划委员会	• 会议地点	• 注册
• 指导委员会	• 市场宣传	• 与会者手册
• 秘书处	• 公共关系	• 娱乐活动
• 主题相关性	• 预算	• 休息
• 目标明确性	• 发言人	• 招待会
• 整体策划	• 交通	• 陪同人员

1. 承办者

对承办者进行评估可以对其表现进行有价值的反馈信息。对承办者的评估一般从以下几个方面开展：承办者是否达到了会议的要求，承办者是否发挥了领导作用，承办者发挥了什么作用，承办者与其他项目利益相关者的合作情况如何。

2. 策划委员会

对策划委员会评估的主要内容通常包括：策划委员会是否清楚自己的职能，是否有效地发挥了自己的作用，其工作结果是否令人满意。

3. 指导委员会

对指导委员会进行评估，评估的内容主要考虑：指导委员会是否清楚自己的职责，他们在会议过程中作出了哪些决定，他们是否得到了来自与会者的推荐，他们与承办者合作得如何。

4. 秘书处

对秘书处评估的重点应该是针对整个团队的表现，一般没有必要对秘书处的每一个成员进行评估。评估时需要考虑以下问题：秘书处是否安排了足够的人员，哪些有需求的服务没有被提供，有哪些问题没有得到解决，秘书处的职能如何可以得到改进。

5. 主题相关性

与会者对会议主题方面的反馈意见将对以后会议主题的策划很有帮助。在对主题相关性的评估中，评估的内容主要考虑：会议主题是否和与会者紧密相关，会前行动是如何传达会议主题信息的，会议主题在会议策划中是如何表现的。

6. 目标明确性

会议目的的明确性也可以作为评估的对象，除非会议具有某些具体的目标，或者是例行的年会。评估的内容主要考虑：与会者对会议目的的理解程度如何，会议目的向与会者传达得如何。

7. 整体策划

会议的整体策划也是评估的一个重要内容。评估的内容主要考虑：会议举办的季节是否合适，整个会议的长度是否合适，各场会议的长度是否合适，会议的流程是否合适。

8. 相关活动

相关活动包括很多方面，应该根据会议安排的活动来设计相关的评估方案。

9. 会议地点评估

对会议地点的评估需要考虑以下问题：这个会议地点是否适合本次会议，会议地点的工作人员是否对与会者有帮助，会议地点的住宿条件如何，饮食服务是否令人满意。

10. 市场宣传

对市场宣传的评估。与会者的实际数量可以直接反映市场宣传的效果，但对市场宣传的评估并不限于此。我们还可以评估哪些市场宣传的策略是有效的，哪些是无效的，以及直接邮寄材料或在媒体中做广告的有效性，并从与会者和服务商那里得到一些关于以后会议宣传的有益建议。评估的内容主要考虑：宣传材料的质量如何，以及是否合适；邮寄方式是否快捷有效；广告的效果如何。

11. 公共关系

对公关工作的评估可以根据会议期间的采访次数和新闻数量来判断，也可以进行更细致、更全面的评估，评估的内容主要考虑：媒体人员是否参加了会议，媒体对会议的接受情况如何，公关活动是否有发言人和与会者参加。

12. 会议预算

对会议预算评估的内容主要考虑：预算与实际开销之间的差距如何，预算中是否考虑到了所有的开销项目。

13. 发言人

对发言人进行评估应以他们发言的具体会议为依据，可设计评估表格，由与会者在每场会议结束后立即填写。

14. 会议交通

对会议交通进行评估包括两个方面：第一是往返会议的交通；第二是会议过程中的短途交通。在评估中可以提出以下问题：会议的交通服务是如何安排的，交通服务的质量如何，交通服务的安排是否与会议公布的日程紧密相关，短途交通服务是否令人满意，是否还有其他必要的交通服务没有被提供。

15. 展览

展览有时也是会议的一个重要部分，因此有必要对其进行评估。与会者可以就会议与展览的相关性作出评价，参展商也可以向会议承办者提出反馈意见。评估的内容主要考虑：展览的地点在哪里，展览在什么时间举行，人们是否可以自由参观展览，与会者是否用到了展览，展览与会议的整体策划有什么联系。

16. 注册

注册是会议接待工作的一个重要环节，所有与会者都要进行注册。在对注册进行评估时，评估的内容主要考虑：注册的时间和地点是否合适，注册的整个程序是否简单，注册是否进行得快速有效，与会者在需要的时候是否能够得到帮助。

17. 与会者手册

为了使与会者能够理解整个会议程序及相关事宜，还有的承办方通常会印发会议手册。如果会议手册内容较少，可能就不需要进行评估，如果内容较多，则同样需要进行评估。评估的内容主要考虑：手册是否提供了所有必要的信息，哪些可能对与会者有用的信息没有被包括在会议手册里，手册的形式是否可以进一步完善。

18. 娱乐活动

在会议的间歇或者是晚上，会议主办方可能也会安排一些娱乐活动。在对娱乐活动进行评估时，应该着重强调其与会议的相关性，而不是其自身的质量。评估的内容主要考虑：娱乐活动是否适合本次会议，娱乐活动的量是否合适，下一次会议还可以安排哪些娱乐活动。

19. 休息

休息也是会议过程中一个必不可少的部分。评估的内容主要考虑：会议是否安排了足够多的休息次数，每次休息时间长短是否合适，休息时提供的饮食是否令人满意。

20. 招待会

会议通常也会安排招待会，至于是否有必要对其进行评估，应视其对会议的重要性而定。评估的内容主要考虑：招待会的时间和地点是否事先有效地通知了所有与会者，招待会对整个会议起到什么作用，招待会的饮食是否够量。

21. 陪同人员

如果会议同意接待陪同人员，那么也应该对这方面的工作进行评估。评估的内容主要考虑：会议接待陪同人员的计划是否获得了成功，是否以后的会议还将为陪同人员安排活动，接待陪同人员的计划是否能够改进，是否应该鼓励陪同人员参加会议。

以某会议为例，其会议评估报告的内容如表 10－4 所示：

表 10－4　某会议评估报告的内容

● 会议背景
● 目标
1. 此次会议的目标是什么？
2. 会议目标是否达成？
3. 哪些目标没有完全达成？为什么没有完全达成？（确切理由）
● 时间
1. 会议目标是否是最短时间内达成？
2. 倘若目标并非在最短时间内达成，为什么没有在最短时间内达成？（确切理由）
● 地点
1. 会议地点的位置是否适当？
2. 大小是否合适？

（续上表）

3. 会议地点住宿、饮食和服务的等级如何？ 4. 会议地点设施是否适用？ 4. 会议地点的工作人员是否肯帮忙？与会者的意见如何？ • 交通 1. 车辆是否保养得很好？ 2. 车辆是否准时？ 3. 机动性是否很高？ 4. 司机是否客气和肯帮忙？ • 会场布置 1. 标志、布景、照明和会议地点的装饰水平如何？ 2. 会场设计的各个项目是否及时提供和安装？ 3. 与会者对设计布置有什么意见？ • 印刷品 1. 对设计和版面是否满意？ 2. 内容是否正确或者表述清楚？ 3. 印刷品是否及时提供？ 4. 所花的费用是否值得？ • 器材设备 1. 提供器材设备的单位工作完成得如何？ 2. 安装和操作设备的人员工作效果如何？ 3. 有无设备故障？ 4. 原因是什么？ • 发言者 1. 发言内容是否打动人心？ 2. 讲稿的风格是否合适？ 3. 内容是否明了？ 4. 讲稿是如何提供的？ 5. 辅助设备的资料是否派上用场？ • 与会者的意见 1. 会议采用的风格是否合适？ 2. 场地设计、音乐是否合适？ 3. 会议时间是否合适？ 4. 所花的费用是否值得？ 5. 满意程度如何？ • 假如再主持同样的会议，下表中哪些事项将继续维持？哪些事项将有新的举措？ ……

【本章小结】

本章介绍了会展项目收尾阶段的工作内容，论述了会展项目评估的意义、过程、实施及应用。最后重点论述了展览会项目的评估程序、评估内容和评估值的计算，以及会议项目的评估程序、评估内容。

【思考与练习】

1. 会展项目收尾阶段的主要工作有哪些?
2. 简述会展项目评估的意义和过程。
3. 论述展览会项目评估的内容，试结合事例说明。

【拓展阅读】

德国展览会的评估与认证

展览会评估与认证在国内还属于空白，随着中国会展行业的规范化发展，必然会催生第三方认证体系，即独立于观众、参展商和展会主办者之外的中立的机构，该机构对展览会按照一套标准的流程和指标结合行业特点对不同行业不同规模的展会作出科学的客观的评估，所得到的数据和评估结果，给展会观众、参展商以及展会主办者带来不同层面的积极作用和意义。

对参展商而言，展会评估的结果可以使参展商在同一行业不同的展会之间以及展会与其他营销手段之间的选择提供参考依据；对观众而言，尤其是专业观众选择参观不同的展览会提供客观的标准；对展会主办者而言，为打造品牌展以及更好地改进对参展商及观众的服务提供客观的依据。

在会展业发达的德国，有全国性的行业机构从事展会的评估与认证工作，这类认证对展会而言不是强制性要求的，但通过认证对于展会推广运作，不言而喻有着极其重要的影响，该机构对有关申请评估的展览会的各类统计数据通过不同手段进行审核认证，定期公布认证结果，为业内和经济界提供一个展览会的横向比较。

国内会展业今后走向规范和专业的方向，认证和评估是必由之路。现在国内一些会展研究机构已经开始开展前期调研工作，开始了前期的研究和理论准备工作，德国的这套体系虽然不可能也不应该完全被国内照搬，但对其进行剖析研究对于今后建立符合中国国情及会展业状况的认证体系是大有裨益的。

德国权威的展会评估机构为 FKM（全称：Gesellschaft zur Freiwilligen Kontrolle von-Messe - und Ausstellungszahlen），FKM 是德语展览会统计资料自愿审核协会的缩写，F 的意思就是自愿，强调自愿原则，FKM 隶属于德国展览与博览会协会（AUMA）。

FKM 总部设在柏林，于 1965 年由六家德国会展公司共同创建，创建的目的就是制定统一的展览会相关指标统计审核标准，促进会展数据的透明度和真实性。目前有 74 个德国展会主办者和 3 个外国展会主办者为其成员，3 个外国展会主办者分别来自维洛纳、莫斯科、香港。该公司只为成员单位申报并主办的展会开展审核，每年 4 月发布对上年展会的审核结果，并公布当年申报展会的名单。一般德国展会推广方面都会有标记该展会是否经过 FKM 审核。在奥地利和瑞士都有完全类似的机构，因为都是德语系国家，所以都简称为FKM，但这两个国家的FKM与德国的互不隶属。2003年，FKM为293个展会进行了展会审核，重点是物理层面的审核。

FKM的工作任务是制定展览会数据统计的标准和规则，并聘请专业经济审计机构对展会主办者填报的展览会统计数据进行审核。FKM机构的成员要按照FKM的规则和标准申报展览会统计数据，接受FKM组织的专门机构对统计数据进行的审计，并保证在任何场合和情况下所使用和发布的展览会统计数据均与FKM公布的统计数据相一致。FKM的相关数据和规则由独立的经济审核机构负责审计。授权的经济审计机构通过随机抽查的方式对各成员申报的展会数据开展审计，包括派员到展览会现场了解情况和展会结束后对展会财务进行审计或者通过问卷调查的方式进行，然后出具审计报告。

FKM通过其网站（www. fkm. de）使用德英两种文字版本提供完整及时的审核资料，可供参展商和观众免费下载。观众可以通过FKM编制的使用手册，比较查看各类展会经过审核后的统计数据，使自身更好的安排参展计划。网站上还介绍了FKM的组织机构、工作任务和程序以及重要指标的定义和更好地使用FKM统计数据的方法。

德国展会评估主要是进行三个指标的量化分析，横向对比，包括展览面积、参展商数量、观众数量，其中最为重要的分析指标为观众的结构分析，首先将观众分为专业观众和普通观众，其次对观众的来源地、职业、所属行业、职务、年龄、参观频率等各个指标细化分析。

FKM展览会数据审核近50年来，已经把FKM做成德国会展界品牌和质量的象征，受到了参展商和展览主办者的青睐。除德国展会外，越来越多的德国展会主办者在德国以外主办的展会将走进FKM的审核范围，很多非德国展会主办者也申请成为FKM的海外成员。FKM的审核不是通过行政审批的方式进行，而是以其公正、透明和权威性来吸引展览会主办者自愿参加，是用市场经济的手段对展览市场进行规范和监督。

就目前中国展览业状况而言，因为中国目前的展览市场还不成熟，缺乏权威的第三方认证机构，目前由政府出面，或者在政府的主管和监督下由贸促会或者地区性展览行业协会具体实施，刚开始的认证不必全面铺开，应该也采取自愿原则，先对品牌展会或者影响力比较大的行业展会进行试点。

2003年，国内会展研究机构已就展会评估与FKM讨论合作事宜。据悉，中国贸促会计划从2005年开始启动展览会数据审计工作，展览会数据审计将本着自愿的原则进行，中国贸促会将聘请专业审计机构有计划地对一些展览项目的有关数据进行审计，并通过多种渠道向国内外发布，为参展企业和专业观众选择展览会提供一个客观依据。中国贸促会启动的展览会数据审计工程对于规范中国的展览业市场有着重大的意义，具体的工作进展我们大家一起拭目以待。

以“2003年法兰克福春季消费品博览会（Ambiente）”为例，说明FKM的指标体系：展览面积，参展商及观众统计（摘自FKM2003年度报告）。

展期（天）：5

展览面积（平方米）
室内面积（国内）：90 941
室内面积（国外）：95 617
室外面积（国内）：0
室外面积（国外）：0
租用总面积：186 558
特别展览面积：2 572
净展览面积：189 130
毛展览面积：319 700（包括交通和服务区域）
参展商（个）
国内：1 778
国外：3 020
总和：4 798
来自国家数：92
观众（人）
国内：90 336
国外：47 949
总和：138 285
专业观众结构分析指标包括：

1. 观众总数
2. 专业观众比例
3. 本国观众来自德国各个行政及地理区域比例统计
4. 外国观众来自各大洲的比例分配
5. 外国观众最多的来源国家比例统计
6. 来自不同的经济领域比例
7. 对采购的影响力的观众比例统计
8. 职位统计
9. 工作岗位统计
10. 参加历届展会情况
11. 所在企业规模比例
12. 展期各天观众分布比例
13. 观众停留时间统计

（资料来源：http：//blog. sina. com. cn/s/blog_ 4ced55f6010009jp. html）

参考文献

1. 奥瓦内尔．会展：一门特殊的艺术．吴燕莛译．上海：上海教育出版社，2004

2. 陈亮．大型会展危机管理研究——以中国—东盟博览会为例．学术论坛，2007(1)：93~96

3. 程淑丽，赵贵廷．会展公司规范化管理操作范本．北京：人民邮电出版社，2007

4. 戴光全，马聪玲．节事活动策划与组织管理．北京：中国劳动社会保障出版社，2007

5. 过聚荣．2006—2007年：中国会展经济发展报告．北京：社会科学出版社，2007

6. 韩小芸，梁培当，杨莹．会展客户关系管理．北京：中国商务出版社，2004

7. 胡平．会展管理——理论与实务．上海：华东师范大学出版社，2007

8. JeAnna Abbott，Agnes DeFranco，王向宁．会展管理．北京：清华大学出版社，2004

9. 嵇方．会展活动安全事故成因分析及预警模型研究．上海：同济大学出版社，2006

10. 琚胜利，陆林．弱市场阶段的会展展商消费感知测度——以中国（芜湖）国际旅博会为例．城市问题，2005（4）

11. 林大飞．会展场馆经营与管理．重庆：重庆大学出版社，2007

12. 刘大可．中国会展业：理论、现状与政策．北京：中国商务出版社，2004

13. 罗松涛．会展管理实务．北京：对外经济贸易大学出版社，2007

14. 马勇，冯玮．会展管理．北京：机械工业出版社，2006

15. 马勇，肖轶楠．会展概论．北京：中国商务出版社，2004

16. 牟红．会展服务管理．北京：机械工业出版社，2007

17. 桑德拉．展会管理实务．武邦涛等译．上海：上海远东出版社，2005

18. 唐少清．会展运营管理．北京：机械工业出版社，2007.

19. Tony Rogers. 会议的组织管理与营销．杨瑟等译．沈阳：辽宁科学技术出版社，2004

20. 王保伦．会展经营与管理．北京：北京大学出版社，2006

21. 王起静等．会展项目管理．北京：中国商务出版社，2004

22. 王云玺．会展管理．上海：上海交通大学出版社，2004

23. 武少源．国际会议组织与承办．北京：中国劳动社会保障出版社，2006

24. 向国敏．会展实务．上海：上海财经大学出版社，2004

25. 谢朝武，郑向敏．酒店业会展活动的安全管理研究．中国安全生产科学技术，2007，3（3）：17~20

26. 许传宏．会展项目策划与组织．重庆：重庆大学出版社，2007

27. 杨朝晖．会展政策与法．重庆：重庆大学出版社，2007

28. 曾亚强，张义．会展概论．北京：化学工业出版社，2007

29. 郑建瑜．大型活动策划与管理．重庆：重庆大学出版社，2007

30. 周铁军，林岭．大型会展中心安全分级评价研究与实践．重庆建筑大学学报，2007，29（3）：12～16

31. 朱振中，司维新．论危机管理中的“危机”．山东理工大学学报（社会科学版），2002，18（5）：20～22

图书在版编目（CIP）数据

会展管理：原理、案例/黄向，李正欢主编．—广州：暨南大学出版社，2009.3（2019.2 重印）

（21 世纪旅游专业系列规划教材）

ISBN 978－7－81135－056－2

Ⅰ．会…　Ⅱ．①黄…　②李…　Ⅲ．展览会—管理—高等学校—教材　Ⅳ．G245

中国版本图书馆 CIP 数据核字(2008)第 198536 号

会展管理：原理、案例

HUIZHAN GUANLI：YUANLI ANLI

主　编：黄　向　李正欢

出 版 人：徐义雄
责任编辑：崔军亚
责任校对：曾　茜

出版发行：暨南大学出版社（510630）
电　　话：总编室（8620）85221601
营销部（8620）85225284　85228291　85228292（邮购）
传　　真：（8620）85221583（办公室）　85223774（营销部）
网　　址：http：//www. jnupress. com
排　　版：暨南大学出版社照排中心
印　　刷：佛山市浩文彩色印刷有限公司
开　　本：787mm×1092mm　1/16
印　　张：13.5
字　　数：336 千
版　　次：2009 年 3 月第 1 版
印　　次：2019 年 2 月第 6 次
印　　数：8001—9000 册
定　　价：33.00 元